- 精通当众脱稿讲话之道
- 练就实用即兴发言技巧

姜秀莎◎编著

脱稿讲话与即兴发言

这是一个随时需要你开口讲话的年代：汇报工作，激励员工；主持会议，表达意见；接待客户，谈判签约；朋友聚会，社交寒暄……

这是一个需要你用语言勇敢表达自己的年代：适当时候随意脱口而出的语言，或许比细细琢磨出来的话更能贴近人心；别人起哄让你讲两句，你能够引经据典、侃侃而谈，这种即兴发挥的震撼力更能让人动容，受人钦佩。

中国纺织出版社

内 容 提 要

说话是我们一生都在学习的艺术。念讲稿虽然可以让你不漏一字一句，但总是缺乏生气，而如果扔掉讲稿，也许你忘记几点，漏说一些内容，但肯定更灵活而富有人情味和感染力。

本书结合多种场合脱口而出的理论、方法及范例，教你从零开始学习脱稿讲话的艺术，帮你不断提高自身的演说能力，让每个人都能成为一个在公众面前有自信、有风采的人。

图书在版编目（CIP）数据

脱稿讲话与即兴发言 / 姜秀莎编著. —北京：中国纺织出版社，2016.11（2023.1 重印）
ISBN 978-7-5180-2843-6

Ⅰ.①脱… Ⅱ.①姜… Ⅲ.①演讲②口才学 Ⅳ.①H019

中国版本图书馆CIP数据核字（2016）第186723号

责任编辑：闫 星　　　责任印制：储志伟

中国纺织出版社出版发行
地址：北京市朝阳区百子湾东里 A407 号楼　邮政编码：100124
销售电话：010—67004422　传真：010—87155801
http://www.c-textilep.com
E-mail：faxing@c-textilep.com
中国纺织出版社天猫旗舰店
官方微博http://weibo.com/2119887771
佳兴达印刷（天津）有限公司印刷　各地新华书店经销
2016年11月第1版　2023年1月第4次印刷
开本：710×1000　1/16　印张：17
字数：295千字　定价：48.00元

前言

在我们的日常生活中，最多的行为活动大概就是说话了，而一个人的说话能力如何，直接关系到他的事业、人际关系，乃至一生前途。中国有句俗语："一人之辩重于九鼎之宝。""片语可以兴邦，一言可以辱国。"谁掌握了说话艺术，谁就拿到了通向成功的通行证。

事实上，除了正规的讲话以外，我们还需要即兴发言。经常讲话的形式有很多种，有带稿讲话和脱稿讲话。事实上，相对来说，脱稿讲话更能体现一个人的口才水平，也更难。的确，如果你逐字背下演讲词，面对听众的时候，很容易因为紧张而遗忘。即使没有忘记，恐怕讲起来也是呆板的。为什么呢？因为它不是发自你内心的看法和观点，只是记忆而已。你扔掉讲稿，也许你会忘记几点，但肯定更富有人情味和感染力。

现实生活中，有一些人在讲话时只会照本宣科念稿，不论是大小会议、面对媒体记者，还是酒会、应酬场合，讲话均需秘书写讲稿，结果是很多人话风趋同，毫无个性，让人听得昏昏欲睡。而优秀的讲话者在发表讲话的时候，并不是只顾自己滔滔不绝地讲述观点，而是都有自己特定的讲话风格。他们或慷慨激昂，或朴实无华，或幽默调侃，将他们需要传达的观点以自己独有的方式传达给了听者，会有良好的表达效果。可见，我们都应该掌握脱稿讲话和即兴发言这门艺术，修炼自己的讲话风格。

可能一些人会说，自己天生不善表达。其实，脱稿讲话并非是某人或者某一类人的专利，而是后天学习的结果，只要你掌握了脱稿讲话的秘诀，就能在众人面前侃侃而谈，就能摆脱讲稿的束缚，从而展现自己的风采。

可以说，本书就是一本专门为大众量身定制的脱稿讲话和即兴发言的实用指导书。通过学习本书，你会发现，脱稿讲话和即兴发言并非演讲大师、主持人或者领导干部的专利，你也一样可以做到。哪怕你对脱稿讲话和即兴发言一窍不通，本书仍可帮助你从零学起，从入门到提升，真正掌握这门艺术。

本书内容实用、丰富，配以恰当、有趣生动的案例，易学易用，让你的学习充满乐趣。掌握了脱稿讲话和即兴发言的技巧，能为你的事业加油，为你的人生添彩，让你获得越来越多的资源。

编著者

2016 年 1 月

目　录
CONTENTS

第 01 章　摆脱念稿，让你的形象高大起来 …… 1

一次脱稿，强过十次照念 …… 2

学会即兴讲话，让你交际中如鱼得水 …… 4

脱稿讲话中语言表达基本要求 …… 7

脱稿讲话时最常用的表达技巧 …… 9

脱稿时深入浅出的语言让你融入大众 …… 11

不时脱稿，发表精彩观点 …… 13

第 02 章　从零开始，打好基础是脱稿的关键 …… 17

脱稿讲话前先列好大纲 …… 18

磨刀不误砍柴工——九个步骤做好脱稿讲话准备 …… 20

做好预讲，加强演练 …… 22

开口前先打个腹稿，脱稿讲话才能舌绽莲花 …… 25

做好调查和研究，让脱稿演讲更有说服力 …… 27

根据演讲类型，脱稿讲话前定好基调 …… 30

第 03 章　说好开场，好的开始是成功的一半 …… 33

脱稿讲话中一开口就要吸引听众的注意力 …… 34

让脱稿演讲引人入胜的五种经典开场方式 …… 36

脱稿讲话要避开的两种开场方式 …… 39

有始有终，脱稿讲话不能虎头蛇尾 …… 41

把握时机，在恰到好处时结束脱稿讲话 …… 43

第 04 章　言之有物，丰富的知识储备很重要……47

言之有物的脱稿演讲才更有吸引力……48

脱稿演讲的内容很关键……50

脱稿讲话要因地制宜，因人而异……52

讲话素材从哪里来：注重平时积累……55

脱稿讲话要善于讲故事、举例子……57

与时俱进，脱稿讲话要充满新意……60

第 05 章　条理清晰，构建完美的讲话逻辑……63

脱稿讲话要条理清晰、突出要点……64

脱稿讲话要把话说到点子上，切忌泛泛而谈……66

高屋建瓴，脱稿讲话要从全局把握……69

脱稿讲话要内容充实，杜绝形式主义……71

开拓思路，让脱稿演讲更戏剧化……73

巧妙铺垫，脱稿讲话要善于营造氛围……76

第 06 章　包装语言，话语优美才引人入胜……79

比喻——让我们的表达更炫丽……80

设问——自问自答吊足听众胃口……82

夸张——语气强烈，突出个性……85

排比——让脱稿讲话更有气势……87

对比——对照和对偶凸显讲话观点……89

一语双关——双关词语别有韵味……91

第 07 章　魔性嗓音，抑扬顿挫中勾住听众心神……95

把握音量，声如洪钟方能展现自信……96

控制说话语速，让每句话都掷地有声……98

抑扬顿挫的语调让你的言辞更有感染力……101

朗读式训练法让你练就高超的演说能力……103

向你的声音中注入情感 …… 106
运用语气说话，准确表露你的情感 …… 108

第 08 章 肢体配合，让你的语言生动立体起来 …… 111
穿戴得体，展现你的精气神 …… 112
协调的肢体语言，能配合你的讲话更精彩 …… 115
脱稿演讲中的四类手势 …… 117
开口微笑，展现你的平易和善 …… 119
眼神交流：让你的眼神充满情感 …… 121

第 09 章 有说有笑，脱稿讲话中不可或缺的幽默技巧 …… 125
幽默介绍让听众对你印象深刻 …… 126
活跃脱稿讲话的气氛，幽默必不可少 …… 128
脱稿讲话中的不利因素需要幽默化解 …… 131
脱稿讲话中的幽默要言之有物 …… 133
在脱稿讲话中适当穿插文字游戏 …… 136
幽默收尾，让脱稿讲话更圆满 …… 138

第 10 章 巧妙引导，完美的场面掌控需要这几招 …… 141
如何在脱稿讲话中让听众产生共鸣 …… 142
用你的激情，带动听众的热情 …… 144
始终站在听众的角度说话，更易打动人心 …… 147
观察听众的反应，时刻掌握全场气氛 …… 149
与听众互动，让听众始终热情高涨 …… 152

第 11 章 勇而不怯，好的心理素质是稳定发挥的前提 …… 155
当众脱稿讲话的恐惧从何而来 …… 156
“居高临下”“漠视听众”帮你减轻紧张感 …… 158
脱稿讲话中始终给自己积极的暗示 …… 161

允许自己丢脸和失败，反倒能轻松面对……163
做足准备工作，有备而来能减轻紧张感……166

第 12 章 远离尴尬，学会没话找话的说话艺术……169
脱稿讲话如何寻找话题……170
讲话开始时，不妨先谈谈大家都能聊的话题……172
发散思维——激发听众想象力……175
把你的想法和观点变成视觉化的事物……177

第 13 章 临场发挥避免陷入“失语”的窘境……181
脱稿讲话中突然出现口误如何补救……182
脱稿讲话时突然忘词该怎么做……184
听众反对你的观点，如何驳回……186
听众蓄意挑衅，如何击退……188
冷场时，如何重新炒热气氛……191
某些尴尬情况，不妨笑一笑……193

第 14 章 即兴说话，不同情境要有不同的展现……197
介绍词怎样说才能别出心裁……198
获奖致辞如何说才能从容得体……200
生日庆典场合如何表达祝福……202
竞职演讲中如何展现自己的实力……204
就职演讲怎样说才能鼓舞人心……207
祝酒词如何说才能烘托气氛……209

第 15 章 主持会议，言语抓准重点彰显魅力……213
开口就要有水平，主导会议气氛……214
会议上被邀发言，如何说才显落落大方……216
别把会议场合当成自己的“个人秀”，需快速入题……218

开会不是上朝，气氛不必太沉闷……220
开会切忌啰唆，要捡重点的说……223

第 16 章 辩论谈判，刀枪舌剑中不忘掌控大局……227
言谈谨慎，切莫先暴露自己的“实底”……228
适时沉默，反而能掌握谈判主动权……230
谈判前的寒暄，让交流“加温”……231
聪明的谈判者懂得搬出“第三者”……233
清晰列举实例与数据更有说服力……235

第 17 章 当众发言，三言两语也能讲出领导威信……239
心理素质过硬，当众说话语言才到位……240
消除恐惧，当众发言是最好的锻炼机会……241
言之有物，才能展现威信……243
制造悬念，让听者更为入迷……245
学会整体把握当众发言的时间……248

第 18 章 应对媒体，谨言慎行表现亲和力……251
对媒体心怀尊重，切莫出言不逊……252
在媒体面前一开口说话就要保持友好的态度……254
媒体前说话需谨慎，只说自己该说的话……256
电话采访时，声音也能传达你的良好形象……258

参考文献……261

第01章

摆脱念稿，让你的形象高大起来

出于很多原因，我们大的要在公共场合发表讲话，演讲的形式有很多种，其中就包括脱稿演讲。脱稿讲话逐渐成为公共场合讲话的新风尚。脱稿讲话更能展现我们的素质和语言表达能力，所带来的演说效果也是大大优于照稿宣读的。不过，与带稿演讲相比，它的难度要大得多，演讲者更容易在说话时出错。因此在精通讲话和沟通技巧的同时，应自觉培养自己的脱稿表达能力。

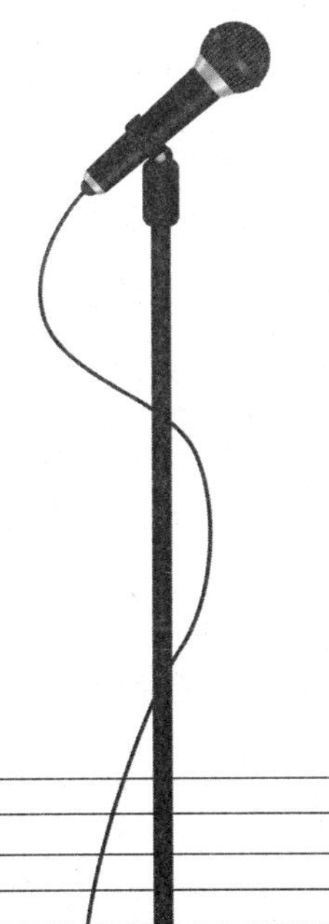

一次脱稿，强过十次照念

在现实生活中，我们都知道，演讲能训练一个人的说话能力。而演讲的形式有很多种，其中就包括脱稿演讲，与带稿演讲相比，它的难度要大得多，演讲者更容易在说话时出错，因此更考验演讲者的知识储备和语言表达能力。

任何一个演讲者，要想成为一个演讲大师，都要注重脱稿演讲的练习，在抛开演讲稿的情况下，如果你依然能口吐莲花，那么，你一定能给听众留下深刻的印象！

另外，演讲者进行脱稿演讲的训练，也能提升自己随时说话的能力。所以，我们可以这样说，一次脱稿，胜过十次照念。

脱稿演讲与一般的演讲不同，做好脱稿讲话，不仅需要我们有着出色的说话能力，还考验我们的思维能力。在脱稿讲话中，假如一个人的说话内容和方式都是一成不变的，听众就会失去兴趣，即使他说话时委婉动听，听众也会昏昏欲睡。如果他讲话方式呆板僵硬，不仅达不到自己的演说目的，而且还会让听众觉得你是一个乏味的人。

诗人流沙河在全国青年散文大奖赛颁奖活动后，与获奖者同船去成都旅游途中作了非常精彩的即兴演讲：

各位乘客同志，你们好！你们是散文的获奖者，都上了这条船，方方的薄薄的一条小船，要渡到对岸去找读者。我不是散文的获奖者，不能代表各位讲话。俗话说：“百世修来同船渡。”我与各位有缘，各位彼此也是有缘。我们大家修行积德，今夜同舟一渡，不说几句，岂不辜负如此良缘？读者在对岸，今夜看不见，我就讲给你们听吧！

这段开场白虽然简短，但却语重心长，感情深沉。接着，演讲就以旅行路线为经，以各种幽默的比兴为纬，编织出一幅绚丽的画图，将路途景

致与自己对散文家们的祝愿连在一起，可谓一波三折，别开生面。

1984 年 4 月 27 日，美国总统里根在人民大会堂发表了如下的讲话：

谢谢你，周培源博士，谢谢各位尊敬的女士和先生。今天，我很荣幸能够来到这里，成为有史以来第一位在人民大会堂向贵国发表演说的美国总统。

我和我的夫人一直盼望来世界上历史最悠久的文明古国之一的中国访问，同你们伟大的人民见面，一睹贵国历史宝库的风采。北京宽阔的大道使我们赞叹，贵国人民的热情，使我们深深感动。我们唯一的遗憾，就是这次访问的时间太短。看来只能像唐代一位诗人所写的那样“走马观花”了。但是中国的“汉书”里还有另外一句话叫“百闻不如一见”，南希和我深有同感。

这是一段美国前总统里根的即兴发言。里根一上来就对中国人民表示高度的赞扬，对中国古老文化有着深厚理解。从礼貌、礼节上讲，这都是十分必要的，通过这番话很快架起了里根总统与听众之间的感情桥梁。不得不说，这是一段极其精彩的脱稿讲话，同时，也可以看出里根作为领导者的卓越之处。

对于演讲者来说，脱稿讲话确实是锦上添花的技能，但需要我们掌握以下几大要点：

1．选择合适的话题

主题是任何演讲包括脱稿讲话最重要、最关键的内容，是整个表达的根本依据。在脱稿讲话中，每一个层次、段落甚至是每个句子、每个词语都表达了某个意思，这些都是要统帅于主题之下的，因此，脱稿讲话要寻找触点，临场发挥，及时提炼新颖而典型的主题。当然，我们选择话题时不能故弄玄虚、故意兜圈子，也不能漫无目的地东拉西扯，否则会导致主题不明确，也使听众感到倦怠和不耐烦。演讲者必须心中有数，还应注意点题的内容必须与主题互相辉映，浑然一体。

因此，我们在主持会议、宴会的时候，应该处处留心，及时了解和掌握会议和活动的主题、议程安排、参加人员，这样才能在主持会议的时候做好脱稿讲话。你可以选择与主题相关的话题，或是自己比较熟悉的话题，或是听众喜欢的话题。

2．随时做好讲话的准备

我们无论出席什么会议，参加什么活动，都有被邀请讲话的可能，所以应该随时做好讲话的准备。卡耐基说：“没有准备的讲话是信口漫话或叫信口开河。”脱稿讲话虽然没有发言稿，但并不等于不做任何的准备，而是要时刻准备着。

3．简单构思

一些即兴的脱稿演说，即使在准备时间有限的情况下，也要在开口前在大脑中做一个简单的构思，也就是整个演讲要说什么，开头该说什么，说明的主题分几个观点，把观点概括好，用关键词、关键句把它列出来；结尾怎么结，有点、有线、有骨架，那么简单即席发言就有了。

当然，只有那些有一定知识广度和深度的人才能在短暂的准备时间内从脑海中找到生动的例证和恰当的词汇，使脱稿演讲增添魅力。这就要求我们在日常生活和学习中加强自己的知识储备。

学会即兴讲话，让你交际中如鱼得水

现实生活中，我们几乎每到一处都有可能被要求讲几句话或一段话，而且，并不是每次讲话都有写好的讲稿，这就要求我们具备快速组织语言能力，也就是即兴发表讲话的能力。即兴讲话是一种在特定情境下实现没有准备的临场说话的口语样式。

的确，出于商业的需要和现代人沟通的习惯，我们每个人都要具备即兴发言的能力。相对来说，生活中，人们在说话时的语言表达多半都是即兴的。比如，朋友相遇时的寒暄、酒桌上的祝词等，每个人都不可能拿着稿子去念。因此，即兴讲话对每一个人来说非常重要。如果没有即兴讲话

的技巧，遇事则无言以对，颠三倒四，哼哼唧唧。相反，学会即兴讲话，能让我们在各种社交场合如鱼得水。

事实上，任何一个只要是能控制自己的正常人，都是可以作出令人接受甚至是精彩的即兴演讲。卡耐基经过分析和研究发现，人们是能够找到一种或者几种方法来帮助我们在被人突然邀请上台的情况下流畅地说几句的。

在卡耐基的训练班里，他会经常请他的学生站起来做即兴演讲。卡耐基称，这样的练习对提高演说能力有两方面的作用：

一是能增强学员的信心，让他们相信自己是能站着思考的；

二是有了即兴演讲的演讲，他们在做有准备的演讲时，就能做到不慌不忙且更有信心。

这些学员都知道，即便是那些在事先可以做准备的演讲，在开始演讲后也有可能头脑中出现一片空白的情况，但是有了即兴演讲的经历之后，就能很条理清晰地说话了。

所以，卡耐基经常会临时通知他的学员们："今天晚上大家到这里集合，到时我给大家一些不同的题目进行即兴演讲，所以只有晚上大家来这里后才知道自己演讲的题目。祝大家好运！"

直到演讲前，大家才发现，会计师拿到了关于广告的题目，广告销售员则发现题目是有关幼稚园的，老师的题目变成了银行业务，而银行家的题目是数学，伙计被指定谈生产，而生产专家则要讨论运输。

这些学员会不会因为题目太难而放弃呢？从没有！这些学员从没有认为自己是该方面的权威，而是将拿到的题目和自己熟悉的知识联系起来，刚开始演讲的时候，可能他们讲得并不好，但是至少他们有勇气讲。可能有些人觉得困难，有些人觉得不是那么难，但总的来说，这都是一种历练和体验，他们发现，原来自己还有这样的能力。

不只是这些学员，任何人，只要你也有这样的意志力和信心，只要你敢于尝试，也可以做到。

为此，我们最好掌握以下几个步骤：

1. 随时做好发表即兴演讲的心理准备

当你在毫无准备的情况下被大家举荐发表讲话时，多数情况下，大家是希望你能在所有人都熟悉的某个方面给出自己的看法。

所以，在此之前，你就需要对这一情况有一定的心理准备，并要做到在最短的时间内大致梳理出你想要谈的内容，即便你不知道是否会被举荐出来讲话，你也要事先准备。你可以询问自己：假如我被叫上台讲话，我该说些什么呢？今天的会议上该说什么样的话题？对于会上提出的问题，该怎样措辞才能表示反对或者赞同？

2. 思考自己讲什么

有了这样的心理准备后，接下来你要做的就是思考，并且是不断地思考。事实上，即便是那些已经称得上是演讲家的人，他们做的每一场演讲，也是少不了思考的。没有哪位演讲家是不花时间来分析他即将参加的公开场合并做好准备的。任何一个演说高手，也都是在历经了无数次的演讲并进行经验总结后才能做到准备妥当的。其实细究起来，这样的演说也不是严格意义上的即兴演讲，平时已经为其做过准备。

3. 组织语言

我们在拿到题材之后，也已经进行了心理准备了，接下来我们就要组织语言。既然是即兴讲话，那么，演说时间一定不会太长，你要做的就是考虑场合问题，你不必一直向公众道歉，说自己没有准备好，这本身就是一场即兴演讲。你要在最快的时间内入题，然后迅速思考。

不过，即兴讲话最忌讳的就是信口开河，所以，千万不要东拉西扯，将一些完全不相干的事物硬拉到一起，这样做是不行的。你必须要有一个中心，所有的理念、论据归纳起来都是围绕这个中心在进行，即中心思想。你所举出的事例也是要和这一思想相吻合的。还有，假如在整个演说中，你都能抱着真诚的态度进行的话，就会发现，你的演讲是充满激情的，效果也是显著的，是其他一些已经做足准备的演说所不能比拟的。

脱稿讲话中语言表达基本要求

我们都知道，语言是交流的重要工具，语言表达清晰是一个人能力的重要体现，也是一个人应具备的重要素质。不得不说，相对于通俗的演讲来说，脱稿演讲的难度大得多，其中一个重要的方面就是遣词造句。脱稿演讲者要有更高的语言表达能力，做到用词准确、一针见血，而不是泛泛而谈却说不出个所以然来。

所以，我们对于脱稿讲话是有一定的语言要求的，因为脱稿演讲的目的也是为了向听众传达思想、表达观点，如果我们语言表达不够清楚，造成的结果有可能是你在那里讲了大半天，但听众却未必能明白其中的真意。如此，我们讲话就等于白讲了。

因此，我们在讲话的时候，一定要句句达意，针对某个问题，把其中的利害关系说清楚，并且使下面的人听了完全意会，切忌主题散乱而不清晰。表达是否清晰很大程度上体现一个人的口才水平，而且，还能够直接体现我们的思想理论功底、政策水平、逻辑思维能力，卓越的演讲者能够清晰地表达自己的思想及观点，能透过现象看本质，一针见血地指出问题，然后清楚地找出解决问题的办法。

澳门特首何厚铧在 1999 年的选举中获胜。在参选前的一次记者招待会上，记者问到他对澳门和自己参选的感想时，他说："澳门是我生活、家庭和事业的根基，澳门的一切，伴随着我长大。澳门人的思想，熏陶我的性格；澳门人的忧乐，与我息息相关。我对澳门发自内心的热爱和归属感，鞭策我要贡献所长。在澳门重投祖国怀抱之际，我身为一个中国人，理应当仁不让，竭尽所能，以自己的一份热忱，来承担这一历史使命。""我的参选是澳门人给我的一个机会，容许我把自己对澳门的深厚感情进一步升华，变成无私的奉献。"

何厚铧短短的几句话里，既没有华丽的辞藻，也没有对选民的曲意逢迎，有的是自己对澳门发自内心的热爱，语言朴实，真情实感，不能不使听众为之动心、为之折服。

其实，脱稿演讲是否达到了预期的目标，就看它是否被听众所理解、所接受。当然，要想听众能够准确理解话中的含义，首要条件是需要我们具备良好的语言表达力，即清晰地表达自己的思想及观点。相反，如果我们的语言表述不够清楚，那么，听众就会听得一头雾水，似懂非懂，最后，他们自然不能配合我们采取相应的行动。

很多时候，一个人之所以能用寥寥数语就能够赢得民心，重要的原因不在于他有多好的口才、多好的语言表达能力，而是在于语言的朴实无华，情深意切，打动人心。

要想达到这一效果，在脱稿演讲中，我们要在语言上尽力做到：

1. 准确运用语言

讲话时要注意语言运用的准确性，做到“两通”“一短”。

两通，一是通俗。讲话是要让听众来接受的，所以，让听众听清楚和明白是前提，语言就要恰当、通俗易懂。我们不要追求一些华丽的辞藻，寻找一些生僻怪异、晦涩难懂的词语和术语。我们在讲话的时候，即使引用古语典故也要准确，注意听众和语言环境，要使人能够理解。二是通顺，讲话时要注意自己的表达，说话不能模棱两可，这样自己说起来朗朗上口，听众听起来也是悦耳动听，千万不要用那些拗口的语言。

“一短”就是句子要短，我们在讲话中尽可能用短句子，句子太长了，就会让人听不清，容易产生误解。

2. 切合语境

脱稿演讲一定要切合语境，也就是要根据当时的环境、时间、地点以及谈话的目的来决定我们说话的内容，而不是一上台就自顾自地胡乱说一通，结果你在台上面说了大半天，台下面的听众还是不知道所表达的意思到底是什么。

另外，讲话的内容一定要与讲话的时间、地点与场合相对应，否则就

有可能让下面的人摸不着头脑。

要想做到脱稿演讲，就要提高自己的语言表现力，讲话要句句含真意，你的表述足够清晰，听众才会真正领悟到其中的真意。有效表达的首要条件是知道什么时候说什么话，表达要清晰，准确地反映你的思想、情感、情绪。

脱稿讲话时最常用的表达技巧

现实生活中，当众讲话的形式主要有两种，一种是念稿式的讲话，另一种是脱稿式的讲话。目前更为常见的是念稿式的讲话，比较缺少的是脱稿式的讲话。两种讲话形式都是必要的。不过我们发现，一些演讲者无论什么场合都念稿子，稿子又长又空，结果往往是说者口干舌燥，而台下的听众昏昏欲睡。出现这样的情况，往往是因为演说的内容枯燥无味。为此，演讲者完全可以尝试脱稿讲话，结合实际来一段入情入理的脱稿讲话，既有利于活跃气氛，又能凸显出演讲者杰出的口才、渊博的知识，更有利于增添演讲者的个人魅力，收到一举两得的效果。

当然，要想让脱稿讲话达到预期效果，最好还要掌握一些表达技巧。

1. 注重知识积累并善于选择运用

不积跬步，无以至千里，不积小流，无以成江海。我们要想在脱稿讲话时胸有成竹，就必须从点滴积累，在平日里充实自己的头脑，另外，我们在脱稿讲话时要善于筛选信息，要从获得的知识中选择出那些有新意的知识点和那些真实有效的信息。

2. 内容充实，条理清楚，重点突出

不管什么样的讲话，最忌讳的就是讲大话、讲空话。我们发现，不少脱稿讲话，台上的演讲者滔滔不绝说了半天，而听众听不明白他要讲什么。这样的讲话自然是无效的。因此，我们在开口之前就要梳理自己的讲话内容，这样才能做到内容充实，条理清楚，重点突出。

条理清楚，就是要明白先说什么，后说什么。就是说讲话时的思路要非常清楚，一层意思一层意思地讲。不要东扯葫芦西扯瓜，语无伦次。

脱稿讲话要层次分明，听众一听就懂，力戒“以其昏昏、使人昭昭”。如现场会介绍引进的重点项目，重点介绍一下项目引进、建设、生产及效益等，不必过多纠缠项目辉煌历史、远景宏大规划等，让听讲人心中清楚即可。

重点突出，就是在发言时确定详说什么、略说什么。当然，这要根据具体的情境需要而定。

3. 力求言简意赅、言之有物

脱稿讲话一定要结合当时的场景，围绕中心，将论据运用起来，如脱稿演讲的场合是表彰大会，那么，最重要的讲话内容自然是围绕“成绩如何取得”这一主旨的，不论从主客观等因素分析论证，但最终都是围绕“成绩如何取得”开展。

4. 配合肢体语言

任何一个成功的演说家，都不是只靠语言打动听众，他们浑身散发着能量，富有活力，可把内心的情感迸发出来。因此，如果你想让你的脱稿讲话更精彩，就不要忽视肢体语言的力量，在演讲的时候要把自己的肢体语言注入到你的演讲中，只有这样才会真正打动听众。这要求我们在表达的时候要做到仪态得体，要站有站相，坐有坐相，落落大方，给人一种冷静沉着、气度不凡的感觉，于细微处展现干练。

其次，还要注重与听众的眼神交流。

看着听众说话的好处在于能使听众看到你的目光，看到你内心的真情实感。一个优秀的讲话者，无论是脱稿演讲还是不脱稿演讲，都不忘和听众进行眼神交流。而有些演讲者在说话的时候，或为了显示自己的领导地位，或因紧张所致，他们或仰视天棚，或俯视地板，或左顾右盼，东张西望，躲避听众的目光，显得很不庄重，很不礼貌。

还有，要善用手势。手势是我们在脱稿讲话时个人情感的自然流露，不过我们需要注意的是，无论是手势的部位、幅度、方向、力度都应与讲

话的有声语言、面部表情、身体姿态密切配合，协调一致，不可生搬硬套，勉强凑手势。另外，在运用手势的过程中，切忌一成不变只做一种手势，显得单调呆板。

脱稿时深入浅出的语言让你融入大众

我们都知道，很多演讲包括脱稿讲话要达到的重要目的之一就是让听众深刻领会。一些演讲者认为，越是运用高深的理论知识，越是晦涩难懂的演讲语言，越是能体现自己的知识水准和演讲口才，越是能将自己与听众在知识层次上划分，而实际上，这无异于唱独角戏，得不到听众的响应，也失去了讲话的本意。而越是高明的演讲者，越是懂得深入浅出的道理，他们能在轻松愉快的氛围与简洁通俗的语言中把自己的本意传达给听众，达到自己的讲话目的。

卡耐基曾说，自己听到过几百场因为不注意自己的语言描述而失败的案例。演讲者忽略的是，台下的听众都是普通人，对一些特殊行业未必都有了解。所以，如果你不顾听众的感受而高谈阔论，总是过多用专业性字句来谈论的话，也许你正兴致勃勃，听众确是一头雾水、不知所云。

那么，也许你会问，该如何避免这样的情况呢？

如果你在读过了印第安纳州前任参议员毕佛里吉的建议后，大概就知道了：

“最好的方法，就是假如你从听众这一群体中挑出了一个看起来最不聪明的人，假设只有他是你的听众，怎样才能让他对你的演讲产生兴趣呢，那么，你只能用最为浅显的语言来说明了，只有这样，你才能做到这一点。还有一个更好的方法，就是把你的演讲对象放到那些由父母培养的孩子身上。”

“然后，你在心里对自己说：‘也许你可以大声地向你的听众讲明白，假如你喜欢的话，这样会让你的话更明白，那些小孩子也能听得懂，并且还能向其他人复述。’”

卡耐基的班上有一位学员，是一位医生，他在演讲时说：“用横膈膜呼吸，对肠子的蠕动有很明显的帮助作用，有利于身体健康。”原本他是想草草地用简短的话把这部分的内容带过，然后去讲述其他的内容，但是没想到他的演讲被训练班的学员打断了，让他讲清楚横膈膜式呼吸与其他呼吸到底有什么不同，为什么它又对健康有重大的作用以及肠道蠕动又是什么。结果医生很吃惊，不得不重新再对这个问题进行讲解：

“横膈膜是一层薄薄的肌肉，它位于肺叶基部形成胸腔的底部和腹腔的顶部。当胸腔呼吸时，它弓起来，像极了上下倒置的洗脸盆。”

“在做腹腔式的呼吸时，一次呼吸能让你的肌肉弓状物往下推，使它几乎成平坦状，此时，当事人就会感受到自己的胃肠部分被腰带挤压了，然后，横膈膜这种往下的压力会按摩并刺激到腹腔的上部器官——胃、肝、胰、脾等。当把气呼出时，胃和肠又往上挤迫着横膈膜，这又是一次按摩，这种按摩其实是有助于人的排泄的。”

“我必须要说，人对身体上很多的不适都与肠胃有关，假如我们的肠胃因为深深的横膈膜的呼吸而产生了适当的运动，那么，常困扰我们的不消化、便秘现象就会消失。”

可见，无论什么目的的演说，还是由简入繁最好，因为讲者和听者之间总是会有一道桥梁，作为演讲者，只要做到深入浅出，将你要传达的思想以简洁的语言传达给你听者，才能真正让听众心领神会。

那么，作为领导者，该如何做到深入浅出地演讲呢？

1. 语言要生动形象

举个很简单的例子，形容一个人胖，如果你只说此人很胖，实在很胖，那么，一点说服力也没有。而如果你说成，“此人体型宽大，我估计摔倒了都不知从哪头扭。”这样就更容易给人一种形象感。契诃夫在描写胖子的时候，语言更为奇妙：“这个胖子胖得脸部皮肤都不够用了。要张开嘴笑的时候，眼睛就要闭上，而要睁开眼睛看的时候，就得把嘴巴闭上。”

2. 在演说语言中注入你的精神力量

2000 年前，有一位拉丁诗人曾说："如果你想引出别人的眼泪，必须自己先悲伤起来。"的确，感情是形于内而发于外的东西，如果你自己做不到感情饱满，那么，自然感染不了听众，反而让人感到虚假、做作。也就是说，要想感染别人，最根本的是先使自己进入情绪，进入状态，用心感知。

我们发现，那些成功的演讲家，大都是富有活力的人，具有超常的爆发力。已故的美国大政治家柏寿安说："通常所谓口才流利，就是说那人说话是从心底里发出来的，里面充满了热诚。一个诚恳的演讲者，不怕缺乏知识；一篇能够说服听众的演讲，能够把自己的心与听众的心融合为一，而不是单单把自己的记忆移入对方的记忆。演讲者要欺骗听众比欺骗自己要难。"

3. 避免使用专业术语

如果你是从事某种技术性的专业工作，比如医生、工程师、律师或是其他专业人士，在与其他行业的人聊到这个话题时，你必须要加倍小心，最好使用普通的词句来解释，同时最好加上必要的细节。

因此，领导者在日常工作、生活中，应努力养成独立思考和多积累演讲语言的好习惯。这样，才能富有思想性和创造性，才能在演讲中做到厚积薄发、深入浅出。

不时脱稿，发表精彩观点

任何一个在公共场合演讲的人，都希望自己在演说的时候能妙语连珠、口若悬河，这也是演讲大师制胜的法宝，是讲话魅力的根基。而照本宣科、照稿念，是无法达到这一效果的，任何一个演说大师都懂得要想让听众接受我们的观点，就要懂得适时脱稿，只有将演讲稿抛开，才能真正慷慨激昂地演说，才能带动听众的兴趣，让你的讲话能引人入胜。

1926年，正值国际联盟第七次会议在日内瓦召开，卡耐基参加了这次会议，对于当时的情况，卡耐基后来做了笔记。过了一些年，卡耐基再次拿出笔记，看到了笔记中的这一段："我已经听完了三四个死气沉沉的演讲了，这些演讲简直就是照本宣科，接下来，是加拿大的乔治·佛斯特爵士上台了，我注意了下，发现他的手上没有拿任何的纸张和文件，此时，我感到眼前一亮，实在很值得赞扬。他很热情，演讲中会带有一些手势，以此来强调自己的观点，他希望听众能了解他内心珍藏已久的观点，这种渴望很真实，就好比窗外日内瓦湖那般清澈明白。在演讲培训课上，我一直强调要运用的那些重要的法则，在他的演讲里，我全部都看到了，而且展露无遗。"

卡耐基说，自己经常会想起乔治爵士的讲演。在他的演讲中，他表现得真诚、热心，而一个人，只有对自己的题目充满热情，是真心所想，才能有如此真实的表现。

这就是脱稿演讲的魅力，其实，很多有权威的演讲家，他们都深知这一点。

卡耐基曾参加过一次演讲——那是一家制药公司的新实验室的落成典礼，发言的六个人是该公司研究处处长的下属。他们讲述的范围是生物学家和化学家正在进行一项了不起的工作——他们正在研究抵抗传染疾病的新疫苗，是一种能对抗过滤性病毒的抗生素，还有一种纾解紧张情绪的新镇静剂。他们刚开始是在动物身上做实验，后来在人的身上做试验，结果都让人满意。

来参加这场演讲的还有商业领袖和政府官员，其中一位官员站起来对这位处长说："这简直太不可思议了，你知道吗，你的手下都是魔术师，那么，你怎么不站起来讲讲话呢？"

没想到，这位处长低下头说："我只敢对自己的脚说话，却不敢面对公众。"

坐在身边的主席则说："到现在为止，我们还没听到过这位处长讲话，我不喜欢正式的演讲，要不我们就请他随便说几句吧。"就是这样一番简单的话，都让这位处长很吃惊了。

然后，这位处长慢吞吞地站起来，然后挤出了几句话，他知道自己说不好，所以一直在道歉，这些道歉的话就成了他说的全部内容。他在自己的行业里可谓是高精尖的人才，但在说话时却显得很笨拙。

其实，当众说话没什么难度，他完全可以作一场脱稿讲话。在卡耐基的训练班上，没有任何一位学员不会这一点。这位处长所没有的，大概就是学员们所拥有的——坚决、勇敢地站起来讲话并击倒别人的意志力和态度，就是一种无论多困难也要坚决讲的勇气。

那么，我们要让自己的脱稿演讲带动听众的热情，具体该如何做呢？

1．“厚积”才能“薄发”

做好脱稿讲话，不仅需要嘴上功夫，更需要平时的积累。因此，必须注重知识的积累，语言的积累，经验的积累。茶壶里有饺子才能倒得出来，有深厚的积累和扎实的根底才能做到言之有物，言之有据，言之有理，言之有效。心虚气短、心浮气躁的人是无论如何也讲不到“点子”上的。

2．带着真诚讲话，用真诚感染听众

福胜·J. 辛主教在他的《此生不虚》一书里有这样的片段：

“我被选出参加学院里的辩论队。就在圣母玛丽亚辩论的头一天晚上，我被我们的辩论教授叫到了他的办公室内，然后我就被训斥了一顿。

“‘你就是个名副其实的饭桶！自从我们学院创办以来，还没见过你这么糟糕的演讲者！’

“‘那，’我说，我想为自己辩护，‘我既是这样的饭桶，为什么还要我进入辩论队？’

“‘因为你会思想，而不是因为你会演讲，去，到那边去，把演讲稿中的一段抽出来，然后再讲一遍。’于是，我按照教授的话，把一段话反反复复地讲了一个钟头，然后他问我：‘看出其中的错误了吧？’‘没有。’于是，接下来，又是一个半钟头，最后，我实在没力气了，教授问：‘还看不出错在哪里吗？’

“过了这两个半钟头，我找到了问题的关键。我说：‘现在我知道了，我的演讲没有诚意，我只是纯粹地背诵演讲词，我心不在焉，没有表达自己的情感。’”

经过这一件事，福胜·J. 辛主教学得了永生难忘的一课：要让自己沉浸在讲演中。因此，他开始让自己对题材热心起来。直到这时，博学的教授才说：“现在，你可以讲了！”

3. 善思考

善思考，才能出观点、出新意。不思考，就会人云亦云，没有真知灼见；就会老生常谈，提不出新思路、新见解。同样，演讲过程中，如果你多加思考，那么，那些生硬的问题，自然就能找到通俗易懂的表达方式。

总之，在日常讲话过程中，如果我们希望自己的讲话引人入胜，就不妨适时脱稿，将自己融入演说过程中，进而带动听众的热情，达成我们的讲话目的。

第 02 章

从零开始，打好基础是脱稿的关键

我们都知道，相对于看稿演讲来说，脱稿讲话更随性，更注重即时性，但这并不代表我们可以在毫无准备的情况下登台讲话，如果一点准备工作都不做，那么，在讲话过程中出现的一些阻滞会让我们手足无措。相反，打好基础、做足准备工作是能有效改善和避免这一状况的，它能帮助我们事先发现和找到解决问题的办法，让脱稿讲话更流畅。

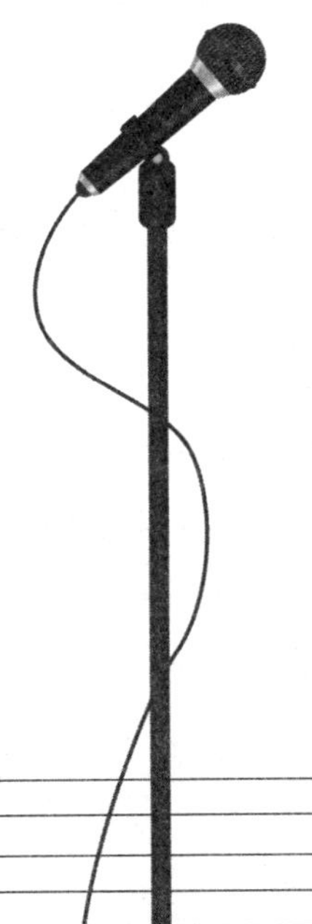

脱稿讲话前先列好大纲

我们都知道，演讲是一门艺术。好的演讲能激发听众情绪、赢得听众的好感，而脱稿讲话比带稿讲话难得多，演讲者若希望脱稿演讲真正起到打动人心的作用，就要做到脱稿讲话时思想丰富、深刻，见解精辟，有独到之处，发人深思，语言表达要形象、生动，富有感染力。事实上，任何一个演讲高手都知道在脱稿讲话前要做足准备工作，其中重要的一点就是一定要在头脑中列好脱稿讲话的大纲和框架，因为他们明白，如果演讲时语言平淡无味，观点毫无新意，即使在现场“演”得再卖力，效果也不会好，甚至相反。

不难理解，列脱稿讲话的大纲和框架，指的就是预先对讲话进行总体设计，是对讲话方式、过程、意图等进行的架构。我们先来看看下面的故事：

杨先生今年 30 岁，最近，他刚刚升职了——被提拔为商场的楼层主管，升职的第一天，公司领导交给他的第一个任务是：做一次就职演说。这对于学历不高、木讷的杨先生来说可是个难题，他花了将近十天的时间，来准备这次演讲。他写了很多演讲稿，但是最后，他为了打动听众，决定进行脱稿讲话，所以，这一天，他走上公司的会议大厅，对所有同事和领导说：

“尊敬的各位领导、各位同仁！

虽然我到 ×× 的时间不长，但在这简短的半个月里，我已深深地感受到 ×× 这个大家庭的温暖，看到了 ×× 的发展前景。我也坚信我能做好这份工作，感谢公司给了我这样一个实现自我价值的舞台，在未来的日子里，我将继续努力，在工作岗位上更加努力地工作，更加刻苦学习，做一个合格的 ×× 人。假如大家相信我、信任我，能够给我一次机会，我将在新的岗位上勤勤恳恳工作，认认真真做事，不辜负领导和同志们的希望和重托，将自己的每一份光和热都融入到 ×× 的事业中去，脚踏实地地干出一番事业。

最后，我希望，能用你们的信任和我的努力作支撑，共铸 ×× 商场明天的辉煌！谢谢大家！”

这番演说里，表达了一个职场新人对做好未来工作的坚定决心，可谓至真至诚，自然能打动人心，获得同事和领导的支持。

那么，具体来说，我们该如何构思演讲的环节和内容呢？这需要我们从三个方面努力：

1. 整体内容的构思

要做到构思，首先就要从整体把握。这就要求我们根据讲话的目的和场景，确定演讲的主题，并搜罗那些能验证我们观点的材料。在构思的过程中，对材料进行分析与加工。你要确定哪些材料可以用，哪些不可用，以及哪些在加工后才能用，从而使自己讲话的主题建立在充分证据的基础上。这样不但会让讲话内容更充实，也会让自己在讲话时心境更放松，更有自信。

2. 对讲话的结构与过程进行构思

一场好的演讲，在结构上必定是气势磅礴的，也就是说，好的形式很重要，而内容只是其中一个方面而已，同时我们也发现，即便是一模一样的说话内容，在被不同的演说者演讲出来之后，所产生的效果也是差之千里的，这是为什么呢？

就是因为他们处理讲话结构的方式不同。一场绝妙的脱稿讲话包括开场白、中间部分和收尾，人们常常将这三个部分形象地描述为“凤头、猪肚、豹尾”的式样。

在构思这三个部分时，你需要注意的是，对于第一部分，你不可操之过急，而应该先将听众的注意力吸引过来，然后再展开内容，这一部分要求语言设计巧妙，有吸引人的强烈效果。中间部分则应该层层递进，不断制造高潮，控制听众的思绪，同时语言要充实、舒展，能将要表达的内容完整准确地表达出来。结尾部分则应该用简洁有力的话语迅速收住，不拖泥带水。

3. 关键环节的构思

讲话要引人入胜，还必须巧妙设计一些关键环节。

那么，什么是关键环节呢？要么是对观众兴趣的激扬，要么是对话语内容的强调。幽默、悬念、流辩等话语，是能够让观众高兴、为观众提神的话语，这类话语在整个讲话进程中合理布局，可以让观众处于持续的兴奋状态，是激扬兴趣的关键点。而需要观众认真去听的某些内容，则可以通过重音，通过敲击声，通过向观众提问来提醒大家注意。

总之，脱稿讲话是否进行认真的构思，是否列好框架和大纲，将直接影响讲话的水平与效果。脉络清晰、构思详细准确，讲话将更流畅、更充实，否则难免在脱稿讲话中出现各种纰漏。

磨刀不误砍柴工——九个步骤做好脱稿讲话准备

中国人常说“磨刀不误砍柴工”“工欲善其事，必先利其器”，做任何事，有备才能无患，脱稿讲话也是如此，在现实中，很多场合下的讲话都是经过精心准备的，比如开会时的侃侃而谈，之前都会在准备上下一番功夫。

有人曾问美国第28任总统伍德罗·威尔逊：“准备一份10分钟的讲稿，得花多少时间？”他回答：“两个礼拜。”“那准备一小时的演讲稿呢？”“一个礼拜。”“如果准备两小时的讲稿呢？”“不用准备，马上就可以讲。”因此，脱稿讲话中，要做到内容上的高度凝练，我们就要认真思考，做足准备。

具体来说，我们在脱稿讲话前，需要遵循“九个步骤”：

第一步：明确目的。

脱稿讲话的目的一定要明确，否则容易被听众误解。你的演讲目的必须要在主题中体现出来，而不要让听众猜测你究竟在说些什么。

第二步：分析听众。

常言道：“知己知彼，百战不殆。”了解听众是做好演讲的前提，不仅要了解听众的爱好、职业、年龄、文化程度和意愿等，也要知道他们是

主动来听还是被动来听。

第三步：收集材料。

一旦确定了讲话的主题，了解了听众的相关情况后，接下来就是要收集足够多的资料作为你的讲话素材。

收集材料的方法有很多，实地调查、阅读书籍或者网络，都可以成为资料收集的方式，记住，收集资料越丰富越好。

第四步：概括观点。

观点通常是一句或者几句简短的话，因此在表达观点时必须用尽可能短的句式概括出来，无论是讲话的题目还是一些分论点，尽量不要烦琐，力求简洁明了。

第五步：列出提纲。

提纲是整个脱稿讲话的灵魂。无论是带稿还是脱稿讲话，都需要提纲，不同的是，脱稿讲话的提纲越精炼越好。也就是说，对于你的演说目的，你可以分成几个层次，按照一定的内在逻辑关系进行组织和排列，这能让我们的讲话更令人信服。

第六步：添加论据。

对于我们手头已经收集到的资料，要根据自己讲话的目的进行筛选，服务于脱稿演讲，使我们的语言形象鲜明、有深度和广度，更有说服力。

第七步：设计好开场白。

演讲的开头，在通篇演讲中处于特殊位置。好的开头，是成功的演说的一半，能为全篇演讲定下基调是庄重严肃，还是喜庆欢快，抑或诙谐幽默。

第八步：准备好必须的展示物。

这样做的目的是为了让听众更好地理解我们说的话，以此加深听众的理解，但我们需要明白的是，展示物不是非要不可。

第九步：控制好时间。

脱稿讲话是无讲话稿约束和限制的，这很容易使讲话者陷入侃侃而谈而忽视时间的境地，为此，我们在做准备工作时要有时间概念。

如果你要陈述的部分很多的话，那么，最好的办法是在演讲结束的时候再做一个简单的概括。

一天，卡耐基去拜访一家公司的总经理，但是当卡耐基到达那里的时候，他看到这间办公室的门牌上写的是陌生的名字，卡耐基便询问这家公司的人事组长，刚好此人是他熟识的一个老朋友，他说：“他的名字坑了他。”

“他的名字？”卡耐基吃了一惊，不知道什么意思，于是，继续说，“他不是掌管这家公司的董事之一吗？”

“我说的是他的绰号，你大概不知道他的绰号叫‘他现在在哪里’吧，在我们公司，大家叫他‘他现在在哪里·钟斯’。他担任总经理职务不久就被这个家族换掉了，因为他虽然是总经理，但却总不肯花心思去研究公司的业务和运转情况，他经常这里蹿一下，那里蹿一下，一天到晚跑来跑去，比如，在他看来，研究一场买卖远没有去速记员那里拿张纸重要，所以，他几乎很少在办公室，也就是‘他现在在哪里’绰号的由来。”

“他现在在哪里·钟斯”这个人其实与生活中的不少演讲者很相似，这些演说者之所以不成功，就是因为他们和钟斯先生一样，总是想去揽更多的事。假如你也曾听过他们的演讲，估计你也会听着听着有‘他现在在哪里’的想法。

我们也要承认，一些有丰富演讲经历的人也会犯类似的错误，可能是他们有多方面的才华，以至于他们根本看不到精力分散的危险，但我们都不能像他们一样，而应该在脱稿讲话的时候紧扣主题，控制时间。

做好预讲，加强演练

我们都知道，脱稿讲话比带稿讲话难度大得多，并且，脱稿讲话更需要我们在讲话前做大量的准备工作，包括材料的收集和选择、思路的整理、列讲话的大纲等。可以说，这些都是书面文字或思维活动，而真正的演讲是口语化的，为此，我们就必须通过预讲来熟悉讲话的节奏与语气，熟悉

总体思路与框架。如此，才能尽可能多地减少脱稿讲话过程中的思路阻滞，在讲话中发挥得更好。

可能有些人会说，事先练习是不可取的，尤其是对于脱稿讲话，更注重的是即时性，因为在演讲时会显得不自然，只有第一次从口中流出的思想才有新鲜感。其实，这是肤浅的说法，要想真正使话说得自然，就要练习，而且要不止一次地练习。不得不说，一些人只是在去演讲的路上才草草地将讲话的主题思考一遍，他们不会显得自然，只会显得毫无准备。我们先来看下面两个故事：

德摩斯梯尼是古希腊著名的演说家，在他的演讲生涯中，一直比较重视预先练习。

他为了学习演讲技巧，下定决心，在没有达到目标之前，绝不出门。并且，他还剃光了自己的头发。等到头发重新长出来，德摩斯梯尼走出地下室，成为了一个造诣颇深的演讲家。

我们可以看出预演对脱稿讲话的重要性，可以说，预讲是脱稿讲话最重要的准备工作之一。现在，如果你已经完成了演讲稿，现在就可以进行预讲了。

依据一般经验，台上演讲一分钟需要你在台下付出一小时的练习时间，要训练自己适应在不同的环境和不同的时段练习演讲，同时运用不同的演示技巧。

预讲可以从以下几个方面入手：

1. 大声地念出你的稿子

我们所说的脱稿讲话，并不是说我们完全不需要稿件，事实上，事先借助稿件练习效果更佳。为此，在准备说话前，你可以边讲话边录音，这样便于调整，纠正一些问题，直至满意，再来做第二步。

2. 站立着讲话

在写字台前反反复复地读，与站立着讲话是有千差万别的，因为前者只能算作某种准备，而不是实战演讲。另外，站立着讲话，也更能让你获得自信。

3. 准备演讲大纲

即使你在准备演讲稿时已经解决了大量问题，还是不能照本宣科！因为没有什么会比这样能更快地让听众睡着了。你应该直接、自然地面对听众，保持与听众眼神的交流。秘诀是准备简单的演讲笔记，字体要醒目，以便在你演讲的过程中快速地扫视。在讲台上放一块手表，这样便于掌控时间，把握速度，调整内容，让你准时结束演讲。

4. 录下你的“即兴”演讲

回放你的录音，找出重复使用的词，如“啊”或“呃”等。反复修改演讲内容，直到满意。

5. 掌握及控制好时间

在演练时必须计算出演讲所需要的时间，再看看它是否过长或过短。大部分演练的时间都比正式演讲时要慢，一般来说，演讲时间要比演练时间快25%~50%。

6. 尽量在众人面前练习

这样做的好处是让你减轻在实际脱稿讲话中的紧张感。你可以找几个熟悉的并且有见解的人，让他们能对你的演讲给出建设性的意见或批评，而不是赞扬。当然，你需要明确的是，他们明白你演讲的内容吗？你讲的内容有连贯性和逻辑性吗？他们认为你讲的速度是快还是慢？然后根据他们的意见来进一步修改讲话的内容。做上述准备你可能觉得很麻烦，是的，每个成功的演讲人都是这么走过来的。

另外，为了锻炼自己脱稿讲话的能力，在日常生活中，你应该努力珍惜每一个能在众人面前说话的机会，那么，如何才能做到这一点呢？

最简单的方法就是加入一个俱乐部。该俱乐部中，有很多的练习当众说话的机会，你可以变得活跃点，多处理一些俱乐部内部的事务，要知道，这些动作都是要四处求人和展现你的说话能力的。

你应该充分记住我们前面谈到的种种建议，并在开始演说前进行二十到三十分钟的预演，并尽量让俱乐部的每一个人都知道你在准备对他们进行演说。

还有一个更能让你快速获得杰出的表达能力的方法就是想方设法成为一名兼职的节目主持人，你会有很多的访问优秀人物的机会。

戴尔·卡耐基在总结成功的演讲经验时说过：“一切成功的演讲，都是来自于充分的准备。”的确，脱稿讲话也是如此，没有准备，就是准备失败，时刻注意收集素材，时刻在生活中练习，时刻准备发言。只有这样，才能确保讲话取得更好。

总之，预讲可以减缓我们的紧张不安，提高讲话效果，帮助我们预控演讲时间，并使内容更加精练。

开口前先打个腹稿，脱稿讲话才能舌绽莲花

我们都知道，脱稿讲话前的准备工作有很多，包括对材料的收集和整理，列讲话大纲等，但还必须要做到有备无患。当一切准备就绪、即将开始讲话之前，我们还是要先打个腹稿，毕竟人的记忆力与反应能力都是有局限性的，我们不可能记住所有的内容，也不可能预测到讲话过程中遇到的问题。而在开口前在头脑中梳理一遍讲话过程，能帮助我们尽量减少这些问题的存在。

我们先看下面一位大学生的职业规划脱稿演讲实例：

小崔是一名即将毕业的工商管理专业的大学生，在毕业典礼上，她要代表全系同学进行一次职业规划脱稿演讲，对此，她准备良久。登台之前，她深呼吸一口气，然后闭目养神，将预先练习好的讲话再过滤了一遍，然后她大胆地走上了演讲台。

“尊敬的老师，亲爱的同学们：

大家好！我是来自工商管理系的 ××。这里，我想跟大家分享一下职业规划。首先明确一下我的职业目标是职业经理人。

第一步是我的自我分析：我是一个独立、坚强、有责任心的女生，与

人打交道的过程中，我热情、大方，所以大家都比较喜欢我。当然，我的性格里也有一些劣势的特征，比如缺乏主见，做事不够果断、冲动等。另外，在能力的自我评估方面，我是个有较强的观察分析能力、逻辑思维能力、组织协调能力、交际沟通能力、创新冒险能力的人。这些都是成为一名管理人才必备的能力。

第二步是我对职业经理人的一些见解。我认为，要成为一名合格的职业经理人要具备四能、三素、双赢、一心这4点。四能就是决策能力、执行能力、组织能力、协调能力。三素就是道德素质、文化素质、个性化因素。双赢强调的是在处理公务、商务、事务中应结盟取胜。一心就是一心放在工作上，对事业精益求精。

当然，这只是规划，实现目标还需要有行动，这就是执行能力。关于我的执行能力，我给自己定的目标是，在大学期间通过英语四六级，学好专业知识，考取人力资源管理师证书。毕业后五年争取进入一家大型外资企业。我想我在那里有充分的发展空间，我会以自己的能力成为部门主管或经理。之后几年我会不断学习充实自己，从中层到高层管理职位晋升，最终成为一名职业经理人，实现自己成为高级管理人才的梦想。

‘凡事预则立，不预则废’。我想对于自己的人生规划也是这个道理，因为人生就是一部作品，谁有生活的理想和实现的计划，谁就有好的情节和结尾。不管我的职业规划实现的过程是何等的艰辛，我坚信通过我的拼搏，一定会有个成功的职业人生。”

当她讲完之后，学校礼堂响起了热烈的掌声。

在这篇职业规划演讲中，这名学生从自我剖析、职业理解和行动力方面做了全方位的分析，有理有据，结构分明，让人一目了然。

在大多数情况下，讲话之前都有时间做准备。讲话开始之前，我们应该对自己将要讲的内容梳理一番，对于讲话过程中对方可能的回应有所预期并设想好应对方案。所谓有备无患，就是说事先对讲话内容有所准备，对讲话可能引起的反应有所预测，一则不会出现临场心慌、不知所措、语无伦次的尴尬；二不会失去场面的主动权，使对方的思维能被自己引导，

从而达到让对方理解自己意图的目的。在讲话之前对要讲的内容打好腹稿，预先做一些遣词造句的工作，也可以让自己对要讲的内容应选择什么样的词句事先有所了解。

许多演讲大师在讲演之前，都会对语句的组织做一番精心准备，以便使自己的讲话更准确、更生动。语言，特别是作为表意文字的汉语，词汇特别丰富，语言与情境的关系也非常紧密。如果不事先对自己要讲的内容在文字上做一些准备，那么在话语交锋的过程中，就很难保证自己选择的词句是恰当的、是适合当时情境的。语句选择的不当，轻则可能造成理解的误差和障碍，严重的甚至会伤害对方的感情，使谈话无法继续。

实际在历史上，那些著名的雄辩家，都有这样的本事，他们总是能做到让听众与自己产生共鸣，重要的原因是他们能将听众的情感考虑在内，会谨慎选择讲话词语，因为他们明白自己的演讲是否能成功，不是自己决定的，而是由听众来决定的。

另外，需要注意的是，在打腹稿前，我们最好能将可能出现的意外情况考虑在内。脱稿讲话是讲话者与听众面对面的交流和沟通。所谓交流和沟通，我们就不能对听众的感受和反应置之不理。因此，在打腹稿时，我们就要充分考虑到演讲过程中可能遇到的一些意外情况，以及应付各种情况的对策。

做好调查和研究，让脱稿演讲更有说服力

我们都知道，演讲是语言的艺术，而脱稿演讲更注重即时性，但这并不等于说演讲就是信口开河，事实上，我们要达到演讲的目的就是让听众信服。要做到让我们的演讲言之有物，就要做到在演讲前做好准备工作。另外，在确定了演讲的主题后，如果你能在主题的指导下，做一些有针对性的调查工作，不仅能帮助我们找到演讲时所要用的演讲材料，最重要的是，

还能了解讲话的场景、听众、背景等方面的信息，这有助于选择适宜的讲话方式，改进讲话效果。

在钱锺书先生的小说《围城》中，有个主人公叫方鸿渐，他留洋回国后，家乡的一所学校请他去给学生们做次演讲。而这位方先生实际上肚中并没多少墨水，只是挂个留学生的虚名而已，但却碍于面子不好推辞。

演讲前的头一天晚上，他准备查找一些资料，但却因为看书时睡着了。就这样，第二天演讲时，为了应付，便大谈自己熟悉的有关鸦片与妓女的话题，弄得在场的人都很尴尬，他自己也因此而臭名远扬。

方鸿渐为什么出尽了洋相？很明显是准备不充分，不但没有做好充分的调查工作，甚至连基本的主题都没有确定，临时发挥时只好胡说一气。

我们先来看下面一个领导者的管理经验：

刘铭是一名海归，在一家网络公司担任财务总监。他上任半年后，上司让他代表中层管理者做一次演讲。

该怎样确定演讲主题呢？想来想去，他还是决定谈自己的老本行。于是，他决定对公司的账目进行一次大审查，经过调查，刘铭发现，这一年来，居然根本没有盈利。到底是哪里出了问题？

他找来财务人员才知道，原来一直以来，他忽视了一个问题，网络公司在网站维护上的成本投入太多。而造成这一问题的原因又在于公司这一方面人员的冗余，很多工作，一个员工就可以解决，但却安置了太多的富余人员。

在找到这些原因后，刘铭在公司的演讲大会上，提出了一些细致的解决方案，比如，公司员工的奖金制度应该加以调整并细化；员工的考勤制度也应该明确化……

公司的高层领导对刘铭的演讲很满意，并听取了他的方案，在经过一系列的调整后，第二年的第一个月，这家公司就呈现出一片大好的发展趋势。

与第一个案例中的方鸿渐的做法不同，财务总监刘铭为这次演讲进行了全方位的调查，找到了公司的财务问题，并在演讲中提出了具体的解决措施，自然会赢得领导的认同。

的确，在任何一场演讲中，听众都有自己的想法。如果你希望听众能接受你的想法和观点，最好出示有力的证明、有说服力的调查数据等，也就是说，调查是演讲必须要做并且要做好的准备工作。

具体来说，你需要做到：

1. 根据演讲主题收集相关资料

一个观点，你要想说清楚、透彻，一件事情，你要想说得可信，都必须对有关事实进行调查研究，掌握充分的事实材料。这些事实材料，不但能使你的讲话内容有保证，还能增强你在说话时的底气。而如果你不准备材料，或者缺少材料，那么，演讲时你只能勉强说，甚至根本不知从何说起，这样，你自己说得痛苦，听众也听得无趣。

2. 场景与听众情况调查

不同听众的文化背景、品位、修养都是不同的，感兴趣的话题也会不同，因此，在你演讲前，最好先收集一些关于听众的资料，以确定自己的演讲主题和说话风格以及所需要的材料。

当然，除了脱稿讲话外，你还有可能遇到这样的情况，当你还在轻松愉快地欣赏主持人的讲话时，身边的人突然拍拍你的肩膀，然后对你微笑着说："讲几句吧！"事前毫无征兆，突然他就对你说了这样的话，你都还没回过神来，就成了下一个做即兴演讲的人了。

遇到这样的情况，可能你马上就六神无主了，此刻我们最需要的就是保持平静。此时，你可以先向主席台致意，然后说上几句，这是一个缓冲的时间，然后，你可以好好讲讲与听众相关的事件，因为听众也只会对自己正在做的感兴趣，你可以从以下几个方面寻找关于即席演讲的话题。

一是听众本身。要想让你的演说成功，就不能忽略一点，多谈谈你的听众，谈谈他们是谁，对社会做了什么贡献，当然，更不能忘记用一个实例来证明。

二是场合本身。你可以说说这次会议的理由，要么是表彰大会、年会、政治或爱国集会，要么是周年纪念会议等。

最后，假如你对上一位演讲的人观点或者其中一个点特别感兴趣的话，你也可以拿来详谈一番。

总的来说，无论是脱稿讲话还是即兴讲话，你的观点是否可信，在于你的证据是否可信，论证是否符合逻辑。这需要你列举出一些有说服力的证据，通过论证的方式，将各种方案的优劣、长短逐一比较分析，而这都需要你做好资料收集和调查工作。

根据演讲类型，脱稿讲话前定好基调

我们都知道，演讲是一种以有声语言为主、无声语言（态势语）为辅进行思想交流和宣传的有力工具。它的形式丰富多彩。就脱稿讲话而言，也有众多类型，一个出色的讲话者，在讲话时的风格也并不是一成不变的，他们会根据演讲的类型，定好的基调或慷慨激昂，或朴实无华，或幽默调侃等，将他们需要传达的观点以自己独有的方式传达给听者，收到良好的表达效果。

我们的话能否达到打动听众的效果，就必须要定好自己演说的基调，混乱的演说风格是无法深入人心的。

那么，脱稿演讲又该如何进行分类呢？当然，分类角度不同，分类结果也不同。迄今为止，演讲学研究中也尚无公认的分类标准。

从演讲风格上讲，不同的演讲者、不同的演讲内容，与之相应的演讲风格也是不同的。比如，一个性格内向、不善言辞的女孩不适于慷慨激昂地演讲；在宣读沉痛的哀悼词时就不能开喜剧式的玩笑。

从演讲场所上讲，公众和环境的特殊性要求演讲者运用不同的演讲技巧。如法庭上，律师和法官的言辞就要注重逻辑的严密；而课堂演讲则要注重语言的深入浅出、以听众能听懂、接受为主。

从演讲的结构形式上讲，不同的结构形式要求演讲者在选择材料、构筑框架时进行区分。如，即兴演讲就要简单明了、不可啰唆。

总之，我们需要根据不同的场合、听众、演讲内容等，在构思演讲时努力做到内容和形式的协调与统一。

具体来说，我们可以将脱稿讲话进行以下划分：

1．严谨型

这一类型要求我们演讲前经过比较细致与严谨的推敲与加工，因而逻辑性很强。演讲者在演讲的时候，也会用重复、反复强调重要内容等方式，并加以说明。这类演讲者无论站立还是端坐，肢体都会相对稳定。这种演讲多在隆重场合进行。

2．谈话型

顾名思义，就是我们在演讲时，好似与朋友谈话一般，这就要求我们做到：

说话平易近人、语言通俗易懂；语气亲切委婉，清新自然，音色自然朴实，不加雕饰；表情轻松，心态平和，说话真诚、语言质朴感人，动作与平时习惯无异，像拉家常式的漫谈。

演讲内容举例：

“在座的朋友们，大家都吃过饭了吗？不能饿着肚子呀！没吃的话我可以考虑请大家吃饭（笑声）！有人请吃饭总是开心的呀！不过大家想过吗？有很多人在吃饭的时候会时常感到伤心的，听到我这话，大家可能纳闷了，吃饭应该开心啊！总不能挨饿时开心吧？这些人就是养活我们的农民朋友们！大家都知道种粮食的辛苦，在毒辣太阳下，农民朋友们反而很高兴，难道这些农民朋友们心里有问题？当然不是！实际上，太阳关系到粮食的质量，毛毛细雨下收粮食挺舒服，但是这些粮食吃起来就要发粘，颜色发黑。农民受了很多苦，收了很多粮食，丰收后的农民朋友一算账，却是亏损的，这真是一种说不出来的痛啊！所以我今天要与大家谈谈粮食价格过低对经济的影响！”

3．绚丽型

这是一种注重辞藻和演讲气势的脱稿讲话类型。我们发现，在 20 世纪 90 年代，在一些大学的演讲赛或者辩论赛中，经常看到这样的讲话类型。

这类演讲注重内容的厚重和多样化的形式，也注重肢体语言的丰富，要达到这一演讲效果，我们可以旁征博引，纵横古今，引用大量的名言警句、轶闻趣事、典故史实，以及某些新鲜有趣的材料。

举一个例子：“那是一个漆黑的夜晚，一个北风刺骨的夜晚，一个大多数人已经酣然入睡的夜晚。但是他还在忘我的忙碌，身影格外高大。一位名人曾说过‘劳动者总是最美的’，他是最好的证明！”

4．柔和型

这是女士最常采用的方式，效果是很好的。因为女性的嗓音圆润甜美，吐字清晰准确，并且伴有亲切的微笑、柔和的眼神，使演讲达到事半功倍的效果。

5．激昂型

这类脱稿讲话的类型心情澎湃、豪壮刚健、激越高昂。

要求演讲者音域宽广，音色响亮，精神饱满，同时手势幅度较大，给人以奋发向上，朝气蓬勃的振奋感觉。

那么，如何才能达到这一演讲效果呢？调整呼吸，科学发声是关键，尤其是在胸腔、腹腔、颅腔的共鸣做到合理分配。

6．幽默型

这类型的演讲具有喜剧色彩，需要做到音调变化大，语言生动形象，逗人发笑，手势动作轻捷灵活。

以上六类演讲风格不是绝对泾渭分明，我们可以以此为借鉴进行练习，从而最终形成自己的演讲风格。

总的来说，我们在脱稿讲话时应结合自身特点，充分考量自身的优势和不足，有选择地学习他人的经验、优点，逐渐探索出适合自己的讲话风格。

第 03 章

说好开场，好的开始是成功的一半

我们都知道，包括脱稿演讲在内的任何演讲，都必须以一定的话语开场。演讲开头是演讲者向听众出示的第一个同时也是最重要的信号，因此，演讲的开场很重要，它可以奠定整个演讲的基调。但万事开头难，如果开场白毫无新意，那么即使内容丰富、道理深刻，也无法有效地吸引听众，而如果我们能在开场时就抓住听众的注意力，引发他们听的兴趣和积极性，那么，脱稿演讲也就成功了一半。

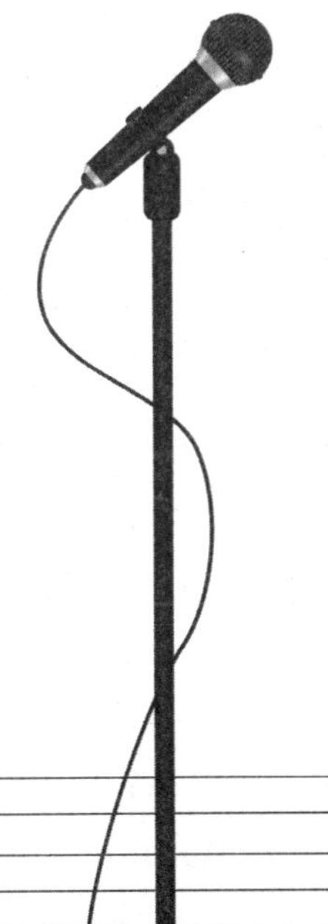

脱稿讲话中一开口就要吸引听众的注意力

开场白，顾名思义，就是一开场所说的话。开场白开的不好就等于白开场。俗话说："好的开始是成功的一半"，所以说开场白非常重要。对于脱稿讲话来说，难度更大，因为如果在一开始就无法调动客户的兴趣，那么，无疑对于接下来的讲话产生会更大的障碍。

所以，脱稿演讲的开场白更不易把握，要想三言两语抓住听众的心，并非易事。其原因有二：一是站在众多人的面前，即使准备充分，也会紧张、怯场，一时不知从何说起，这样难免导致整场演讲的失败。其二，虽然演讲者没有怯场，但如果表现平平，没有在一两分钟内"震住"听众，这样的演讲也很难有十分理想的效果。

所以，我们有必要作出一个匠心独运的开场白，以其新颖、奇趣、敏慧之美，给听众留下深刻印象，才能立即控制场上气氛，让大家瞬间集中注意力，从而为接下来的演讲顺利地搭梯架桥。

脱稿演讲开头成败的关键在于能否吸引并集中听众的注意力。一般可以运用事例、轶闻、经历、反诘、引言、幽默等手段达此目的。那么，具体来说，我们该怎样使演讲的开场白"精彩"起来呢？

1．奇谈怪论，吸引眼球

脱稿演讲与其他的交流不同，那些平庸、普通的语言与观点都不可能引起听者的兴趣。在讲话前，演说者如能做一番准备工作，找出与众不同的论调，那么，必能出奇制胜，造成"此言一出，举座皆惊"的艺术效果，使听者蓦然凝神侧耳细听，寻求你的讲话内容，探询你演讲的原因。

钱锺书先生的小说《围城》中有一段故事，写方鸿渐到本县省立中学发表演讲，事先精心准备了讲稿，可是到场后却发现稿子不在手边，急也没用呀，听众已经在热烈鼓掌，方鸿渐只好上场了，但这开场白却来得很

精彩——吕校长，诸位先生，诸位同学：诸位的鼓掌虽然出于好意，其实是最不合理的。因为鼓掌表示演讲听得满意，现在鄙人还没开口，诸位已经满意得鼓掌，鄙人何必再讲什么呢？诸位应该先听演讲，然后随意鼓几下掌，让鄙人有面子下台。现在鼓掌在先，鄙人的演讲当不起那样热烈的掌声，反觉到一种收了款子交不出货色的惶恐。

听了方鸿渐的演讲，听众大笑，记录的女孩也含着笑，走笔如飞。

需要注意的是，运用这种方式应掌握分寸，弄不好会变为哗众取宠，故作耸人之语。应结合听众心理、理解层次出奇制胜。再有，不能为了追求怪异而大发谬论、怪论，也不能生硬牵扯，胡乱升华。否则，极易引起听众的反感和厌倦。须知，无论多么新鲜的认识始终是建立在正确的主旨之上的。

2．放下架子，自我解嘲

自嘲就是“开自己的玩笑”。对此，需要演说者在演说过程中放下架子，运用诙谐的语言巧妙地自我介绍，这样会使听众倍感亲切，无形中缩短了与大家的距离。

营销讲师金克言先生在一次有近千名观众参加的演讲会上准备演讲，可台下只响起了稀稀拉拉的掌声。于是他说：“从大家的掌声中可以发现两个问题：第一，大家不认识我；第二，大家对我的长相可能不太满意。”几句话缩短了与听众的距离。台下大笑，掌声一片，反应强烈多了。他接着说：“大家的掌声再次证明了我的观点！”话音刚落，台下笑得更厉害了，又是一阵热烈的掌声。这个开场白既活跃了场上气氛，又沟通了演讲者与听众的心理，一箭双雕，堪称一绝。

3．贴切引用

演讲的开头如果恰到好处地引用大家不大熟悉的格言警句或诗词佳句，再加以解释，从而顺利入题。这样，演讲就会显得有声势有威力，能迅速抓住听众。

一次，演说家李燕杰去首都一家大医院演讲，开端就朗诵了他创作的一首诗：

每当我忆起那病中的时光，
白衣战士就引起我深情的遐想。
他们那人格的诗，
心灵的美，
还有那圣洁的光，
给了我顽强生活的信心，
增添了我前进的力量！

随着朗诵的进行，看书的人逐渐抬起了头，说话、走动的人也停了下来，当朗诵完最后一个字时，全场掌声大作。

恰到好处的引用，不仅新颖，而且拨动了听众的心弦，说出了他们的心声，所以引起了共鸣。

当然，吸引听众的方式有多种，有的是在开头采用幽默语、形象语、发问语、警句、格言、典故、谚语等引起听众的兴趣；有的语言虽朴实无华，但提出的是党和国家的重大问题；有的则充满激情，振奋人心。演说者可根据具体的演说主题，设计好一个新颖别致的开场，一开口就抓住听者的“神经”，从而赢得一片掌声！

俗话说，良好的开端是成功的一半。精彩的开场白可以起到创造良好气氛，激发听众兴趣，点明演讲主题的作用。演讲学界曾有人指出：如果没有一个好的开头，想在整个脱稿讲话过程中做到轻松、巧妙地与听众交流思想是颇为困难的。

让脱稿演讲引人入胜的五种经典开场方式

我们都知道，很多时候，我们在公共场合进行脱稿讲话，为的就是起到启迪人心的作用，能否在开场就抓住听者的兴致，对于对方能否接受自己的观点至关重要，因为，我们在确定了演说的主题之后，首先应当考虑的，

便是主题的解构。如何尽快将自己对主题的兴趣引发出听众同样的兴趣？如何以自己对题目的感觉和热情去点燃听众内心的感觉与热情之火？如何以自己对主题的精深理解去启迪听众随着自己的思路一道共鸣和思索？这些，都关乎脱稿演讲的成败。

当然，脱稿讲话的开场白设计方式有很多种，对此，我们总结出五点：

1. 开门见山式开场

开宗明义、开门见山，是中国传统的作文法，也符合一般听众的心理要求。演讲者一开始就与听众建立协调和谐的联系。

在美国会计协会罗切斯特分会的一次演讲中，演说者唐纳德·罗杰斯通过表达他对听众需要的关心而激发起了他们的兴趣：

我今晚要演说的题目是《信息的透露》。确定这个题目之前，我先是查阅了本地的会计年鉴分册和全国会计协会的学术专刊，然后又询问了我的同事亚历克斯·莱文斯顿和戴夫·汉森：'今晚来听演说的人都有哪些？他们希望我讲什么？'他们告诉我在座的各位都是些很热心的人，希望我的演说有趣而富有启发性。因此，我将告诉大家一些有用的知识，我也同时希望我的演说简明扼要，并留给大家一定的提问时间。

听众的时间是宝贵的，他们也是“自私”的，他们只有感到从演说中有所收获时才专心去听演说。我们在脱稿讲话的开头应正面回答听众心中的“我为什么要听”这一问题。而唐纳德·罗杰斯在开场中就向听众展示了这一点，因此，他便找到了与听众继续沟通的门道。

2. 幽默式开场

通常情况下，脱稿讲话都是正式的，但我们并不能因为这一原因就一定要端起架子，板起面孔，一本正经地进行演说。实际上，幽默轻松的气氛是使演讲易于为人接受的一种高明的方法。

的确，就演说者来说，如果他一开始讲话就很严肃，那么接下去的演讲就很难活跃起来。而演说者与听众的关系一旦在开始时就是疏远的，以后便不好拉近。所以，开场时幽默一下是有好处的，它可以使演讲者和听众都处于轻松的状态，缩短双方的距离。

3．故事式开场

演讲开头是演讲者向听众出示的第一个同时也是最重要的信号，我们若能以故事开场，便能抓住听众的注意力，引发他们听的兴趣和积极性。

1962年，82岁高龄的麦克阿瑟回到母校——西点军校。里边的每一样东西，都令他眷恋不已，浮想联翩，仿佛又回到了青春时光。在授勋仪式上，他即席发表演讲："今天早上，我走出旅馆的时候，看门人问道：'将军，你上哪儿去？'一听说我到西点时，他说：'那可是个不错的地方，您从前去过吗？'"这个故事情节极为简单，叙述也很平淡，朴实无华，但饱含的感情却是深沉的、丰富的。既说明了西点军校在人们心中非同寻常的地位，从而唤起听众强烈的自豪感,也表达了麦克阿瑟对母校的那种深深的眷恋之情。

接着，麦克阿瑟不露痕迹地过渡到"责任——荣誉——国家"这个主题上来，水到渠成，自然妥帖。

4．悬念式开场

人们都有好奇的天性，一旦有了疑虑，非得探明究竟不可。在开场白中制造悬念，能激发听众的强烈兴趣和好奇心。

当然，我们在使用设置悬念式开场时，不能故弄玄虚，这一方法既不能频频使用，也不能悬而不解。在适当的时候应解开悬念，使听众的好奇心得到满足，而且也使前后内容互相照应，结构浑然一体。

5．事实开场

以事实为开场，可以使听者从一系列触目惊心的事实中醒悟过来，造成一种"悬念"，使听者急于了解更多的情况。因此我们在发表讲话时，也可以选用事实为开场白，意在引起听者的注意、赢得他们的认同。

瑞士作家温克勒说："开场白有两项任务：一是建立说者与听者的同感；二是如字义所释，打开场面，引入正题。"不得不说，包括脱稿讲话在内，任何形式的演讲，开头都是关键。在演讲开始后的几分钟或者几秒内，听众通常会决定是否接受演讲，是否听下去。好的演讲，一开头就应该用最简洁的语言、最经济的时间，把听众的注意力和兴奋点吸引过来，这样，才能达到出奇制胜的效果。

脱稿讲话要避开的两种开场方式

我们很都明白，文章开头最难写。一个有演讲经验和演讲学识的演讲家，通常都非常重视演讲开头的设计。开场白只有做到匠心独运，以其新颖、奇趣、敏慧之美，才能给听众留下深刻印象。

反过来，如果口出恶言，这会在一开始就引起听众的反感，更别说认可他了。然而，一些演讲者却常常以下面这两种方式企图来吸引听众的注意力，其实是十分不明智的。

1. 以道歉开头

假如你在脱稿讲话之前未做准备，那么，听众也是精明的，他们很快就会发现，无需你再做说明；即便是没有发现，你又何必无故再引起他们的注意力，这与侮辱你的听众有何分别？因为你这样说，就无异于是在告诉他们，你是在随手捡起火炉边的一些资料就拿来应付他们，你认为满足他们不必做准备。所以，记住，听众根本不想听你的道歉，大家聚在一起，就是想听听你在某个问题上的看法和意见。

当你一站到听众面前的时候，你就无可避免地会吸引来听众的目光，要在五秒的时间维持这份注意力并不困难，但是要是在五分钟之内都维持这份注意力，那就有难度了。而一旦你失去了这份注意力，若想再挽救回来，困难就成倍地增加了。所以，在你开口的第一句，你最好就说一些能引发听众兴趣的话，记住，是第一句，不是第二句，更不是第三句！

2. 以“所谓的幽默故事”开头

在这之前，我们也已经提到过，如果你一开始就想要抓住听众的心，就要引出你的幽默力量，当你脱稿演讲时，要如行家一样把你的幽默力量运用自如，把幽默力量真实而自然地表现出来作为你演讲的重要部分。但我们必须要明确一点，幽默只有运用得恰到好处才能起到应有的作用。

某些演说者总是相信一些奇怪的理由，他们认为学习演说的人如果表现得不好笑是无法吸引听众的。而原本他们的性格是严肃的、端正的，但一到演讲时刻，他就幻想着马克·吐温附身了，然后，他会马上以幽默故事作为自己的开场，尤其是在晚餐结束后的时间里，最终结果如何呢？幽默起到作用了吗？

实际上，他所讲的故事，就会和字典一样的沉闷，他的笑话也没有将听众的幽默细胞激发出来。就好像哈姆雷特曾经说过的不朽名言一样正好证明了这种笑话是“不新鲜的、老套的，平淡而且毫无益处”。

真正懂得制造幽默气氛的人，会利用最简单有效的一种方法——那就是拿自己开涮，把自己当作笑料，将自己曾经做过的一些荒谬而尴尬的事和大家分享，这也许才是幽默的本质。

对于那些语言风趣、不卑不亢、又敢开自己玩笑的人，听众自然会向他们打开心扉；而如果总是表现出一副专家的模样，则会造成听众冷漠与排斥的态度。

美国有一位黑人先生约翰罗克在面对白人听众作关于解放黑人奴隶的演说时，他的第一句话是：

“女士们，先生们——我来到这里，与其说是发表讲话，还不如说是给这一场合增添一点‘颜色’。”

这是一个自嘲式的开场白，意思是他的出现使全场皮肤的颜色在白色之外添了黑色。听众大笑起来，这一笑就冲淡甚至消除了由于种族差异而造成的心理障碍，使种族问题这一敏感和沉重的话题变得轻松起来，有利于后面他为自己的观点争取更多的支持者。

总之，脱稿讲话中，开场很重要，它可以奠定整个演讲过程的基调。如果开场白毫无新意，那么即使后面内容丰富、道理深刻，也无法有效地吸引听众，那么，接下来就很可能会出现听众昏昏欲睡的场面。除了掌握一些必备的经典开场方式之外，我们还应尽量避免以上两种开场方式，只有真正吸引听众注意力的开场，才是有效的，才能达到我们的讲话目的。

有始有终，脱稿讲话不能虎头蛇尾

人们都了解开场白在脱稿演讲中的重要性，但似乎很少有人愿意在演讲结尾上精雕细琢。大多是轻描淡写地草草收场，结果可想而知：费尽口舌发表的长篇大论很快就被人们遗忘。要想使人记忆深刻，你的结尾必须像开场一样气势磅礴，掷地有声。脱稿讲话的结尾应该简洁有力，只有这样，才能做到首尾呼应、有始有终。具体可以从以下几个方面结束脱稿讲话：

1．总结主题

脱稿演讲，总是有一定的主题，在演讲者一段慷慨激昂的的陈词之后，可以用极其精练的语言，对自已阐述的思想和观点作一个高度概括性的总结，以起到突出中心、强化主题、首尾呼应、画龙点睛的作用，这就是总结式结尾。

我们看到的更多的是，只有五分钟的脱稿讲话，讲话者会在自己没有意识到的情况下将范围覆盖得很广泛。而到了该结束的时候，他们的主要论点还是没有清楚地传达给听众，导致了听众如在云里雾里一般。

一般只有很少的演讲者注意到了这个问题。大部分人都错误地认为，观点在他们的脑海中已经十分鲜明了，那么听众也应是同样清楚才对，但事实呢？当然不是如此，你所说的任何一句话对听众来说都是新鲜的，他们在事先并不和你一样经过深思熟虑，所以，这些观点就好像你丢向他们的弹珠，有的真的丢到了听众身上，但是大部分还是掉在了地上。听众可能是“听到了一大堆的话，但是没有一样能真的记在心里”。

接下来这一段脱稿讲话的演讲者是来自芝加哥一家铁路公司的经理：

“各位，总结起来，根据我们在自己内部操作这套信号系统得出的经验，也根据我们在东部、西部、北部使用这套机器的经验，我们得出的结论是，它操作简单、准确，另外，还有它在一年内能通过阻止撞车事件发生而节省下一大笔金钱，使我们迫切地建议：立即在我们的南方分公司采用这套机器。”

这段演说词的成功之处不言而喻，我们完全可以不需要听之前的演讲，就能从这段话中感受到整个演讲的中心观点，几个简单的句子，他就总结了整个演讲的全部重点内容。

2. 重述开头

重复式的结尾方式是强有力的——非常清晰，并且能够在讲话中创造出一种节奏感，维持演讲者与听众之间的联系。对于任何一个演讲来说，这都是一种安全、自然的结尾方式。

我们可以在演说中运用以下这些收尾话术：

“我已经说过，同事们，你们都是全公司最优秀的团队。每年，你们都以公司最优秀员工的荣誉站在领奖台上，你们已经无数次向所有人展示怎样才能取得优异的成绩。我很高兴，也很荣幸能够和你们一起走向成功。”

“可见，我们必须学习一些新软件的操作方法，以便接受并掌握总部所投资的新型的顾客数据库系统。”

“说实话，我们现在不得不改变我们为顾客服务的方式，为那种逐一追踪的销售模式画上一个句号，并创造一个新的系统，让我们随时了解生产线上每一产品的情况。”

“我已经要你们接受管理方式上的转变，并祝贺与支持詹妮弗升任我们的区域销售总监。”

这虽然这并不是一种别致、激动人心的结尾方式，但却不仅能帮助你重申演讲主题，还能帮助你巩固信心，特别是当你振奋精神、让你所说的最后几句话具有了一种像音乐一样的旋律时，这种结尾方式开始发挥作用了。

3. 请求听众采取行动

在希望获得听众行动的讲演中，当你说到最后几句或演讲时间已到时，就要立即开口提出要求，比如，要听众去参加社会募捐、选举、购买、抵

制等其他任何希望他们去做的事，当然，这也需要遵从几点原则：

（1）提出的要求要明确。别说：“请帮助红十字会。”这是含糊不清的请求，而应该说：“今晚就请寄出入会费一元给本市史密斯街 125 号的美国红十字会吧。”

（2）要求听众做能力之内的事情。别说：“让我们投票反对‘酒鬼’。”这不可能办得到，因为我们并未对“酒鬼”进行投票。不过，你却可以请求听众参加戒酒会，或捐助为禁酒奋斗的组织。

（3）尽量使听众根据请求而容易行动。不要对你的听众说：“请写信给你的参议员投票反对这项法案。”绝大部分的听众是不会这么做的，原因多种多样，要么是他们不会有如此强烈的兴趣，要么是他们觉得麻烦，要么是他们根本就不记得。因此，你的请求要让听众觉得简单易行才可以。怎么做呢？自己写封信给参议员，然后在上面附上：“我们联名敦请您投票反对第 74321 号法案。”然后再把你的信和铅笔在听众之间传递，这样或许你会获得许多人签名——当然，最后，可能你的笔也找不到了。

总之，脱稿讲话时，我们一定不能虎头蛇尾，最好做到首尾呼应，那么，不仅照应了文章的开头，而且还升华了演说的主题。

把握时机，在恰到好处时结束脱稿讲话

我们都知道，良好的开端是成功的一半。然而，演讲的结尾同样重要，但何时结尾对于很多演讲者来说，却是一个难以把握的问题，因此，不仅要对演说开场引起重视，更要懂得如何结尾才能使自己的演说在一片“掌声”中结束。

乔治·福·詹森是大安迪柯—詹森公司的总裁，同时也是工业家兼人道主义者，卡耐基访问过他。让卡耐基更有兴趣的是，他是个能让听众笑，

也能让听众哭，并总能让听众对他的话牢牢不忘的演讲家。

他没有自己的办公室，只是在工厂的某个宽大的角落里办公，卡耐基初次见到他的时候，发现他的神态里透露出来的是老木桌般的诚恳。

当卡耐基走进来的时候，他说“你来得正好，刚好我有件特别的事要做，我已经把今晚要和工人们讲话的结尾做了个简单的记录。”

“将脑子里的演讲从头到尾做出一个整理来，会让人缓一大口气。”卡耐基说。

他继续回答说：“噢，它们还没有完全在脑子里成形，还只是一些笼统的概念，以及是我想用来做结尾的特殊的方式而已。”

乔治·福·詹森并不是专业的演讲者，也从未想过用什么华丽的辞藻和精致的诗句，不过，从他的演说经验中，倒是看到了演说成功的秘诀之一就是要有个精彩的结尾，他了解，要想让自己的演说达到余音绕梁的目的，就要让演讲内容合情合理地往前推进，最后逐步得出结论。

在脱稿演说中，结尾可以算得上是最具战略意义的部分。对于初学脱稿演讲的人来说，他们往往在这一方面做得不尽如人意。要知道，当一个演说者马上要结束自己的言论时，他在最后所说的那几句话，是否有力，将会影响到整个中心思想在听众脑海中的记忆长久。

富兰克林的制宪会议收尾演讲是这样的：

先生，我承认，这部宪法中的若干部分，我现在还不能同意，但我没有把握说，我将来永不同意这些部分。活了这么大的年纪，我已经历过许多场合……从未在外面窃窃私语。在此四壁之内，我的话语诞生，也在这里消失。如果我们每个回到选民那里去的人，都向他们报告自己对宪法的反对意见，力图获得一帮一派的支持，我们或许要避免大家采取这种做法，免得我们的崇高努力前功尽弃，我们真实或表面的全体一致，自然会在世界各国和我们自己人中间产生出高尚效果和巨大益处。任何政府。为了获得和保障人民的幸福，大部分的力量和效能，取决于印象，取决于民众对政府的良好印象，取决于对治理者的智慧和人格完整的良好印象。为此，我希望，作为人民的组成部分，为了我们自己，为了子孙后代，我们采取全心全

意、全体一致的行动，尽我们能力所及，推荐这部宪法（如果得到邦联议会的认可和各邦制宪会议的批准），把我们未来的思想和努力，转向治国安邦。

先生，总的来说，我禁不住想要表达一种愿望：制宪会议中每位对宪法或许还有异议的代表和我一起，就此机会，略微怀疑一下自己的一贯正确，宣布我们取得一致，在此文件上签上他的名字。

在这一收尾中，富兰克林总结了自己演讲的观点，发表了自己的愿望——为了我们自己，为了子孙后代，我们采取全心全意、全体一致的行动，尽我们能力所及，推荐这部宪法。可以说，整个演讲在缜密、严谨的推理论述以及有力度的收尾中结束，可谓无懈可击。

可见，恰到好处的结尾时机能给听众留下深刻的印象，其实要结束一次演说并不那么简单，也有艺术在其中。为此，在收尾时，你需要注意的是：

1. 结尾要达到高潮

高潮就是讲话效果层层推进、逐步向上发展的结果，最终在结尾时达到高峰。这种方法是很普遍的结束方式。不过，往往较难控制，但是如果处理得当，这种方法是相当好的。

2. 把握好收尾的时间

美国作家约翰·沃尔夫说："演讲最好在听众兴趣到高潮时果断收束，未尽时戛然而止。"这是演讲结尾最为有效的方法。因为在演讲处于高潮的时候，听众大脑皮层高度兴奋，注意力和情绪都达到最佳状态，如果在这种状态中突然结束演讲，那么保留在听众大脑中的印象就特别深刻。

这里，需要我们掌握好时间，使演讲结束得从容不迫，自然得体。我们所说的结尾要有力度，不可贻误最佳的结束时间，当然不是指毫无准备地突然使演说中断。相反，即使演说恰到好处了，也不可猛丁地来个"问题陈述完毕""以后再谈吧"等。为此，这就要求我们审时度势，对于结束演说应事先有个心理准备，并预先留出一点向结束过渡的时间，为结束脱稿讲话创造一定的条件。否则，在缺乏思想准备的情况下，丝毫没有过渡地突然将演说终止，不仅会给听者留下粗鲁无礼的感觉，还会显得虎头蛇尾。

尽管脱稿演讲结尾格式不固定，或对全文要点进行简明扼要的小结，或以号召性、鼓动性的话收束，或以诗文名言以及幽默俏皮的话结尾。但一般原则是要给听众留下深刻的印象。为此，把握脱稿演讲结束的时机很重要，结尾一定要简洁有力，不可草草收场！

第 04 章

言之有物，丰富的知识储备很重要

现实生活中，有些人一站到公众面前说话就笨嘴拙舌，他们总是抱怨上天没有给他一副好口才。其实，“言为心声”，脱稿演讲时一个人的声音是学识和修养的综合体现。一个人的口才，并不是取决于他的出发点，也不是取决于他的表达技巧，而是由这个人的学识和修养来决定的。好的演讲口才是建立在深厚的学识基础之上的，只有积累的东西多了，才能够说出有水平有见解和有说服力的话。

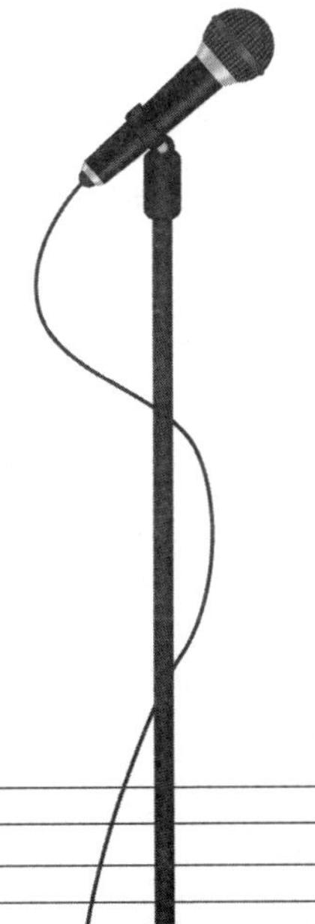

言之有物的脱稿演讲才更有吸引力

杜甫有诗云“读书破万卷，下笔如有神”。意思是说只有通过不断的知识积累才能够笔下有物。其实说话和写文章属于同样的道理，两者只是口述与用笔的不同罢了。目不识丁的人永远不可能口吐莲花，脱离了文学知识的修养，便不会有口吐莲花的口才，一切只能是不切实的幻想而已。缺少知识，就不会对事物有一个正确的见解，带稿演讲已经十分艰难，更别说脱稿演讲了。

俗语说，“冰冻三尺，非一日之寒”。想要成就一次精彩的演讲，想要一开口就能言之有物，一方面要掌握一定的演讲技巧，另一方面要注重平日里的锻炼和学习，在平时多积累词句，充实自己的内在。

常言道：“工欲善其事，必先利其器。”要想会说话，说好话，首先必须充实知识，掌握知识这一利器。因为知识积累可以丰富口语表达的内容，可以使口头表达更加准确，更加生动。

由此总结出知识储备对于一个演讲者的重要性。我们再来看下面一段精彩的演讲：

“为什么宝玉把爱情转移到了潇湘馆呢？这不仅仅是因为黛玉有妩媚的容貌，更主要的是黛玉追求的是高尚的精神生活，有与腐败的现实生活相悖的丰富的内心世界；是因为他俩有共同的理想，共同的爱憎，共同的语言。他俩相亲相爱，黛玉每天用高尚的、纯洁的、专一的爱情影响着宝玉；宝玉每天用自己美好的心灵影响着黛玉。正像王熙凤所说：黛玉如同一盏美人灯。这盏小灯不是用油点燃的，而是用她的爱情、眼泪和辛酸铸就的。在那漫长的如漆一般的封建黑夜里，正是这盏灯，照亮了宝玉的爱情道路，使宝玉的精神境界得到升华。”

这一段演讲没有华丽辞藻，却不得不让我们点头称是。其中，演讲者

若不是对《红楼梦》个中人物的一番细细剖析，又怎能有这番感悟？同样，任何一个演讲者，在演讲中，不仅要“能说话”，还要“会说话”，因为口才是恰当的语言与熟练的应用技巧的结合，而要做到“会说话”，就一定要有平日的积累。

知识是人们在社会实践活动中所获得的认识和经验的总和，是口语表达内容的坚实基础，也是形成优秀口才的必须。卡耐基在《语言的突破》这本书中强调：“在这个世界上，全新的事物实在太少了。即使是伟大的演说者，也要借助阅读的灵感和得自书本的资料。”

对于脱稿讲话来说，演讲的重点在“讲”，口才在演讲中的重要性由此可见。对需要演讲的我们来说，写好了演讲词，不一定就讲得好；而要想讲好，也就必须能写出好的演讲词。正如一个歌唱家，歌唱的前提是作曲家能作出动听的曲子。真正的演讲家，既要善写，还要会讲，即既要有文才又要有口才。因为一个人的演讲内容，直接体现的是掌握各种知识的程度，也就是说，一个有实力的演讲者，必定是个同时兼备超凡脱俗的智慧、深刻广博的思想内容和完美的演讲技巧的人。我们只有做到博闻强识，才能在演讲中旁征博引，让演讲更具吸引力。

你若希望自己博闻强识，可以从以下三种途径获得：

1. 系统学习语言基础知识

这里的语言基础知识，指的是语法、逻辑和修辞方面的知识，通过学习以提高口语表达的正确性、生动性和严谨性。

2. 系统地学习和掌握副语言特征和体态语言等方面的知识

副语言特征主要包括音质、音强、音色、语气、语调、语速、节奏等，体态语言主要包括表情、神态、动作、身姿、手势等。

3. 坚持积累和吸收优秀的语言养料，做好词句的积累

要提高语言知识养料，方法众多，你可以借鉴经典名家的演讲、大量阅读中外名著、与时俱进在现实生活中学习那些有生命力的活语言等。

另外，在日常生活中，我们还应广泛地阅读。古人有言“家事国事天下事，事事关心”，那么要想成为一个关心天下事的人，就要进行广泛的阅读。

从报纸、杂志、书本上了解社会动态，国家大事，通过对这些动态和变化的了解和思考，来提升你的分析能力和辨别能力。

平日里，我们每天都要和报纸杂志和书本打交道，那么在阅读的时候，最好养成做笔记的习惯，在阅读的时候，准备一支笔和一个笔记本，把一些好的句子和观点记下来，哪怕是每天只记上一两句，但是随着时间的推移，就会积土成山，你的文化修养也就有了显著的提高。文化修养得到提升之后，看问题就能更深刻，就能够透过现象认识本质，从而在阐述一些问题的时候也就避免了盲目和肤浅。

脱稿演讲的内容很关键

我们都知道，带稿演讲通常注重讲话的规范性，所以在材料选择上也就注重搜集和筛选，在脱稿演讲中，演讲者所说的任何一句话，更要有依据。在我们确定了演讲的主题后，就能对演讲所需要的材料进行大致的划分，因为不是所有的材料都适合我们的演讲，要进行材料的筛选。那么，在演讲材料的选择和使用上，我们该注意哪些原则呢？

1. 材料必须真实可靠

材料必须准确而真实，这样才能有说服力。在演讲过程中，即便你滔滔不绝、大部分听众连连称赞，但一旦被某些听众所怀疑，那么，你的讲话效果就会大打折扣。

要做到材料的真实，你就要做到不但掌握书面材料，还要注重对生活的观察，只有通过这种方法收集的材料才是客观存在的，才具有普遍的意义。

另外，你还需要注意的是，整理材料的过程中，不能用模糊的词语，让人不敢确信。

曾经有一位演讲者，在脱稿演讲中，提到做事专业化的必要性时，引用了一段很明智的材料——安德鲁·卡耐基的素材。他的引述内容准确，并且他

所借用的“专家”足够有资格讨论他正在演说的主题——事业的成功之道，所以得到了听众的认可，他所引述的名言，后来一直在演讲界被人津津乐道。

“我坚信，任何一个行业，任何一个人要想成功，就必须要在那一行成为专家。我不相信分散个人才智的策略，而且，从我的经验来看，即便真的有，我也很少看到有人真的能做到一心多用，而在制造业方面仍能做到的，我更确定是没有的。任何能成功的人都是选定了一行，然后坚持到底的人。”

2. 材料必须紧紧围绕主题

我们应把主题当成材料取舍的重要标准，我们之所以寻找材料，就是希望材料能起到做证主题的作用。如果偏离主题，那么，你的材料即使再完美，也是毫无意义的。

可见，在选择材料的过程中，只要是能凸显主题的，与主题关系密切或者有关联的，都可以选用，而与主题关系不大，或者无法很好地反映主题的，都应舍弃。

3. 材料必须典型生动

所谓典型，就是具备代表性，典型材料就是那些最具广泛代表性和强大说服力的材料，这样的材料，能以小见大、以少见多，能帮助我们更自信地阐述观点，也能让讲话更精练。

因此，选择典型性材料，无论从内容还是形式上，都是必要的。生动性则体现在材料新颖、实在、有趣、灵活等特征上。新颖生动的材料，能够充分调动听众的兴趣，引发观众的想象力，并且可以使讲话声情并茂，增强表达的感染力，让观众耳目一新。

4. 材料必须要有针对性

适合脱稿演讲主题的材料并不少，但我们还需要考虑到听众自身的因素，要真正做到因事、因地、因人，这样才能真正起到以情动人、以理服人的效果，激发听众的热情和兴趣。

那么，什么是针对性的材料呢？必须符合下列几项因素：

要考虑到演讲的场合和听众的兴趣；

要针对听众的不同文化程度，把材料具体化、形象化；

要选择那些符合听众心理需求的材料；

要选择那些科学性和理论性强的材料，能让听众信服；

要考虑到自身的情况，选择那些自身熟悉的，这样才能做到演讲时自信满满。

演讲者选择和使用材料，一定要以演讲目的和主题为出发点，并考虑到听众和自身的独特因素，珍惜选择那些有用的、真实的材料，才能帮助我们完成一个出色的演讲。

脱稿讲话要因地制宜，因人而异

在脱稿演讲中，我们深知选择一个好的话题的重要性，一个好的话题是让听众感兴趣、继续听下去的前提。这就如同人际交谈中，好的话题是深入与人谈话的基础，敞开心扉纵情交谈的开端。但是在具体讲话的过程中，我们还应注意到两点，一个是看清讲话的场合，不能胡乱讲话；第二就是看清讲话的对象，综合以上两点，我们才能做到让听众喜欢，找到一个让对方感兴趣的话题，谈话才能有维持继续下去的可能。

事实上，任何一场脱稿演讲，都包括两个信息——演讲者所要传达的信息和听众接受的信息。在我们讲话的时候，即使听众在认真听，也并不代表他们接受了所有信息，这是为什么呢？因为人都是以自我为中心的，都会把注意力放到自己关心的话题和一些有意义的信息上。

因地制宜，因人而异地讲话是做好脱稿演讲的前提，现代社会的演讲要求演讲者不能以自我为中心。无论是收集材料、撰写演讲稿还是预讲，演讲者都要重点考虑大多数人的需求，考虑他们的兴趣，满足他们的深层次的心理动机，还要看清场合，否则，你的演讲就变成了自说自话，最终变成一个人和独角戏。

《庄子秋水》中讲了这么一个故事：

庄子和惠施在濠水的一座桥梁上散步，庄子看着河中的鱼儿说：“鱼儿在水里自由地游来游去，它们真快乐呀。”

惠施反驳说：“你又不是鱼，怎么能够知道鱼儿的快乐呢？”

庄子说：“你又不是我，你怎么知道我不知道鱼儿的快乐呢？”

惠施哑口无言。

庄子是十分机智的，他的话不多，却抓住了对方言语之中的漏洞，用短短的一句话就让惠施哑口无言，同时也给自以为很聪明的惠施一个当头棒喝。

可见，脱稿讲话中，我们一定要考虑听众的需求，就比如说，如果你自己是听众，你在听别人演讲的时候会做些什么呢？有时认真听，有时会开小差。或许，我们会被迫去参加演讲会，但没有人能迫使别人去听演讲，除非听演讲的人自己愿意听。

所以，我们做脱稿讲话，一定不能盲目开口，而要因地制宜、因人而异，具体来说，我们要从以下两个大方面进行操作：

一、因人而异，做好听众需求分析

每个人性格、身份、年龄的不同，在看待问题上的着眼点也不尽相同，这就要求我们在说话的过程中注意对方感兴趣的所在，抛开一些没有实际作用的大道理，用对方感兴趣的话去调动他的激情，这样就会起到事半功倍的效果。

因此，要想掌握好的讲话技巧，就必须要做好听众的需求分析。这里，我们需要考虑的几点是：

1. 听众的爱好

作为讲话者假如你喜欢军事，而听众群体是摄影爱好人士，你和听众大谈军事，就等于是对牛弹琴，你津津有味地说了半天结果发现听众根本听不懂，你的心情不会好，同样听众的心情也不会好。这就注定了你的演讲是失败的。

2. 听众的职业

假如你今天要做的是一场针对销售员的演讲，听众的需求是学习销售技巧，听众希望通过聆听你所传达的实用技巧来将其运用到具体的销售过程中，最终达到增加销售业绩的目的。如果你能考虑到这点，那毫无疑问是最成功的演讲。

3. 听众的年龄

在设计讲话内容的时候，你要将听众的年龄考虑在内，一般而言，那些年纪稍大的人可能更爱面子，他们会因为害怕答错而不愿意与你配合，在演讲这样的场合一般也选择沉默。所以尽量减少互动环节。

4. 听众的文化程度

在你的演讲群体中，如果同时存在初中生和本科生，那么，你要明白，他们希望从你的演讲中获得的信息是不同的，在设计演讲稿的时候，你就要将大多数人考虑在内，甚至可以在演讲前把这个观点讲给听众，以免引起误解。

5. 听众的意愿

演讲者要明白台下听众的意愿，这很重要，有些听众是自愿来听演讲的，而有些听众是被迫来的，有些听众是抱着试试听的态度，有些听众很想从演讲中学到知识，还有些听众是来凑热闹的……面对这些不同态度的听众，我们需要做好应对的准备和预案。

可见，人们只能够以自己的经验来理解事物，同时也说明不管是演讲还是和别人沟通，必须深入了解对方的需求，这样才会掌握好的演讲技巧，取得好的演讲效果。

二、关注场合本身

我们还要考虑到现场的气氛，比如，在一些喜庆的场合最好别说丧气话，而在大家沉浸在悲伤的气氛中时，不可戏谑调侃等。

总之，任何一场成功的讲话，都是真正的当场演讲，这些讲话表达的，也都是我们对听众和当时场合的感受，一切都是符合时宜的，是为当时场合量身定制的。这些讲话之所以成功，就是因为他在特殊的时刻绽放，它留给听众的，如刀刻一样，而你也成为了该方面的演说专家了。

讲话素材从哪里来：注重平时积累

我们都知道，在脱稿演讲时，讲话者最担心的问题就是无话可说，然而讲话素材从哪里来呢？这就需要在平时储备“粮草”，否则，未经准备就出现在听众面前，难免会惊慌失措，心中发慌。古人说“腹有诗书气自华”，也正是这个道理。没有知识修养的人，无论有着多么高的社会地位，在讲话时都会留下笑柄。

民国时期的韩复榘出身旧军阀，是一个胸无点墨的人，在担任山东省政府主席期间，留下了许多笑话。

一次，在齐鲁大学的校庆典礼上，他的一通讲话，让全校师生狂笑不已。

他这样说道：“大学生、二学生、三学生们：今天是什么天气？今天是演讲的天气。开会的人来齐了没有？没来的请举手！很好，都到齐了，你们来得很茂盛，敝人也实在感冒……今天兄弟召集大家，来训一训，兄弟有说得不对的地方，大家应互相谅解，因为兄弟和大家比不了。你们是文化人，你们这些乌合之众，是学科学的、学化学的，都懂七、八国的英文，兄弟我是个大老粗，连中国的英文也不懂……你们是从笔筒里钻出来，今天到这里来讲话，真使我蓬荜生辉，感恩戴德。对你们讲话是没有资格的，就像是对牛弹琴。”

台下的学生们听了笑得前俯后仰，但他好像视而不见，继续自己的演说：“今天我主要是讲蒋委员长的三个纲目，蒋委员长提倡新生活运动，兄弟我自然是要举双手赞成的，但是有一点我就闹不明白‘行人靠右边走’，那么，留着左边的路给谁走呀？还有一件事，让兄弟感到很气愤，北平东交民巷有很多洋鬼子的大使馆，却偏偏没有我们中国的，在中国的地方竟然没有中国的大使馆，岂不是表明我们中国太软弱了吗？因此，我就向蒋委员长建议建一座中国的大使馆出来。”

接下来又提到了齐鲁大学的办学条件，他说："咱们这些大学生们的生活实在是太苦了，条件也简单了点，我经常见十几个人大热天的穿着裤衩在抢一个篮球，实在是太不雅观了，我们虽然穷，但是几个球还是有的，明天就让财政厅给你们送一笔钱来，多买几个球，一人一个岂不更好，免得为了争一个球而伤了大家的和气！"

等到韩复榘讲话完毕，前呼后拥退下主席台后，全校师生终于忍不住开怀大笑起来，尽情地嘲笑这个不学无术的家伙。

韩复榘本来想通过这场讲话来塑造一个亲民的形象，也想向学生表现一下自己的学识和思想，最终却因为胸无点墨而闹出了大笑话。

因此，我们要想在脱稿讲话时有话可说，就要注重平时积累素材，要做到每天为自己充电，对于所见所闻要观察思考表面和内在的东西，从而锻炼思考能力和概括能力，并作为提升自己的一个有效途径。不要将演讲变得空洞而又不着边际，让别人皱起眉头，甚至转身离开。

俗话说，十年培养一个富翁，百年的时间才能够培养出一个真正贵族。要想成为一个脱稿讲话的高手，并不是轻易就能达到的，它需要经过个人长期不懈的努力，从平常的一点一滴积累起来。具体怎么做呢？我们不妨从以下几个方面入手：

1. 关注生活，加强生活积累

缺乏生活阅历的人，对社会和现实的了解也会十分肤浅。如果生活在封闭的圈子中，就会孤陋寡闻，也会和周围的人以及环境失去联系。一个没有生活阅历的人和别人说话的时候，往往会因为所谈话题与社会现实脱节而让人感到枯燥无味，失去了谈话兴趣。

2. 注重阅读，增加知识含量

口才是满腹经纶博古通今等词的另一种称谓。拥有了丰富的知识，在和别人的谈话时就不会显得无知，谈吐间很自然地引经据典，旁征博引，所表达的内容也十分高雅。假如胸无点墨，在陌生人面前也好，在老朋友面前也罢只有闷头静听的份，那么就会让自己的分量显得很轻，也就无法得到别人的关注。因此，在日常的生活中，要多注意阅读，注重知识的积

累，看一些历史、哲学、文学、政治、美学之类的书，提高一下个人的修养，让自己达到“腹有诗书气自华”的境界。当你有了充足的知识储备后，就会有充足的底气站在别人面前进行较高层次的谈论了。

俗话说：“厚积薄发”，一个人收缩自如的脱稿演说能力绝不仅仅是技巧性的问题，而是在经过了对生活的思考、学习和研究才有的结果。我们要想成为一个会在公共场合脱稿讲话的人，不仅要有敏锐的观察能力和思考能力、掌握一定的说话技巧，还要全面提升自身的文化修养。只有有了底蕴，才能够说出一些典雅的话语来。正所谓“内有底蕴才能话语生香”。

脱稿讲话要善于讲故事、举例子

相信任何一个有过演讲经历的人都明白，在脱稿演讲中，在向听众传达一些观点时，如果纯粹从理论上来说明，或用口号来呼吁，不但很困难，而且会让听众感觉枯燥无味。但如果通过举一些事例或者讲故事来说明的话，则既能有效地阐述观点，说明道理，让听众信服；又能让讲话内容充实，形式活泼，让听众感兴趣。

《畅达的写作艺术》一书的作者在鲁多夫·弗烈区曾在这本书的某一章的开篇写道：“只有故事才能真正畅达可读。”接下来，他又用《时代》杂志与《读者文摘》来作为例子。他说，在这两份雄踞畅销排行榜首位的杂志里，你绝对找不到一篇文章不是纯粹的记叙文，你也找不到一篇不是登载了趣闻轶事的文章。

其实，对于脱稿演讲具有类似的地方，我们必须承认的是，讲故事、举例子更能驾驭听众的注意力。

诺曼·文森·皮尔牧师曾经就是通过电视机和收音机来讲道的，并且，他被无数的人所接受。他说，他在演说中最爱举例，以实例来支持自己的论点，一次，在被《演讲季刊》采访时，他说：“我知道的最好的方法之一就是讲那些真实的例子，这样能让你的观点鲜明而清晰，也更有说服力，一般来说，为了证明一个论点，我会同时使用好几个例证。”

脱稿讲话，一言一语都必须具有可靠性，这样才能有说服力。一段话，即使讲得非常精彩，非常有趣，但如果有一处被怀疑，讲话效果都会大打折扣。

那么，我们在脱稿讲话时，该如何讲故事、举例子来获得听众的信服呢？

1. 谈谈自己的个人经验

生活中的每个人都有一些不平凡的经验，这是不需要我们煞费苦心去搜寻的，而我们自身的行为也就是受到这些经验的引导，我们将这些事件重新串联和组织起来，就能以此来影响别人，对于我们任何人来说，这一点都不难做到。

一般情况下，人们对字句的反应和对真实事件的反应是不会存在太大差异的，为此，我们在讲述具体事实的时候，一定要把其中自己曾有经验的部分进行再造，巧妙引导听众产生与自己原先相同或者相近的反应或者感受，让你的经验变得更戏剧化，这样就能让它更有意思，也会更有力量。接下来的分析和讨论会让你举例的步骤变得清晰、有力度和有意义。

美国南北战争结束后，有一个叫约翰·爱伦的普通人和一个在南北战争中的著名英雄陶克将军竞选国会议员。陶克在竞选演讲即将结束时，还说了几句带有感情色彩的话：

“诸位同胞们，记得17年前(南北战争时)的今天，我曾带兵在一座山上与敌人激战，经过激烈的血战后，我在山上的树丛里睡了一个晚上。如果大家没有忘记那次艰苦卓绝的战斗，请在选举中，也不要忘记那吃尽苦头、风餐露宿造就伟大战功的人。”

这话应该说是很精彩的，许多听众都认为爱伦定输无疑了。然而，爱伦不慌不忙，说了几句很轻松的话，便扳回了败局。他是这样说的：

“同胞们，陶克将军说得不错，他确实在那次战争中立下奇功。我当时是他手下的一个无名小卒，替他出生入死，冲锋陷阵。这还不算，当他

在树丛中安睡时，我还携带了武器，站在荒野上，饱尝寒风冷露的滋味儿，来保护他。”

这话比陶克说的更高明了。因为听众中许多人是南北战争时的普通士兵，所以，爱伦的话更容易激起这些人的共鸣。于是，爱伦击败了陶克，胜利地跨进了国会大厅。

为什么爱伦的话引起了听众的共鸣？为什么爱伦能击败了陶克？因为爱伦拥有着和这些听众同样的经历，因此，当他将这些事实拿出来与听众共同分享的时候，就显得更有信服力，更容易打动听众。

2. 讲述一些令人震惊的事实

著名演讲教育家李燕杰在《爱情与美》的演讲中这样开场：“我不是研究爱情的，为什么会想到要讲这么一个题目呢？”然后讲了一个故事：北京一家公司的团委书记再三邀请李老师去演讲，并掏出几张纸，上面列着公司所属工厂一批自杀者的名单，其中大多数是因恋爱问题处理不好而走上绝路的。“所以，我觉得很有必要与大家谈谈这方面的问题。”

这个故事一下子把听众的注意力集中起来，使他们感到问题的严重性和紧迫性。

3. 讲一些奇闻趣事

小故事是有效调动听众情绪的良方。趣闻轶事是人们在生活中津津乐道的闲谈资料，生活中的许多情趣即由此而来。

讲话者抓住人们渴望趣味的视听倾向，恰当而又适时地讲述一些趣闻轶事，会使混乱或呆板的演讲现场马上活跃起来，听众的注意力也被迅速地集中到演讲内容上。这时演讲者再回到原有话题的轨道，但效果就要理想得多了。如果是双向交流，话题的变换就是不定的，根据现场情况随时进行。

实际上，即便是那些逸闻趣事，也不是随便说的，我们要考虑到听众的个体情况，尽量说那些大家都能接受的事，否则只能适得其反，让听众产生厌烦的情绪。

与时俱进，脱稿讲话要充满新意

敢于打破常规是一个人智慧和自信的体现，也是创新精神的象征。在脱稿演讲中，能否在语言上做到推陈出新，体现的就是我们的语言水平。相反，如果总是那么一副“老面孔”“老调子”，即便是真理，也会让人厌烦，我们讲话必须把真理讲出新意，让人乐于接受，引起广大听众的共鸣。

赛珍珠是美国著名的女性作家，在第二次世界大战期间，发表过一个对中国人民的广播演讲，这篇演讲深深地打动了每一个中国人的心。她在演讲中这样说道：“我今天说话不完全站在一个美国人的位置，因为我也是一个中国人。我一生的大半时间，都是在中国度过的。我生下 3 个月，就被父母带到中国去了。我开口说话的时候，又是先说的中国话。我小时跟着父母，并没有住过什么通商大埠。十数年间，我们到的地方是浙江、江苏、江西、湖南、安徽、山东各省的小城市、小村庄，清浦、镇江、丹阳、岳州、蚌埠、徐州、南州……这些地方，是我最熟识的。可是我最爱的，是中国的农田乡村。以后我长大了，又在南京住了 17 年。我曾亲眼看见南京在几年之内，由一个古旧的城市变成一个新式的首都。但是无论我住在什么地方，我与中国人相处，都亲如同胞。因为小的时候，我的游伴是中国孩子；成人以后，来往的又是中国的朋友们。现在我人虽已归故国，心中却没有忘掉旧日的朋友。所以今天我要以这两种身份说话。我既在中国长大成人，又在美国住了多年，受了双方的教育，有了双方的经验，我觉得我是属于两个国家的。”

在这篇演讲中，假如赛珍珠站在一个美国公民的立场上，哪怕所讲内容再精彩恐怕也不会打动中国人的心。毕竟，人们对于大洋彼岸的美国是十分陌生的。按照惯例来说，赛珍珠应该在演讲之中讲些“亲爱的中国朋友们”之类的话，不过那样只会让人觉得她只是一种客套性的虚伪，根本不可能

激起中国人民对她的认同。但是，赛珍珠却在演讲之中一再提起中国人所熟悉的城市名字，多次强调对中国的特殊感情，强调和中国人的亲密关系，这样在中国人的眼中，赛珍珠就不再是一个所谓的外国友人，却变成了一个和自己一起经历风雨的同路人，亲切感也就油然而生了。

那么，我们该怎样在脱稿讲话中做到与时俱进呢？

1. 紧跟时尚，掌握时代的潮流

时尚是一个时期内，比较流行的生活方式和文化理念。它以各种物质的形式表现，表达了时下人们的思想认识和价值观念，也体现了绝大部分人的精神需求。时尚，是一种潮流，是正在进行着的社会文化现象。假如一个人和时尚脱离，就意味着被时代所抛弃，也就无法在交际生活中和别人产生共同的话题。一个不懂时尚的人在和别人交谈时，他所说出的内容会因为缺乏时尚元素而显得乏味，他所受到的欢迎程度也必将大大降低。

同样，在为脱稿讲话准备素材时，我们也要紧跟时尚，比如了解短时间内所流行的服装款式、电影类型、前沿杂志、热门话题等。这样就能够走在时代的最前沿，不至于被社会大潮抛在后面。紧跟时尚的生活方式和精神状态，不仅仅让你享受到一个特定时期的文化气息，更能让你在讲话时言之有物、推陈出新。

2. 关心政治，了解时事

我们处在一个与世界交流越来越频繁的时代里，报刊、电视、互联网传递着世界各地的政治事件和时事新闻。如果连续几天不上网不看报看电视，就会有一种被世界抛弃了的感觉。当别人谈及六方会谈的时候，你只能在一边竖起耳朵稀里糊涂地听着。

另外，在公众场合讲话的时候，你的语言也会显得空洞乏味。政治和时事与我们息息相关，如果一个人紧闭房门，两耳不闻窗外事的话，显得既缺少知识又没有趣味。

3. 在语言表达上推陈出新

老话连篇、照本宣科，听众听起来只会毫无兴趣、昏昏欲睡。语言上的创新，是要从旧中挖掘出来，既然听众“喜新厌旧”，我们就可以“以旧翻新”。翻新语言，对语言进行改装，就能赋予其新的内涵，这样，听众听起来既熟悉，又感到眼前一亮。

总之，脱稿演讲中，传统的讲话方式未必能够达到我们所想要的结果，那么就不妨转换一下思路，用新的语言表达方式来表达观点，这样，不仅能够准确地传递个人思想，更重要的，还能够迅速地提升你的影响力。

第 05 章

条理清晰，构建完美的讲话逻辑

我们都知道，脱稿演讲的过程，都是从一些未曾处理过的原始材料开始，然后经过了各种各样的制造阶段，再到最后的产品完成。这一过程中，就需要我们按照一定的逻辑思维顺序进行归纳和整理。其实，大凡是可以拿来演讲的题材，也是可以按照一定的逻辑顺序来进行讲述的。所以，脱稿讲话中。我们若希望获得听众的认可和支持，达到讲话目的，就需要做足准备工作，先构建完美的讲话逻辑，形成条理，而不至于手忙脚乱、不知从何说起。

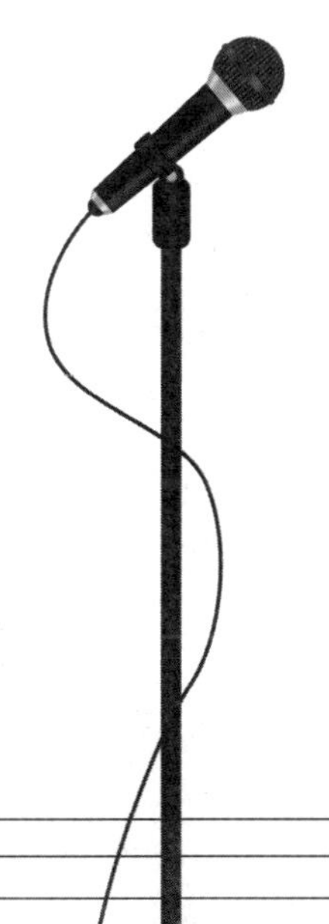

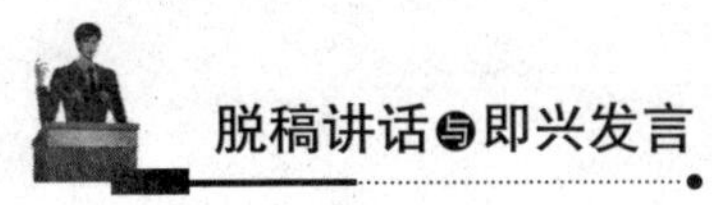

脱稿讲话要条理清晰、突出要点

在生活中，你仔细观察就会发现，有的人说话言简意赅，句句说到点子上，能击中问题的要害，很快营造了强大的气场，控制了别人的思想。而有的人尽管表达了很多，但是让人听着云里雾里，不断地打擦边球，根本没有涉及核心问题。事实上，不是他们的态度上有差异，而是因为他们表达的能力不一样。会表达的人往往能做到语言凝练、字字珠玑、绝不啰唆重复。

同样，在脱稿讲话中，如果你想让你的演说带给听众思路清晰、条理分明的印象，那么你最好在演说的过程中逐步提醒你要说的重点，比如，你可以说，你有几个重点，现在你讲的是哪一点，接下来你又准备讲哪一点。

罗夫·J. 邦茨博士曾任联合国助理秘书长，在任职的时候，他在纽约州罗契斯城市俱乐部主办的演讲会上发表过重要的演讲，从开始演说时，他就运用这一受人欢迎的坦率的讲话方式。

“今天晚上我要演说的题目是《人际关系的挑战》，是因为以下两个原因，”他说，接着说，“首先……其二……”从开口到演说结束，他都在努力地让听众听明白他说的每一个部分，然后逐步带领听众得出结论：“我们不能对人类向善的天性失去信心。”

经济学家保罗·H. 道格拉斯也曾巧妙地将这一方法运用其中。在一次商业会议上，他以委员税务专家和伊利诺伊州长参议员身份讲演。

他这样开始：“我的主题是：最迅速、最有效的行动方式，是对那些几乎会用掉全部收入的中、低收入民众采取减税。”

然后用这样的方式继续他的演讲：

“具体说……

“进一步说……

“此外……

“有三个主要的理由……第一……第二……第三……

“总而言之，我们要做的，就是立即对那些中、低收入民众实行减税措施，以此来增加需求与购买力。”

那么，我们该如何在脱稿讲话中做到突出要点、条理清晰呢？

1．了解你要表达的中心、重心、要点

任何问题都有中心和重点，找到了这个中心和重点之后，说话的时候才能有的放矢，做到什么话该说，什么话不该说。所以，迅速找准谈论的中心是言简意赅的前提和基础。否则，眉毛胡子一把抓，只能惹人厌烦。

2．懂得表达，语言表达清晰、稳重、不啰唆

语言表达的轻重缓急也是很有讲究的，该让对方听清的地方就要缓一些，不重要的信息就可以一句带过。如果张口结舌或连珠炮似的大讲一通，对方就会感到一种急迫感，从而心生不信任。

3．简明扼要地表达脱稿讲话的重点

要想使说话不啰唆，其实只需捡重点说就行，其它次要的内容，要么不提，要么一言以蔽之，只有这样才能保证你的发言在最短的时间之内收到最好的效果。否则，即使你滔滔不绝地谈论半天，听者一个个都还是不知你发言的目的。

比如，如果你讲话的目的是希望听众去做什么，那么，你要简明扼要地告诉听众，你希望他们去做什么。确定你演讲的重点，应该精简文字，就像电报一样，绝不啰唆，还要清楚、明白。

而不要说：“请帮助我们这里孤儿院那些生病的儿童吧。”这样说太笼统了。应该这样说：“今晚就签名，下周日会齐，带领 25 名孤儿去野餐。”最重要的一点是，你的请求必须是让听众一听就能明白的实际行动，而不是猜来猜去的心理活动。举个例子：“经常想想你的祖父母吧！”这样说太含糊了，不知这样说：“本周末就去看望祖父母吧！”还比如说，与其说“要爱国”，还不如说“下星期二就请投下你神圣的一票”。

可见，无论你演讲的问题是什么，是否还是争论不休的，作为演讲者，

你都应该把自己的重点和行动的请求讲得让听众易于理解和接受。所以，最好的方法就是明确，比如，假如你希望听众增长记忆人名的能力，千万别说："从现在便开始增加你对人名的记忆次数。"这样说让听众不明就里。为此，你不如说："从你遇到的下一个陌生人开始，在五分钟之内就重复他的姓名五次。"

相对于那些概略的言辞来说，我们说出明确的行动指示，更能引导听众作出行动。比如，如果你想听众去安慰一位生病住院的人士，与其发动大家去寄慰问卡，还不如说"在祝康复的卡片上签名"来得更直接。

总之，一场脱稿讲话的的核心就是重点，因此我们应该十分有信心而且有力度地讲出来，就好像一篇文章的标题的字母都会很突出一样，你的演讲目的和重点也应该直接强调出来，要让听众对你和的请求产生难以忘记的印象，不要带着不确定或者无信心的态度来提出你的请求。

脱稿讲话要把话说到点子上，切忌泛泛而谈

我们都知道，与一般的演讲形式相比，脱稿演讲更难把握，也更容易出错，因此，那些演讲大师在脱稿演讲时都不会打持久战，而是采取简短有力的演讲方式。但是，我们发现，现实的脱稿演讲中，不少人说话都有一个明显的弊病，那就是非常啰唆，他们把一些极为简单的问题复杂化。本来可以三言两语就能说清楚的问题，非要重复无数遍，结果越说越离谱，自己也搞不懂在说什么。

现代社会，人们的时间观念都很强，没有人愿意花费太多的时间来听你的长篇大论。所以，我们在说话的时候，切忌绕圈子，而是把话说到点子上。有话则说，长话短说，无话不说，这样才能更准确传达你的思想。

1863 年 7 月 1 日，对于美国人民来说是个非常有意义的日子，因为这天在美国发生了一件惊天动地的事，美国南北战争在华盛顿附近的葛底斯

堡打响了。三天激战后，北方军队大获全胜。

战后，美国的宾西法利亚等几个州商讨决定把在战争中逝去的烈士合葬在国家烈士公墓。

公墓在 1863 年 11 月 19 日落成典礼，美国总统林肯也就理所应当地被邀请前去。除了林肯之外，演讲者还有美国的前国务卿埃弗雷特，而林肯只是因为总统的身份，才被邀请在埃弗雷特之后讲几句形式上的话。林肯非常清楚自己的处境，在他前面演说的是在美国历史上最有演说能力的人。而林肯如果说不好的话，无疑会被在场的人笑话，使得自己总统的颜面尽失。

在典礼上，埃弗雷特那长达两个小时的演讲，洋洋洒洒，确实非常精彩，也获得了听众的掌声。令人意想不到的是，林肯的演说居然只有十分钟，而就这十分钟的演讲，不仅仅是赢得了当时在场的一万多名听众的热烈欢迎，而且还在全国引起了轰动。

当时有报纸评论说："这篇短小精悍的演说简直就是无价之宝，感情深厚，思想集中，措辞精练，字字句句都很朴实、优雅，行文毫无瑕疵，完全出乎人们的意料。"就连埃弗雷特本人第二天也写信给林肯："我用了两个小时总算接触到了你所阐明的那个中心思想，而你只用了十分钟就说得明明白白。"林肯这次演讲的手稿被收藏到了图书馆，演讲词被铸成金文，存入了牛津大学，作为英语演讲的最高典范。

林肯在这次演讲中靠什么取胜？那就是简洁，他那简短有力的演讲比长达两个小时的演讲更深入人心。很多时候，言简意赅的讲话比那些长篇大论更容易被人们所接受，所谓"浓缩的就是精华"，因为简洁，所以它所阐明的思想会更有深度；因为简洁，它所表达的意思更加清晰；因为简洁，它所彰显的内容会更有力度。

同样，脱稿演讲中，我们要想自己的讲话获得较好的效果，就必须讲究语言的简洁、精练，这样才能使听众在较短的时间里获取更多有用的信息。反之，如果你只是空话连篇，言之无物，那么无疑是浪费时间。在很多时候，我们哪怕只讲了一句话，也能获得满堂的掌声，而有的人讲了整整一个小时，却得到稀稀拉拉的掌声，这就是语言是否简洁的效果。

那么，我们该如何灵活运用开门见山式的开场方式呢？

1. 快速入题

我们欲使听众尽早进入状态，接受自己的言论，就必须重视入题的速度和方式的安排。既要“开门见山，一针见血”，这就是“快”；又要有逻辑上的悬念、起伏和跌宕。

这里，强调入题要快，并不是说所有入题都以“开门见山”这样“直”的方式为佳。其实，有时候入题更需要讲求一定的曲折和委婉，尤其要讲求一点逻辑悬念，方才有利于入题的引人入胜。因此，有时候，你不妨在言辞上多下点功夫，以悬念抓住听众心理，引起他们的注意和重视。

2. 观点鲜明

我们在选用开门见山这一开场方式时，就要观点鲜明。演讲观点鲜明，显示着我们对一种理性认识的肯定，显示着我们对客观事物见解的透辟程度，能给人以可信性和可靠感。演讲稿观点不鲜明，就缺乏说服力，失去了演讲的作用。

3. 语言有力度

讲话应该注重简练的语言，太过烦琐的语言会让你所表达的意思不够准确，也会占用听众更多的时间，结果就是你既没有讲明白，下面的人却是有苦说不出，强忍着听下去。简洁的几句话显得更有力度，也更容易被听众所接受。

4. 把话说到点子上

相传，墨子的学生曾经问墨子：“话是说得多好，还是说得少好？”墨子说：“你看田里的青蛙，整天叫个不停，却没有人理会它，而公鸡每天只在天快要亮的时候，才叫一两下，人们都很注意它。可见，话不在说得多而在说得有用。”

总之，在脱稿演讲中，我们陈述观点传递信息的时候，要让所说的话有力度，能够让人听得进去，才是好的说话方式。要做到一针见血、言简意赅，这样才能让听众明白你到底说的是什么。

高屋建瓴，脱稿讲话要从全局把握

我们都知道，任何一个人，在建造房屋前，如果他是理智的，绝不会在毫无准备的情况下就动手，同样，脱稿演讲中，我们在目的没有明确、没做足准备的情况下也不要妄想开口。

我们要把任何一场演讲都看成是有目的的旅程，我们必须事先绘好行程的图表。一个人如果随便从某处开始，通常也就终止于某处了。

卡耐基一直想把拿破仑曾经说过的一句话——“战争是门科学，未经计划、思考，休想成功。”漆成浅红色的，然后挂在演讲课堂的大门门口。

但是，我们发现，一些人甚至是那些初学演讲的人却是花很少的时间去进行演讲前的规划，因为规划需要花费时间和精力去准备、思考，也需要顽强的意志力，思考毕竟是一个不怎么快乐的过程。发明大王爱迪生曾把雷诺德爵士的一段名言放到了他工厂的墙壁上：

“成功之道，唯有用心思考，别无捷径。”

那么，怎样的安排才是最好和最有效的呢？我们在没有对其进行分析和研究之前我是无法给出定论的。它永远是个新问题，是需要每个演讲人进行深层次探索和追寻的问题，我们不能给出规则性的答案，但无论如何，正如建造房屋一样，我们需要从全局把握。

所以，无论是脱稿讲话还是即兴演说，其实都是没有多大难度的，我们也完全有时间在讲话前进行高屋建瓴的构思，只要我们能够镇静一点，从容一些，充分地发挥一下个人的聪明才智，就一定能够取得很好的说话效果，也能够得到别人的支持和赞扬。

田中义一是日本著名的政治家，他能够应付各种各样的社交场合，和不同职业不同信仰不同层次的人都能够打成一片。因为他懂得利用人们的亲近心理，来营造温馨的环境，取得比较完美的交际效果。有一次，他到北海进行政治考察，许多当地知名人士都前来欢迎他的到访。他拉住一个衣着考究举止文雅的中年男子的手，紧紧地握着，十分热情而又诚恳地说："感谢您在百忙之中能够来到这里，太感谢您了。请问，令尊大人还好吗？"那个人对此激动得说不出话来。亲切的话语，热烈的表情，让很多人感觉两人是至交。

政治考察取得了圆满的结果。田中义一等人员在返回路上，他的秘书依然对在北海的表现感到不解，忍不住问道："那个中年男人是谁啊？我怎么从来没有见过？"田中义一的回答让所有人都感到非常意外："我也是第一次见到他，当然不知道他是谁了。"秘书更加不解了："那您为什么还亲热地问起他的父亲？"田中义一意味深长地说："谁都是有父亲的。"

这则故事中，田中义一是怎样建造认同感的？因为他利用了人们的共同心理，打出了亲情牌，这就是一种高屋建瓴的说话策略。

语言大师林语堂有"语言的艺术"一说，意思就是，语言不是一般的工具，使用起来不同于其他工具。俗话说："锦于心而秀于口。"我们说话并非单纯的口舌之技，而是一种高度复杂的脑力劳动过程。严格地遵循一套公式，循规蹈矩，就会失去固有的灵活性，让人感到索然寡味，从而丧失了继续听下去的兴趣。我们应该学会的是在较短的时间内在不同的场合应付自如。这就要求我们开动脑筋，懂得把握讲话局面，从而提升自己的讲话水平。

口才训练大师卡耐基强调："一个人的成功，只有15%归功于他的专业知识，还有85%归功于他表达思想、领导他人及唤起他人热情的能力，即其驾驭语言的口语表达能力。"一个善于脱稿演讲的人必定有较高的思维能力。事实上，也只有那些具备较高的思想水平和政策水平的人，才能从全局和事物发展的大势上把握问题、思考问题和解决问题，自然，他们也能够以自己的领导魅力征服听众。

因此，我们应在脱稿演讲之前准备好演讲的主体思路和大纲，然后根据自己的语言、思路来发挥，这样才能更好地打动听众。

脱稿讲话要内容充实，杜绝形式主义

生活中，我们常听说“形式主义”这个词，它的含义指的就是不注重内容而注重形式。事实上，一些人在脱稿演讲的过程中，也总是走形式主义的路子，他们会事先准备好一份演讲稿，然后背诵下来，在脱稿演讲时，也不顾听众的感受，自顾自地背诵完稿子，便认为自己做了一次精彩的演讲。实际上，这类形式主义、走过场的演讲，有什么意义呢？

任何一个成功的演讲者不但注重通过脱稿讲话来锻炼自己的讲话能力，更注重自己语言的锤炼。如果你讲话乏味，就没有人爱听，空话套话多，号召力就差，这样的讲话不如不讲。“白圭之玷尚可磨，斯言之玷不可为。”空话讲多了，听众就会对你的讲话失去了兴趣，而你想传达的意思就没能够成功地传达出去。

现实的脱稿演讲过程中，一些人不注重语言魅力，只注重形式主义。他们在说话的时候，枯燥无味，让下面的人听起来很难受，许多人深受其苦，甚至，有的人为了躲避听他说话，不惜请假、会上打瞌睡、玩手机游戏、频频借故出入会场。试想，如果听众反感你的讲话，那么，演讲又该如何进行呢？

或许有些演讲者会抱怨：“不是我们想搞形式主义，而是不得不搞形式主义，脱稿演讲太难了。”其实，想要做好脱稿演讲有很多方法，完全没有必要依靠形式主义。

具体来说，你可以这样做：

1. 事前充分准备

美国前总统林肯曾说过：“我相信，我若是无话可说时，就是经验再多、年龄再老，也不能免于难为情的。”这句话说得十分深刻。

任何一场演讲，尤其是脱稿演讲，要想获得满堂彩，就必须做足准备工作。要知道，心中没有路子，脚下难迈步子，如果你心中无“货”，思想乏味，那么语言也同样乏味。

2．端正演讲动机

不要把目标定得过高，对于不切实际的期望要有客观的分析。如果把演讲的意义片面夸大，甚至把演讲与个人终生的成就、事业和幸福等紧紧联系在一起，那么，也只能落入形式主义了。

3．讲话内容要真实具体

在《风格的要素》一书中，威廉·斯特伦克这样阐述：“那些研究写作艺术的人，假如在他们的观点中，有相似或一致的地方，那么，这个地方就是：他们认为如果说能抓住读者的兴趣，那么，最为可靠的方法就是要具体、明确和详细。像荷马、但丁、莎士比亚等这样一些最伟大的作家，他们最为高明的地方，就是他们处理特殊情境的能力，他们能在叙述或者写作时唤起读者脑海的景象。”

写作如此，脱稿讲话亦是如此。曾经，卡耐基和他的训练班的学员做了一个实验：讲事实。他们在实验中定了一个规则：在每句话中都必须要有一个事实、一个数字、一个专有名词，还有一个日期，当然，他们获得了革命性的成功。

4．轻松自然地讲话

卡耐基称在他一生的教学生涯中，曾有一段时间是很依赖教科书中的信条的，他那时只是照搬老教授们传授的一些坏习惯，实际上，他们并没有从一些浮夸的演说风格中跳出来。

卡耐基常提及自己曾上的第一堂演讲课。

教师让他将两臂轻垂于身体两侧，手指微曲，手掌朝后，大拇指轻轻靠着大腿。然后他让卡耐基把手臂举起，再划出优美的弧线，好让手腕优雅地转动，接着再将食指张开，然后是中指，最后是小指。当这整套合乎美学的、装饰性的动作完成之后，手臂得要回溯方才的弧线，再度放于双腿的两侧。

后来，经过自己的摸索之后，卡耐基发现，这一套动作只是表演而已，一点也没有意义，显得做作、毫无诚意。

他后来才明白，演讲要将自己的个性融合进去，要和平常与人谈话一样轻松、自然、生气勃勃。

5. 演讲内容要灵活，避免机械背诵演讲稿

演讲内容要灵活，避免机械背诵演讲稿。的确，逐字逐句地背诵讲稿，很容易在面对听众时遗忘，即使没忘，讲起来也会显得十分机械化。美国总统林肯曾说过："我不喜欢听刀削式的、枯躁无味的讲演。"背演讲稿对演讲者可能是一种必要的准备方式，但是，背诵依赖的是机械记忆，逐字逐句的记忆不仅是耗费演讲者大量的时间，而且容易形成演讲者心理麻痹。实际的脱稿演讲过程中，一旦因怯场、听众骚动，设备故障等容易出现"短路"现象。因而，在准备演讲时我们只要准备好大概的提纲，根据自己的语言、思路发挥更能打动观众。

6. 注重语言魅力

我们不应该只重视讲话的形式，而更应该注重自己的语言魅力。讲话本身就是一门艺术，让自己的语言有特色，你可以适当地幽默、调侃，这样会使你的讲话变得十分有趣，令人感动，并且让听众能够牢牢记住你的讲话，感到你的魅力，受到你的鼓舞。

总之，生活中的人们，如果你也正致力于提高自己的演讲能力，那么，你也要学会剔除那些机械式的演讲训练方式，做到内容充实、杜绝形式主义。

开拓思路，让脱稿演讲更戏剧化

在脱稿讲话中，我们发现，很多时候，直接向听众表达我们的想法，听众未必能接受，此时，我们不妨换个角度、戏剧性地展现我们的想法，以达到曲径通幽的目的。事实上，我们生活的这个年代，何尝又不是戏剧化的呢？很多时候，仅仅用语言未必能恰当地表明，此时，我们可以运用表演的艺术来使之更加生动、有趣和戏剧化。让脱稿讲话更戏剧化，我们

可以从语言和演讲结构两方面安排：

1. 语言戏剧化：采用对话的演讲形式

如果你要举例说明一个你是怎样通过自己的努力成功地平息了一位客户的愤怒，你多半情况下会这样说：

“前几天，我当时正在办公室，一位顾客突然闯了进来，他满脸愤怒，因为在上周我们的销售员送过去的洗衣机现在在操作上出了点问题，我告诉他，我们的售后人员会尽快帮助他解决问题，他慢慢平息了愤怒，心情开始平静下来，对于我处理此事的态度表示很满意。”这样叙述一件事倒也没错，而且很详尽，但却少了姓名、此事的过程，最为重要的一点是，少了能让整个事件鲜活起来的对话。我们不妨对这件事的叙事方式修改一下：

“就在上个星期二，我在办公室，突然，我办公室的门被人打开了，我一抬起头，就看到怒气冲天的查尔斯·柏烈克珊。他是我们公司的一位老客户了，我还没来得及跟他寒暄一番，他就劈头盖脸地说：‘艾德，在我发火之前，你最好尽快派辆卡车去，把那台洗衣机给我从地下室运走。’

我想问问到底怎么回事，他几乎不想回答了，只是在那生气。然后他气呼呼地说：‘那台破洗衣机根本不管用，丢进去的衣服全部纠缠在一起了，现在我的老婆快烦死它了。’

我告诉他先坐下，然后慢慢解释。

他的回答是：‘我哪有时间坐，我马上就要上班吃早饭了，我想我以后大概再也不会到你这里买什么家电了。’他一边说，还一边愤怒地打桌子，又是敲我太太的照片。

‘请听我说，查理，你坐下来把事情慢慢告诉我，我保证，我会做你要求我做的任何一件事。’听到我这样说，他的心情才算慢慢能平静下来。”

当然，这并不是要求我们每次都在演讲中穿插对话，但就上例而言，我们能看出，如果演讲者运用对话的方式，演讲将变得更有戏剧性，另外，如果他能模仿一下，改变原来讲话的语气，那么，对话就更见效果了。而且，

对话是日常生活中的会话，会让讲演更为真实可信。它能让你看起来更像个有真情实意的人，是在与听众谈话，而不是像一个学富五车的人在宣读论文，或者是朝着你的麦克风里吼叫。

2. 演讲结构的戏剧化——设置悬念

有一次，陶行知先生在武汉大学演讲。他走上讲台，不慌不忙地从箱子里拿出一只大公鸡。台下的听众全愣住了。陶先生又从容不迫地掏出一把米放在桌上，然后按住公鸡的头，强迫它吃米，可是大公鸡只叫不吃。他又掰开鸡的嘴，把米硬往鸡嘴里塞。大公鸡拼命挣扎，还是不肯吃。最后陶先生轻轻地松开手，把鸡放在桌子上，自己向后退了几步，大公鸡自己就吃起米来了。全场鸦雀无声，听众的胃口被吊了起来。这时陶先生则开始了演讲：

我认为，教育就跟喂鸡一样。先生强迫学生去学习，把知识硬灌给他，他是不情愿学的。即使学也食而不化，过不了多久，他还是会把知识还给先生的。但是如果让他自由地学习，充分发挥他的主观能动性，那效果一定会好得多!

这时，全场掌声雷动，听众不禁为陶先生精彩形象的演讲开场白叫好。

陶行知在这次演讲中，就是以展示物品开头的。因为每个人都有好奇的天性，如果心中一旦有了疑团，非得探明究竟不可。为了激发起听众的强烈兴趣，可以在讲话之前，先拿出一件物品，肯定会让在座的听众挺直身子。他们会猜想：他要表演魔术吗？这就引起了听众的好奇心。展示的物品可以是一幅画，一张照片或任何一件其他实物，只要有助于讲话者阐述思想，能引起话题。

当然，戏剧性并不是故弄玄虚，这一方法既不能频频使用，也不能悬而不解。在适当的时候应解开悬念，使听众的好奇心得到满足，而且也使前后内容互相照应，结构浑然一体。

总之，脱稿演讲中，我们要想让自己的想法影响到听众，首先不要直接表达自己的意图，而是学会曲径通幽、戏剧性地表达，这能帮助我们很快达到自己的目的。

巧妙铺垫，脱稿讲话要善于营造氛围

我们都知道，任何一场演讲都有三个构成因素：演讲者、演讲内容和听众，缺一不可，演讲者也只有把自己的演讲与听众联系起来以后，一场演讲才算是真的完成了。

我们都知道，要作一场成功的演讲，就要在演讲前做足准备工作，并且要演讲者热爱自己的题目，但要想演讲成功，就还要把听众的因素考虑进去，要让听众觉得你所说的很重要，光我们自己有热情还不够，一定要让听众感受到我们的热情。为此，脱稿演讲中，一定要善于巧妙铺垫、营造氛围，以此带动听众的热情。

在一次中国欢迎加拿大贵宾的宴会上，加拿大总理特鲁多致辞说：

昨天我观赏了香山枫叶，使我想起了我们国家美丽的秋天。那枫叶也是我国秋天的美景，大家知道，枫叶还是加拿大国旗上的图案。我请大家尝尝宴会上的糖果，它是从枫叶上提炼出来的，是不是和北京东风市场上的果脯一样甜蜜。

这样的讲话开头典雅、优美，尤其注意到以两国相通的事物来沟通演讲者和听众的情感，具有沁人心脾的最佳效果。

的确，听众是演讲活动不可缺少的重要方面。演讲是演讲者与听众的双向交流活动。演讲者是信息的传播者，听众是信息的接受者。演讲者离开了听众就失去了对象，演讲活动就无法进行。可见，成功的演讲者既要使演讲成为听众的一部分，也要使听众成为演讲的一部分，而其中首要的，便是要了解和掌握听众的心理特点。

可见，营造良好的演讲氛围，可以带动听众的积极性并能够很好的学到演讲技巧。这里讲的“气氛”，就是要带动听众的情绪，和听众达到一种情感的共鸣。这里的气氛，可以是活泼的，可以说是热烈的、可以是庄

严的……那么怎样营造这种氛围呢?

1．酝酿浓厚情感，以情动人

曾经有名希望工程的发起者，到北京某贵族学校演讲。还没等他开讲，台下这帮养尊处优的孩子们便叽叽喳喳地响成一片，乱成一锅粥。

此时，他见情形不妙，便大声喊了几句，但这种方法似乎根本不见效，于是，他叫来一个在现场的老师，将电闸关掉，礼堂便突然漆黑一片，随之也安静了下来。

这时候，这位发起者啪地一声打开了幻灯机，银幕上顿时出现了那张有名的"大眼睛"照片。这些孩子们顿时也睁大了眼睛，看着幻灯片上的照片。

"同学们，你们家里有没有照相机啊？"发起者此时突然提问道。

"有！"下面齐声回答。

"你们会不会照相？"

"会！"

这时，发起者便指着下面的一位同学问："请你说说看，照相有什么样的意义？"

"留着做个纪念呀。"

"好！作为留念——那就请大家看看，老师给这些山里孩子们拍的留念照片吧！"

然后，他每放映一张照片，就介绍一个有关失学儿童的故事。

这位演讲者，就是利用讲述照片来历的故事，既抓住了同学们的注意力，又营造出一种与演讲内容相适应的肃然气氛，使同学们很快进入"规定情景"之中，激发了他们对贫困学生的关注和同情心。

当然，以情动人除了要求说话人自己要动真情之外，还要求说话人善于将自己的真情实感淋漓尽致地表达出来，迅速激起对方的共鸣。说话人必须善于体察对方的心境，用饱含浓情的言辞去拨动对方的心弦。

2．敢于打破定势，善于标新立异

人都是有好奇心的，如果在演讲中加入一些能满足人们好奇心的因素，那么，势必能营造出良好的演讲氛围，为此，你需要做到打破常规，标新立异。

但前提是你需要尊重文化传统和思维习惯。

3. 给听众看一场“秀”，营造出亲切可信的气氛

生活中，我们经常会看到一些减肥产品的宣传者会当众说：“眼前站在你们面前的这个美女，她才45公斤，但你们知道吗，她曾经是个重达65公斤的‘圆球’！假若有人需要减肥的话，其实是一定办得到的。相信你们也一定能行！”

此话一出，听众肯定会翘首以待听他的“减肥真经”。可见，有时候，演讲的真正含义，并不完全在“讲”，还在于“演”，如果能给观众一场秀，与客户互动，就会给听众以亲切、真实、可信之感，这样调动起听众的热情，也就自然增强了演讲的感染力。

脱稿讲话中的“营造气氛”，指的是，让听众跟随你的意志走，从主题出发，结合现场的具体情景，针对听众此时此刻的心态和情绪，灵活地调动种种语言手段达到预估效果！

总之，如果听众对演讲内容有极大兴趣，便会采取积极、热情的合作态度；反之，则会采取冷漠甚至敌视的态度，演讲就不会成功。因此，演讲者必须在了解听众的基础上力求触发听众的兴奋点和创造欲，才能实现的最终目的。而成功的演说者在演说前往往都会进行一番铺垫，与听众互动，以营造让听众乐于倾听的氛围。

第 06 章

包装语言，话语优美才引人入胜

我们都知道,语言是人类用来表达思想、交流感情、抒发胸臆的工具，同时，也是心理、感情和态度的自然流露。在脱稿讲话和即兴演说中，我们是希望说服听众的，但真正引人入胜的语言绝不是枯燥无味的，而是形象生动的，是富有感情色彩的，这就需要我们在讲话中巧妙运用各种修辞手法，只有这样，我们才能真正抓住对方的耳朵，真正把话说到对方心里去，最终达到我们的讲话目的。

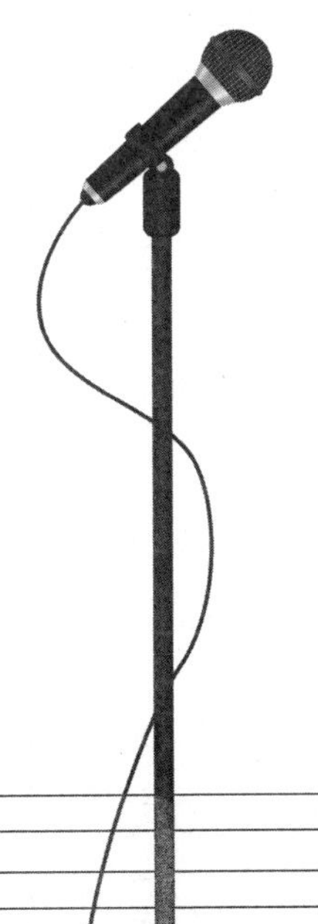

比喻——让我们的表达更炫丽

我们都知道，言语的力量是巨大的，它可以把两个陌生的人由陌生变为熟悉，由熟悉变成知己或亲密的朋友。而中国是一个语言文化知识底蕴丰厚的国家，自古以来，人们就善于将平淡无奇或晦涩难懂的语言经过修饰后变得形象生动或易于理解。然而，不少有过脱稿演讲经历的人都抱怨："这年头，说话难，在众人面前说话更难！"的确，那些不会说话的人，通常在演讲的时候，语言干涩无味，让人听之昏昏欲睡，更没有继续交谈的欲望。而如果我们能巧妙运用修辞手法的话，就能立刻让你的表达炫丽起来。

假如你要对暗恋多年的心上人表白一种咫尺天涯的感觉，有两种说法。

第一种说法：我每天都跟你在一起，却从来不敢向你表白，我好痛苦啊……

第二种说法：我每天都跟你在一起，却不敢向你表白，就像在大海里漂流，口渴得要命，四周都是水，偏偏却一口都不能喝！今天，我终于鼓足了勇气，把海水变成了淡水。所以……

你觉得哪种更有效？肯定是第二种！那么，什么是比喻修辞呢？

著名文学理论家乔纳森·卡勒定义为：比喻是认知的一种基本方式，通过把一种事物看成另一种事物而认识了它。也就是说找到甲事物和乙事物的共同点，发现甲事物暗含在乙事物身上不为人所熟知的特征，而对甲事物有一个不同于往常的重新的认识。

例如，在莫里哀的喜剧《太太学堂》里，阿南解释人为什么"吃醋"，阿南："我给你打个比喻，你就清楚了。你端着一碗汤，来了一个饿鬼，要喝掉你那碗汤，女人就是男人的汤。一个男的看见别人想尝尝他的汤，马上就大发雷霆。"

佛教的《百喻经》经常妙用比喻。我们先来看下面一个演讲故事：

程健在一家建材公司工作，他来公司不到一年，就已经升职为采购主管。在公司的年会上，他被同事们推举到讲台上讲授工作经验。

程健明白，这种场合下，开口必须特别，才能博得满堂彩，于是，他说："今天我们已经算幸运的了，可以在这个豪华的酒店里享用美酒美食，而平时呢，我们的情况是：出门是兔子，办事是孙子，回来是骆驼。"

在场的所有同事听完后，哈哈大笑。

很明显，我们发现，故事中的程健在演讲时之所以能博得一笑，是因为他那句颇有意蕴的比喻句："出门是兔子，办事是孙子，回来是骆驼"：兔子"是指出门为了抢时间赶车赶船跑得快；"孙子"是指为了买到所需货物不惜请客送礼，低头哈腰地向人家求情；"骆驼"是指回来的时候不仅要办好货物托运还要给老婆孩子买东西，负载很重。他用形象的比喻说明采购工作是个吃苦受累的活，让同事们产生了共鸣。

那么，在脱稿讲话的过程中，我们该怎样运用比喻这一修辞手法呢？

1. 要充分发挥我们的想象力

张爱玲的《红玫瑰与白玫瑰》中有这一句话：

"娶了红玫瑰，久而久之，红玫瑰就变成了墙上的一抹蚊子血，白玫瑰还是"床前明月光"；娶了白玫瑰，白玫瑰就是衣服上的一粒饭渣子，红玫瑰还是心口上的一颗朱砂痣。"

在巧妙的比喻下，"红玫瑰"与"白玫瑰"之间的不同就显而易见了，但如果没有异乎寻常的想象力，是无法获得这一表达效果的。

的确，在脱稿讲话中，很多时候，我们的演说语言之所以会平淡无奇，就是因为我们的思维被束缚了，而假如我们能在平日的语言训练中，多转换角度分析，比如，可以从形式或者意义方面着手；或者着眼于句式或者词语，这样，同样一句话就会出现完全不同的表达效果。比如，讲话时，我们原本想赞美某个听众年轻美丽，通常我们会说："您皮肤真好……"但如果我们转换一种说法："我终于知道为什么人们会有'剥了壳的鸡蛋'这一说法了，原本还以为是夸张呢，今天算是见识到了。"这里运用的就

是比喻的修辞手法，这样表达，更显得动听。当然，我们表达之前，最好做一番铺垫，否则显得唐突。

2. 灵活运用，随机应变

生活中，有些人个性害羞内向，在公共场合不敢开口，更别说灵活运用语言的艺术。一句话在普通的场合和演讲场合所产生的效应是不同的，如果不能妥善运用，随机应变，仍然无法发挥比喻修辞的妙处。

另外，我们运用比喻这一修辞时，需要注意的是：

（1）喻体必须要使受方清楚，一般要常见、易懂。如在演讲中要会顺手牵羊或顺势而为，能及时把握机会，创造突如其来、具有想象爆发力的比喻。

（2）比喻要贴切。必须对喻体和本体的共同点作认真的分析概括。

（3）比喻要注意思想感情。感情色彩不得体，语言表达就失去了光彩。

总之，脱稿讲话中，我们在表达的时候，若能正确运用比喻的修辞手法，一句干涩的语言就会顿时形象、生动起来！

设问——自问自答吊足听众胃口

相信任何一个参加过演讲的人都明白，平铺直叙的演讲语言、正正经经地演讲，只会让听众觉得生硬突兀，甚至难以接受，而如果我们能在说话时候故意卖卖关子，那么，就能抓住听众的注意力。在修辞手法中，先提出问题再回答，就叫做设问。

设问就是明知故问，自问自答。正确的运用设问，能引人注意，启发思考；层次分明，结构紧凑；可以更好地阐述人物的思想活动；突出某些内容，使语言起波澜，有变化。

例如，母子有趣的对话

儿子：“妈妈，我们学校的一个男老师爱上了一位工人。”

妈妈："这是一件好事啊，我马上把这件事写成一个剧本，好好地宣传一下。"

儿子："你们当作家的就喜欢挖掘这种题材，连这件小事也值得写进剧本里？"

妈妈："虽然现在是21世纪了，但有些人还是有"门当户对"的老观念，像这样勇于冲破传统习俗的男孩子，应该好好地宣传。"

儿子："妈妈，这个老师就是我。"

妈妈："什么？是你，是谁同意你这么做的？"

儿子："妈妈，你刚才不是很赞同"我"的做法吗？"

妈妈无言以对，只得同意。

这段对话中，儿子是聪明的，为了打消母亲反对的念头，他在刚开始时，先提出了"男老师和女工人"谈恋爱这一事实，在得到母亲的"赞扬"后，再道明这位男老师就是自己，此时的母亲已经被定义为"开明"，自然只得同意。

我们再来看下面一个演讲故事：

一个科学会议的主持人对现场在座的科学家们说："上级领导同意我们提出的方案，并赠给大家十六个字：严肃认真，周到细致，稳妥可靠，万无一失。"

听完主持人的话，在场的科学家一下子觉得压力很大，有的人甚至还倒吸了一口气。

目光敏锐的主持人已经觉察到了科学家们的心思，便立即解释道："什么叫做'万无一失'？就是把想到的、发现的问题都解决掉，就叫万无一失。没有发现的、解决不了的，是吃一堑长一智的问题。枪还有卡壳的时候呢，别说这个小问题了。放心吧，只要大家认真做了，出了什么问题，由领导负责，由我负责！"

通过主持人的一席话，完全解除了科学家们思想上的沉重包袱。

在主持人的一番话中，我们发现，有以下几点值得推敲，首先，一开始，主持人就切中要害，抓住科学家们担心的问题，也就是"万无一失"。接着，

他由此设问，以问题引路，自问自答，引出一段解释，从而清楚地消除了听者的疑问。

可见，善于设问，往往能够切中要害，更有效地解决问题，从而收到设想的效果。

设问，是一种常见的修辞手法，常用于表示强调作用。为了强调某部分内容，故意先提出问题。所以，每一个预备当众演说的人，都应该学习如何运用设问的修辞来增强语言的效果，为此，在演讲中，你可以这样做：

1．先设问再回答

设问是疑而问，演讲者自问而自答。设问后，可以自问自答，也可只问不答。设问用得好，能引人注意，诱人思考，把谈话内容变得更加吸引人。设问是一种启发性的语言艺术。它的另一个作用是让听众产生悬念，引起听众欲知究竟的愿望。

2．设问要巧妙

你所问的问题要巧妙，要顺理成章，做好铺垫，引人入胜，最后一语道破悬机，否则就有故弄玄虚之感。这就好像相声里的“设包袱”，用迭宕起伏的情节，深深地吸引住他人，最后再“抖包袱”，起到画龙点睛的作用，让人感觉到强烈的语言效果，从而达到自己的目的。

3．可以先只提供部分的信息，吊足对方的胃口

往往有时候，别人对你说了上半句话，你就想知道下半句。但是突然停住不说了，那么对方就有很强的好奇心，想知道后半句到底是什么。我们在表达观点的时候，也可以留一部分，给对方制造一种想要了解的好奇心。当这种好奇心在对方的心里不断的翻起来的时候，对方就会产生主动了解的欲望了，此时，你再适时表明，对方一定会揪住你的话。

当然，最重要的是，在运用这一修辞手法说话时，我们要把握整个谈话的进程，恰到好处地把握时间的长短，才能给人留下难忘、美好的印象。

总之，设问是打开我们成功演讲之门的金钥匙，这种修辞手法，能帮助我们在演讲时使听众产生一种听完后的愉悦感，真切理解我们的意图。

夸张——语气强烈，突出个性

生活中，我们常有这样的说话经历，当描绘我们已经饥饿难耐时，会说：“我快要饿死了”；说自己穷困的时候，你可能会说“身上一毛钱都没有了”；当向医生诉说你的病情时，你说发高烧，全身就像“炭火”一样烫。我们真的会因为没吃一顿饭就饿死吗？怎么可能真的一毛钱都没呢？果真全身有炭火那样高的温度吗？显然是言过其实了。但是，这种言过其实，在听者看来却并不觉得是虚假的，相反却加深了印象，这便是说话夸张的技巧。同样，当我们脱稿讲话或者即兴发言时，也可以将这一修辞技巧运用其中。

演讲在有表达需要的情况下，在尊重客观事实的基础上，故意言过其实，夸大或缩小人或事物的一些特征，形成强烈的对比效果，这就是夸张的修辞手法。

修辞上夸张的最大特点是“言过其实”。事实上不管夸张到什么程度，都要在本质上符合事实或者说它需要具备这样的品质与本领——本质上符合事实，表述上言过其实。如人们读到李白“飞流直下三千尺，疑是银河落九天”的诗句时，才会用心去体会庐山瀑布那从天而降的气势，因为夸张手法的运用，让瀑布的美震撼人心。

不得不说，在脱稿讲话中，夸张能使人或事物的形象或特征更加突出，给听众的感觉也会更加强烈，从而使他们受到演讲者话语的感染而投入更多的注意力。

夸张可分为三类，即扩大夸张、缩小夸张、超前夸张。

1. 扩大夸张：也就是把事物原来的属性夸张得更“大、多、高、强、深……”的夸张形式。例如：蜀道之难，难于上青天。

2. 缩小夸张：也就是故意把事物的属性夸张得更“小、少、低、弱、浅……”的夸张形式。例如：一个浑身黑色的人，站在老栓面前，眼光真像两把刀，刺得老栓缩小了一半。

3. 超前夸张：在时间上，把在后面出现的事物提前一步的夸张形式。例如：农民们都说：“看见这样鲜绿的茵，就嗅出白面包子的香味来了。”

夸张的作用：

（1）揭示本质，给人以启示；

（2）烘托气氛，增强感染力；

（3）增强联想；创造气氛。

夸张是言过其实，但为什么听者不觉得它虚假呢？因为夸张也能突出事物某一性质较合理的地方，而且它常常与比喻、比拟等技巧结合在一起，听话的人心里自然有数。

说话时，合理地运用夸张技巧，可以揭示事物的本质，既能加强说话的感染力，又能“启动”听者的想象力。

古人云：“俗人好奇，不奇声不用也。故誉人不增其美，则闻者不快其意；毁人不益其恶，则听者不惬于心。闻一增以为十，见百益以为千。”这句话告诫我们，演讲中，在运用夸张这一修辞手法时，需要注意：

（1）夸张虽可言过其实，但不是浮夸，不能哗众取宠，更不能无中生有、信口开河。它必须以客观事实为基础，必须反映客观事物的本质特征。它之所以言过其实而又不虚假，其奥妙就在于突显了事物的某一部分性质，不似真实而又胜似真实。

（2）要注意分寸，要让听者知道你在夸张而不是写实；不要单纯为了猎奇而强行夸张，像在作报告时，或介绍经验等场合就不能随意运用夸张技巧。

总之，运用夸张的表达技巧，能起到加强语气的效果，但讲者在运用夸张手法时，要以客观实际为基础，在不失去真实感的前提下进行夸大或缩小。夸张也必须结合特定的目的与场合而用，在随意的场合可以活跃气氛，增加谈话趣味；但在严肃场合，不宜用夸张的语句。

排比——让脱稿讲话更有气势

平铺直叙的语言会显得苍白无力，修辞手法的运用必不可少。而在众多的修辞手法中，排比的运用更能达到营造语言气势的目的。

所谓排比，指的是由三个或三个以上结构相同或相似、内容相关、证据一致的短语或句子排列在一起，用来加强语势强调内容，加重感情的修辞方式。

我们来看下面一个故事：

很久之前，有个倒卖香烟的小贩，准备前往巴黎兜售香烟。来到巴黎后，他选择了巴黎小镇的一个集市。在这个集市上，他滔滔不绝地大谈抽烟的好处。

正当他兴致正高时，突然间，从听众中走出来一位老人，连声招呼也不打，就走到台上非要讲一讲不可。那位小贩毫无精神准备，不禁吃了一惊。

于是，老人在台上站定后，便大声说道：“女士们，先生们，对于抽烟的好处，除了这位先生讲的以外，还有三大好处哩！我不妨讲给大家听听。”

小贩一听见老人说的这话，转惊为喜，连忙向老人道谢：“谢谢您了，老先生。我看您的相貌不凡，说话动听，肯定是位学识渊博的老人，请您把抽烟的三大好处当众讲讲吧！”

老人微微一笑，立刻讲起来：“第一，狗见到抽烟的人就害怕，就逃跑。”台下的人很是莫名其妙，小贩则暗暗高兴。“第二，小偷不敢到抽烟人家里去偷东西。”台下的人连连称怪，小贩则喜形于色。“第三，抽烟者永远年轻。”台下一片轰动，小贩则满面春风，得意扬扬。

然后老人把手一握，说：“女士们，先生们，请安静，我还没说清楚为啥会有这样三大好处呢！”

小贩格外高兴地说：“老先生，请您快讲呀！”

“第一，在抽烟的人中驼背的多，狗一看到他们以为拾石头打它哩，它能不害怕吗？”台下的人发出了笑声，小贩则吓了一跳。“第二，抽烟的人夜里爱咳嗽，小偷以为他没有睡着，所以不敢去偷东西。”台下的人一阵大笑，小贩则大汗直冒。“第三，抽烟的人很少有长寿的，所以永远年轻。”台下的人一片哗然。

此时，大家一看不知什么时候倒卖香烟的小贩已经溜走了。

这里，老人为了制止小贩兜售香烟的不当行为，并没有直接上台直接与小贩对决，而是曲线救国，并在说话的过程中，运用了三个极妙的排比句，步步深入地对小贩的言论进行反驳，理亏的小贩能不溜走吗？

从这里，我们可以看出排比在语言运用中的作用，运用排比，能让我们的演说语言显得气势磅礴、层次分明、富有节奏感，演讲者说话时能朗朗上口，让听众听起来赏心悦目，获得好的演讲效果。排比的种类有成分排比、分句排比、单句排比，复句排比。

我们再来看看罗斯福总统是如何运用排比修辞来演讲的：

“二战”期间，在珍珠港事件后，罗斯福在国会上发表演讲，他慷慨激昂地说：“昨天，日本对夏威夷群岛的进攻，给美国海军造成了严重损害……”“昨天，日本政府发动了对马来西亚的进攻。”“昨天，日本军队攻入了香港。”“昨天，日本军队攻陷了关岛。”“昨天，日本军队登陆菲律宾群岛。”“昨天，日本进攻了威克岛。”“昨天，日本人进攻了中途岛。”

这里，罗斯福运用了七个“昨天”进行排比，让人们看到日本军队在两日内的猖狂行为，让美国人民认识美国所面临的危险，从而激发大家同仇敌忾的勇气和与敌人战斗的决心。

当然，脱稿演讲中，排比句的运用，也不是多多益善的，需要注意场合与语境。具体说来，我们需要注意的是：

1. 以实际需要为出发点

你不能为了追求演讲语言的形式美而勉强去拼凑排比句，这只会造成适得其反的结果。

2. 灵活选择排比的形式

无论是词的排比、句的排比、段的排比都是可用的形式，不必拘泥于其中一种。

3. 掌握使用的度，适可而止

总之，演讲的语言要做到引人入胜，就必须气势磅礴，而排比是最能提升语言气势的修辞手法。可以让听众感受到一种气势如虹的力量，进而使得我们的语言更有威信。

对比——对照和对偶凸显讲话观点

生活中，我们常说“有比较才有差距”“对比出真知”等，这就告诉我们，事物之间的区别只有在对比的情况下才能看出来，同样，在脱稿讲话或者即兴演说中，在阐述某些观点时，也可以利用这一方法。在修辞学上，这就是对比。而我们还可以将对比细分为对照和对偶。

在脱稿演讲中，懂得运用对照和对偶的修辞技巧，会让听众更显而易见地理解你的观点，会让你平淡无奇的语言顿时趣味横生，进而让你迅速提升演讲语言的魅力！

1. 对照

对照，是把那些差异性明显、矛盾和对立的双方安排在一起，进行对照比较的表现手法。让他人在比较中分清好坏、辨别是非。运用这种手法，有利于充分显示事物的矛盾，突出被表现事物的本质特征。

从构成的方式看，对比有两种情形。

（1）反面对比；

（2）反物对比。

对比有反差的意思，使相反或相对事物的特征或本质凸显出来，更为鲜明、突出。

比如，这样说：“你命好，有儿子孝顺；我呢？我得孝顺儿子。”这种语义的倒置产生了强烈的幽默效果。

鲁迅在《战士和苍蝇》一文中这样说过：“有缺点的战士终究是战士，再完美的苍蝇也不过是苍蝇。”这里鲁迅把“战士”和“苍蝇”拿来比较，犀利地讽刺了那些诬蔑革命者的所谓正人君子，以坚定的决心支持着那些投身革命的勇敢战士们。

可见，把两种不同事物或同一事物的两个不同面貌放在一起相互比较，通过比较，可使事物的性质、状态和特征等更加凸显，并且鲜明地表现出说话人的立场和观点。

再如，毛泽东的《论持久战》中，用日本“小国、地少、物少、兵少”和中国“大国、地大、物博、人多、兵多”，以及日本侵略战争是“退步的，失道寡助”和中国抗日战争是“进步的，得道多助”相映衬，作对比，澄清了是非，预示了中国必胜、日寇必败的战争结局，击破了“亡国者”的无耻谬论。

2. 对偶

所谓对偶，指的是成对使用的两个文句，其字数相等，结构、词性大体相同，意思相关。这种对称的语言方式，形成表达形式上的整齐和谐和内容上的相互映衬，具有独特的艺术效果。

对偶以严谨、对称的结构以及语音抑扬顿挫的美感，使我们的说话内容产生一种引人注意、发人思考的力量。

说话中，如用对偶句或对偶式的标题，或用对偶式的段落表达富有哲理的内容，可增强语言的力量，因而对偶的形式可以有效地显示内容的辩证法则与逻辑力量。如《生活采思录·时间篇》的结尾是这样的：

“李大钊说得好：‘今天是生活，今天是动力，今天是行为，今天是创作’。

不要为昨天而叹息，我们要笑着向昨天告别。

不要空唱‘明日歌”我们要把今天作为飞向明天的跳板。

昨天是今天的昨天，明天是今天的明天。所以，一天就是三天，这是一个生活的真谛，我们要善于把一天当作三天过！

在对今天的思考中，我们要记住这个时间的辩证法。”

其中“昨天是今天的昨天，明天是今天的明天”这一对偶句富有哲理性，又有整齐而对称的音节，听众可以从这样的表达中受到“义”的启迪，也获得“声”的愉悦。

当然，任何一种说话的技巧是在长时间的说话过程中逐渐形成的，往往具有相当大的威力。

总之，公共场合参与演讲，要想让公众接受你的观点，就要有驾驭语言艺术的能力，否则，对方即使理解你的意思，也会轻视你的水平。说不定他的内心已经同意你的想法，而表面上却与你争论不休。对照和对偶的策略是很有效的，通过比较，能凸显出我们演讲观点的正确性，进而让听众认同。

一语双关——双关词语别有韵味

生活中，我们常常听到“一语双关”这一词汇，并羡慕那些说话一语中的、言在此而意在彼、意味深远的人。在一些公共场合，我们也看到这样一些说话时暗藏玄机的演讲者，而这一语言效果，就来自于双关修辞手法的运用。

所谓双关技巧，指的是：说话时，每个词乃至每句话都有其独特的含义，一些情况下，这种含义并不表现在这个词或者句子表面的意思上，而是隐含在其背后，而这也是说话人想要表达的，这便是双关技巧。由于双关含蓄委婉，生动活泼，又幽默诙谐，饶有趣味，能给人以意在言外之感，又使人回味无穷，因而在说话中经常为人们使用。

为此，我们在脱稿讲话和即兴演说时，也可以巧妙运用这一语言技巧，让听众回味无穷。

双关具有一箭双雕的特点，在讲话中是一种幽默的机智，其实只要用心观察，就会发现日常生活中有不少具有创意的双关语。比如，美国第38任总统福特，他说话喜欢用双关语。有一次，他回答记者提问时说：“我是一辆福特，不是林肯。”

众所周知，林肯既是美国伟大的总统，又是一种高级的名牌小汽车；福特则是当时普通、廉价而大众化的汽车。福特总统说这句话，一是表示自己谦虚，二是为了凸显自己是大众喜欢的总统。

一般来说，一语双关是利用语句的同义和谐音的关系，有意识地使语句具有双重意义，即言在此而意在彼。我们可从谐音和同义两方面来运用这一表达技巧。

1. 谐音

造成一语双关的方法有很多，但最主要的还是运用谐音法。

有一次，一位小伙子向老人问路：“喂！去索家庄该走哪条路？还有多远？”

老人抬头看了他一眼，对小伙子的傲气和无礼很不以为然，随口应道：“走大路一万丈，走小路七八千丈。”

小伙子听了摸不着头脑：“怎么这儿论丈不论里？”

老人笑着对他说：“原来这儿是讲里（礼）的，自从不讲里（礼）的人来了才讲丈的。”

小伙子一听就知道自己失礼了，连忙给老人赔礼道歉。

所以说，为了增加语言的讽刺意味，可以临时借助同音词的谐音关系，造成语带双关，名言此，暗言彼。特别是当遇到棘手的问题不好回答时，一语双关能收到出人意料的效果。同时，利用字的谐音来制造双关的效果，会显得很有幽默感。

传说李鸿章有一个远房亲戚，胸无点墨却热衷科举，一心想借李鸿章的关系捞个一官半职。他在考场上打开试卷，竟无法下笔。眼看要交卷了，便“灵机一动”，在试卷上写下“我乃李鸿章中堂大人的亲妻（戚）”，指望能获主考官录取。主考官批阅这份考卷时，发现他竟将“戚”错写成“妻”，不禁拈须微笑，提笔在卷上批道：“所以我不敢娶你。”

“娶”与“取”同音，主考官针对他的错字，来了个双关的“错批”，

既有很强的讽刺意味，又极富情趣。

再比如，《刘三姐》里写刘三姐与三个秀才对歌，刘三姐唱道："姓陶不见桃结果，姓李不见李花开，姓罗不见锣鼓响，三个蠢才地里来。"这是谐音双关。刘三姐指姓陶说"桃结果"的桃，指姓李说"李开花"的李，指姓罗说"锣鼓响"的罗；说不见"桃结果""李花开""锣鼓响"，就是指陶、李、罗三位秀才没本事，不是赛歌的对手。这是利用双关语来进行讽刺。

2. 同义

这里的"同义"，指的是，一个词背后包含的两层含义，利用双层含义，就能达到双关的效果。这两层含义是：一是这句话本身的含义；另一个是引申的含义，幽默就从这里产生出来。也可说是言在此意在彼，让听者不只从字面上去理解，更能领会言外之意。

有一则寓言说，猴子死了去见阎王，要求下辈子做人。阎王说，你既要做人，就得把全身的毛拔掉。说完就叫小鬼来拔毛。谁知只拔了一根毛，这猴子就哇哇叫痛。阎王笑着说："你一毛不拔，怎么做人？"

这则寓言表面上是在讲猴子的事情，却很幽默地表达了"一毛不拔，不配做人"的道理，虽然讽刺性很强，却也委婉、含蓄。

阿凡提在闹市中开理发店，租期为一年。店主仗着店面是他租给的，每次剃头都不给钱。有一天，店主又来了，阿凡提照例给他剃光了头，边刮脸边问道："东家，眉毛要不要？"店主说："废话，当然要！"阿凡提嗖嗖两刀，把店主的两道浓眉给剃了下来说："要就给你吧！"店主气得说不出话来，埋怨自己不该说要。这时，阿凡提又问："胡子要不要？"店主忙说："不要，不要！"阿凡提又嗖嗖几刀，把店主苦心畜养的大胡子刮了下来甩到地上。

阿凡提用双关语把店主整治的无可奈何。

因此，脱稿讲话中，为了避免语言的干涩无味，不如适时来点幽默，采取双关的表达技巧，让听众诙谐一笑！

第 07 章

魔性嗓音，抑扬顿挫中勾住听众心神

我们都知道，脱稿讲话靠的是“讲”，演讲本来就是一门语言艺术，也就是，良好演讲效果的获得，不仅要我们做到平时语言知识的积累，还要把握一些演讲技巧，这包括演讲的语调、节奏、语速等，事实上，任何一个演讲高手都有着魔性嗓音，他们懂得在抑扬顿挫中抓住听众的耳朵，让听众彻底臣服于他们的声音。同样，我们要做到一个有实力的演说家，必定要同时兼备超凡脱俗的智慧、深刻广博的思想内容和完美的演讲技巧！

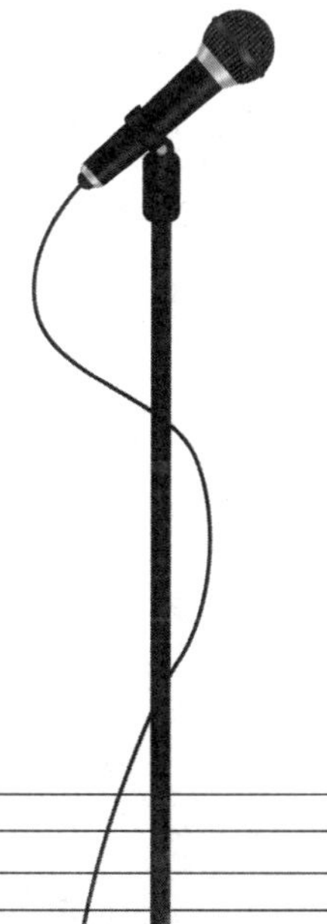

把握音量，声如洪钟方能展现自信

语言不仅仅是最重要的交际工具，说话风格也能反映一个人的魅力和性格特点。现代社会，很多人参与人际交流也都代表了一定团体的利益，也就免不了面对众人的语言交际活动，这其中就包括脱稿演讲和即兴发言。而假如你也曾是听众，可能我们都有这样的感受，如果讲话者说话掷地有声、字字清晰，那么，我们便认为他的话是值得信任的。而相反，如果对方说话中气不足甚至言辞闪烁，那么，我们便会怀疑其话语的可信度。而同时，说话沉郁有力是一个人有自信心的表现。在脱稿讲话中，自信心尤为重要，而说话的自信一般体现在说话的音量上，一个说话掷地有声、不卑不亢的人，才能清晰、准确地传达出自己的观点，才能让听众接受你的观点。

法拉第不仅是英国著名的物理学家和化学家，也是著名的演说家。他在演讲方面取得的成功，曾使无数青年演讲者钦佩不已。当人们问及法拉第演讲成功的秘决时，法拉第说："他们（指听众）一无所知。"

从此，这句格言就作为法拉第的演讲秘决而流传于世，对不少演说家的成长产生过不小的影响。这里，法拉第并没有贬低和愚弄听众的意思。他说的这句话只是启示演讲者，必须建立信心。

的确，既然要脱稿讲话，面对听众，我们衡量一个人演讲是否到位，关键问题还在于其心理素质是否过硬，也就是自信与否，而一个重要方面就是说话声音。当然，讲话中，出现一些负面心里也是在所难免的，但如果你能在演说中做好心理调节，和法拉第一样做到"目中无人，心中有人"，把注意力集中到演讲的要点上，就能在自信、自我放松的同时，以洪亮的声音吸引听众、赢得听众。

可见，说话时，让震动在口腔、鼻腔甚至胸腔得到共鸣，放大，自己的声音才会饱满、圆润、高扬。

那么，具体来说我们该怎样把握自己的音量，以此展现自己的自信呢？

1．把控好音量，大小适中

音量是指声音的强弱、大小。一些人在与人说话的时候，控制不好自己的音量，造成了两种极端，一种是音量过大，会造成身体消耗大，又不能恰当地表明自己的含义；另一种是音量太小，是一种不自信的表现，也不容易让听者听清含义。

正是因为有以上两种情况的出现，音量的把握也需要一定的训练，在训练的过程中要注意几点：

第一，无论你处于什么样的场合下，音量都要适中；

第二，要遵循一个原则，讲话时要让听众毫不费力地听清，因此，如果空间大，人数多，可适当提高你的音量；

第三，要根据说话的氛围和情感基调来确定你的音量；

第四，根据朗诵内容的长短来确定音量的大小。朗诵内容较短，音量可以稍大，如果内容较长，音量可以稍小。这样做的好处是保护自己的嗓音，因为长时间大声说话会使人嗓音嘶哑。

2．把握音高

在了解音高这一含义之前，我们先要知道什么是音域。音域，指的是某一乐器或人声所能发出的最低音到最高音之间的范围。音高，则是指人讲话时所使用的音域。

人的声音都是从声带发出去的，而每个人的声带情况不同，再加上每个人的发音技巧、音域不同，音高也就不同。

但需要注意的是，音高也是可以把握的，尤其是在起音的时候，不应太高或者太低，起音太高或太低，会给后面的朗诵带来困难，或者高的朗诵不下去，或者低的听不清楚。一旦不小心出现了起音偏高或偏低情况，则应及时进行调整。

3．吐字清晰

清晰的发音习惯会让你的声音变得更动听，为此，你必须要改正咬字不清的缺点。

4. 语言中肯，语气肯定

说话时不要迟疑不定、吞吞吐吐，要中肯、自信、果断，同样尽量少用一些不确定性的词语，诸如“大概、也许”等，可以有效地增加对方对你的信任程度，成功的概率相应地就会增大。

5. 避免烦琐、唠叨

在脱稿讲话中，说话者总是重复说同一句话或一直表达同一个意思，会让听众认为你不自信，也会对你的话不耐烦。为此，在说话前，你需要先整理自己的思路，用最为简洁、清晰的词语来表达自己的观点，进而在较短的时间里给对方一个清晰的概念，会使对方感到愉快。

6. 大方、自信的微笑

身体语言中最能打动人的莫过于微笑，如果你性格内向，那么，不妨经常锻炼一下自己的脸部肌肉，经常对着镜子笑一笑，逐渐使自己的面部表情丰富一些。

当然，对音量的把握，不仅需要我们做到说话声音洪亮，还要懂得控制，因为对于高分贝的声音，物理学上称之为噪声，它对人的心灵产生污染作用。演讲中，一个人的说话声音过大，就会让人产生反感。

总之，以声音为主要物质手段的语音的要求很高，既要能准确地表达出丰富多彩的思想感情，又要让对方产生信任感。为此，说话过程中，应根据说话的内容，把握说话的力度，做到沉郁有力，以使人感到音节错落有致。

控制说话语速，让每句话都掷地有声

人们可能都发现这一点，在我们的周围，每个人虽然有固定的说话方式，但语速却不是相对固定的，往往快慢有致，这样才能有效地传情达意，又能令对方感到悦耳动听；如果语速不当，缺乏快慢变化，始终保持一个速度，那就很难准确、恰当地表达出自己的想法，也会使对方感到不厌烦。

任何一个演讲高手都明白一点，在增强声音的感染力方面有一个很重要的因素就是讲话的语速。讲话时，若语速太快，所传递的气息就是急促、不安、紊乱的，也会给对方造成不安的感觉。而且，对方可能还没有听清楚你在说什么，你的话就已经结束了。

所以，脱稿演讲中，演讲者只有说话轻重缓慢适宜，吐字清晰有力才能能使语意分明，声音色彩丰富，语气生动活泼，语言信息中心突出，从而引起听者的注意，引导听者的思路，易于被人理解和接受。

要达到这一效果，需要演讲者从语速、节奏、吐字三个方面努力。

1. 语速

脱稿讲话中，倘若说话者从头至尾一直以相同的速度来进行，听众会昏昏欲睡的。

因为说话的速度也是演讲的要素。如果你希望演讲的气氛是沉着的，就要稍微放慢你的语速，标准大致为 5 分钟三张左右的 A4 原稿。

演讲的速率一般可分为快速、中速、慢速三种：

（1）快速叙述事情的急剧变化、质问、斥责、雄辩表态；刻画急促、紧张、激动、惊惧，愤恨，欢畅，兴奋等感情；

（2）中速一般性说明和叙述；

（3）慢速抒情，议论，叙述平静、庄重的事。

演讲要运用恰当的语速说话，学会控制语调的技巧。在需要快说时，语速流畅，不急促，使人听得明白；在需要慢说时，不能拖沓，要声声入耳。语速徐疾、快慢有节，才能使言语富于节奏感。听者处在良好的倾听环境里，才能不疲劳，并且增强语言的感染力。

想要科学的发音，就要学会运气，一些演说者只要说话时间长一点就会出现中气不足，甚至头晕眼花，声音嘶哑，此时，只得把气量集中到喉头，使声带受压，变成喉音。

2. 培养恰如其分的节奏

节奏在口语中起着重要作用，它也决定了演讲的成败。很简单，即便是在日常的口语交流中，人们说话都会呈现出速度的快慢、情绪的张与弛、

语调的起与伏、音量的轻与重等，变化对比，就形成了节奏。

节奏不是外加的东西，它取决于说话的内容和交谈双方的语境，靠起伏的思绪遣词造句，靠波动的情感多层衍进。

节奏主要表现人的心理的运动变化，不同的口语节奏具有不同的形象内涵和不同的感情色彩。适当的节奏，有助于表情达意，使口语富于韵律的美感，加强刺激的强度。

在演讲中，常见的节奏有持重型、轻快型、急促型、平缓型、低抑型等。

别忘了演讲中也有标点符号，适当的停顿不仅会显得张弛结合，同时能给听众提供一个理解回味的时候，集中他们的注意力。另外，掌握节奏的快慢有助于控制演讲的时间，同时也是传递感情的一种方式。

3. 吐字清晰有力

演讲的语言从口语表述角度看，必须做到发音正确、清晰、优美，词句流利、准确、易懂，语调贴切、自然、动情。

（1）发音正确、清晰、优美。

以声音为主要物质手段的，语音的要求很高，既要能准确地表达出丰富多彩的思想感情，又要悦耳爽心，清澈优美。为此，演讲者必须认真对语音进行研究，努力使自己的声音达到最佳状态。

一般来说，最佳语言是：

①准确清晰，即吐字正确清楚，语气得当，节奏自然；

②清亮圆润，即声音洪亮清越，铿锵有力，悦耳动听；

③富于变化，即区分轻重缓急，随感情变化而变化；

④有传达力和浸彻力，即声音有一定的力度，使在场听众都能听真切，听明白。

演讲语言常见的毛病有声音痉挛颤抖，飘忽不定；大声喊叫，音量过高；音节含糊，夹杂明显的气息声；声音忽高忽低，音响失度；朗诵腔调，生硬呆板等。所有这些，都会影响听众对演讲内容的理解。

（2）词句流利、准确、易懂。

听众通过演讲活动接受信息主要诉诸听觉作用。演讲者借助口语发出

的信息，听众要立即能理解。口语与书面语之间有较明显的差距。有人说，书面语是最后被理解，而口语则需立即被听懂。

演讲时，你只有做到轻重缓慢适宜，吐字清晰有力才能能使语意分明，声音色彩丰富，语气生动活泼，语言信息中心突出，从而引起听众的注意，引导听众的思路，易于被人理解和接受。

抑扬顿挫的语调让你的言辞更有感染力

希腊哲学家苏格拉底说："请开口说话，我才能看清你。"人的声音是个性的表达，声音来自人体内在，是一种内在的剖白，因此，你的声音中可能会透露出畏惧、犹豫和缺乏自信，也可以透露出喜悦、果断和热情。我们说话的声音，也和音乐一样，只有渗进人们心中，才能达到让别人信服的目的。事实上，一个人说话时给人的印象，肢体动作占 55%，语调占 38%，内容只占 7%。所以，说话时语调非常重要。对于说服力要求更高的脱稿演讲，语调更应该引起演讲者的重视。

人们常说，语调是语言表达的第二张"王牌"，口语表达的重要手段，它能很好地辅助语言表情达意。什么是语调？语调，就是说话的腔调。从严格定义上说，语调应表述为整句话和整句话中某个语言片断在语音上的抑扬顿挫，包括全句或句中某一片断的声音的高低变化，说话的快慢（即音的长短和停顿）以及轻重等。在脱稿演讲中，语调往往比语义能传递更多的信息，能对听者的心理产生极其微妙的特殊作用，因此也更为重要。

如果演讲者的语调从头到尾都是平的，听众就会觉得很枯燥。就像听歌，假如一首歌从开始就是同一个调子，人们自然就失去了继续听下去的欲望，而相反，假如这首歌抑扬顿挫、旋律优美，人们就觉得是在享受。所以，脱稿讲话过程中，如果你的语调一直没有任何波动，那么，对方也就失去了兴趣。

在波兰，有位被人称为默契斯卡夫人的女明星。

有一次，她到美国参加演出，台下的观众兴致高涨，希望她能用波兰语讲台词，听到观众的邀请，她站起来，开始用“流畅”的波兰语念出台词。虽然观众们根本听不懂波兰语，但却听得很认真，也非常愉快。

摩契斯卡夫人接着往下念，随着台词中情节的变化，她的语调渐渐转为低沉，最后在慷慨激昂、悲怆万分时戛然而止。顿时，台下的观众鸦雀无声，同她一起沉浸在悲伤之中。而这时，台下传来一个男人的笑声，他就是摩契斯卡夫人的丈夫，因为他的夫人刚刚用波兰语背诵的是九九乘法表!

从这个故事中我们可以看到，语调竟然有如此魅力。如果我们能巧妙地利用语调，即使听众不明白你演说的具体含义，也可以为之感动，甚至可以完全控制对方的情绪。

对于演讲者，只有把你的话说到听众心中，才能收到良好的演讲效果。同样一句话，由于语调轻重、高低长短、急缓等的不同变化，在不同的语境里可以表达出不同的思想感情。一般来讲，表达坚定、果敢、豪迈、愤怒的思想感情，语气急骤，声音较重；表达幸福、温暖、体贴、欣慰的思想感情，语气舒缓，声音较轻；表示优雅、庄重、满足，语调前后弱中间强。只有这样，才能绘声绘色，传情达意。

一个高明的演讲者，是能准确把握各种语调的变化，并能巧妙地加以运用的。我们在演讲时，如果只是抓住了字词的表面意义，那么只是用“借来的字词”在传情达意，并不能起到感染听众的作用。为此，我们应该把这些字词的意义充分地表达出来，并且加上对它们的爱，这样的表达才是完整的。那么，怎样才能使语调生动有趣呢？

1. 掌握富有特色的各种句调

一句话之所以富有表现力，是因为它的富于变化性——高低不同，快慢不一。而声音的高低取决于声带的松紧，声带拉紧，声音就变高；声带放松，声音就变低。声带的松紧是可以控制的，因此，声音的高低也是可以改变的。为此，便有了句调的概念，一句话声音的高低变化叫做句调。句调是语调中主要的内容。句调可分升调、降调、曲调、平调四种。升、降、

曲、平四调，各具特色。只有掌握了句调的特点，才能灵活地表达出各种句调。

因此，我们演讲时，要使我们的话如同音乐一样动听，就要注意快慢高低。比如，在表示疑问的时候，你可以稍微提高句尾的声音；要强调的时候，声音的起伏可以更大些；要表现强烈的感情时，可以把调子降低或逐渐提高。

2. 让你的语调抑扬顿挫

语调越多样化，越生动活泼，其吸引力就越大。所以，对于语调，我们要有分寸感，每句话都可以用不同的语调来说，但是不同的语调给人的信息刺激也是完全不同的，这一点是我们需要注意的。

总之，我们在脱稿讲话时，绝对不要使你的语气单调，因为音阶的变化会加强你的说服力。你的热情会在音阶的变化中展现，并且能够感染听者，从而产生说服的力量！

朗读式训练法让你练就高超的演说能力

现实生活中，可能不少演讲者尤其是那些初学演讲的人都有这样的苦恼，为什么别人站在讲台上能侃侃而谈，而自己却做不到呢？也许很多人都希望自己能拥有一副好口才，能拥有在演讲台上打动他人的本领，但无论如何，我们要想真正打动听众，在训练演讲口才时就不能忽视将自己融入到演说之中。以旁观者的态度说话，即使再巧舌如簧，也是无法感染听众的。那么，怎样才能让自己快速进入角色呢？很多演讲大师推荐朗读式训练法。

朗读，是一遍遍地念，直到读熟为止。在进行朗读训练的同时，体会作者的思想感情，感悟作者的写作方法，有助于我们快速进入演讲角色。使用这一方法练就口才的人很多，其中就包括疯狂英语创始人李阳。

有人说，李阳是中国教育产业里的比尔·盖茨，因为“李阳疯狂英语”让世界语言教学界为之疯狂。但没有人会想到，“疯狂英语”的创始人李阳，是一个从小自闭、怕说话、连电话都不敢接的人。其实，李阳一直到读大学的时候，英语成绩都很差，尤其是在口语和听力上。

有一次上课时，李阳被老师叫起来回答一个问题，他明明知道问题的答案，但却因为胆怯说不出来，然后，他对老师说：“我可以把答案写在纸上给您看吗？”全班同学哄堂大笑。对此，老师很生气，他说：“同学们，你们记住，如果你们不好好学习口语，那么，你们就会和李阳这样。”

“就像李阳这样”，这句话深深地刺激了他。从那时起，他就下定决心，非要把口语练好不可！

后来，李阳想出了一个练习口语的方法。每天早上，他都起得比别人早，然后跑到学校后面的小山上练习口语，他并不是简单地读英语单词，也不是背诵英语课文，而是大声地阅读甚至是叫喊。

果然，李阳的努力没有白费。三个月后，李阳不仅能流利地回答出英语老师的问题，甚至还为老师纠正部分错误的发音。时至今天，“李阳疯狂英语”成了英语学习产品当中最响亮的一块牌子。

这里，李阳之所以能从一个害羞、不敢说话甚至是口吃的人变成演讲天才，不得不说与朗读式训练法有着很大的关系。事实上，除了李阳外，很多名人都采取过大声朗读的方法训练自己的口才。比如林肯，朗读是林肯从演说家迈向总统宝座的成功之路。

美国总统林肯天生说话就口吃，可是他自从立志要做律师之后，深深了解了口才的重要，从此每天到海边对着大海练习演讲。经过千万遍的练习，林肯不仅成为一位名声斐然的律师，而且踏入政界，成为美国有史以来最为人怀念的一位总统。现在大家提到林肯，只记得他留下的脍炙人口的葛底斯堡演讲词，却绝少有人记得，他曾患有口吃，说话比一般人都差劲。

林肯朗读的毅力是惊人的。他从青少年时期起，到 25 岁当选州议员，

47 岁成为副总统候选人，52 岁担任总统进入白宫以来，一直坚持朗读优秀文学作品。即使在南北战争那段最繁忙的岁月里，他都忙里偷闲朗读一些作品。

的确，朗读能保持语言的连贯性，可以不断提高大脑皮层和发音器官的协调能力，有助于口吃的矫正。

那么，什么是朗读呢？

朗读是我们在已经熟识作品的基础上，利用有声语言对作品进行艺术的再创造。为此，我们有必要深刻把握作品，进而通过发声技巧及节奏、语调的综合运用进行艺术再现。这需要一定的训练方能达到。

朗读式训练方法就是一种有成效的方法。它包括低声读、高声读、快速读、模仿角色读、面对听众读等。

1．低声读

要求我们低声慢读、细读，要在朗读中领会作品的内容、领会作者是如何传情达意的，通常来说，我们在阅读低声细吟慢读，领会所读作品的内容。在低诵中细细揣摩作者传情达意的文字技巧和表现方法。这种方法常用在读优秀的诗歌、散文、戏剧和小说片断上。

2．高声读

通过高声诵读传达出作品的内在情感和蕴意。在诵读的基础上对佳句、佳段甚至全文全篇背诵，既加深对文章的理解又加强记忆。

3．快速读

在限定的时间内快速诵读作品，并且逐次加快速度，最后做到一气呵成。它可以训练高度灵敏的思维、极好的记忆和口才。

4．模仿角色读

在阅读文学作品时，自己模仿演员扮角色，揣摩各种人物的语气、语调、心态和神情，使自己进入角色，高声、反复朗诵台词，找到身临其境的感觉。

5．面对听众读

面对听众读是要求你面对听众（比如你的同学或是家人），有声有色地朗读。

向你的声音中注入情感

现实生活中的很多人都感慨自己口才不佳，在当众即兴发言或者脱稿讲话时，很多时候，无论怎么努力地演说，听众似乎都不感兴趣，其实，问题很可能出现在你的声音上，你向听众传达的最直接的载体就是你的声音，如果你的声音有感染力，将对听众产生有利的影响。

然而，通常情况下，不少人在当众说话时都是极其枯燥的，那么怎样来很好地调动对方的情绪呢？这就需要我们善于围绕主题展开话题，使自己的表达富有感染力，成功地调动听众的积极性，无疑，这样的讲话是成功的。

三年前，李娜还是这家咨询公司的市场推广员，而现在，她已经做到了培训经理的职位。在销售行业的成功，得益于她出色的口才。公司的同事都说她的声音很好听，那么婉转、动听，让人听着很享受。

一次，她被派到日本的分公司进行培训工作。报到的第一天，日本的公司代表就盛情邀请她演讲。当时，不会日语的她直接用汉语演讲。当地的日本同事都听不懂汉语，虽说不了解她话语的意义，但却觉得听起来令人非常愉快。

李娜接着演讲，语调渐渐转为低沉，最后在慷慨激昂、悲痛万分时戛然而止。台下的观众鸦雀无声，同她一起沉浸在悲伤之中。而这时，台下传来一个男人的笑声，他是陪同李娜来日本的助理，因为李娜刚刚用汉语背诵的是一首中国的古诗，并没有演讲什么销售经典。

从案例中，我们发现，一个人仅凭声音便可以感染他人，甚至可以完全控制对方的情绪。在脱稿讲话的过程中，如果我们也能让自己的声音更有感染力，那么，就能掌握演讲的方向，让听众最终接纳我们的观点和想法。具体来说，我们可以这样努力：

1. 让听众感觉到你的热情

你的态度如何，就决定了听众的态度。为此，在演讲时你需要时时提醒自己要保持热情。因为热忱是这个世界上最有价值的也是最具有感染力的一种情感。

当然，太热情了也不好，因为凡事都应有个度。

2. 说话简洁、清晰

清晰的发音可以充分地表达自己的专业性。我们演讲时一定要自信、简洁、清晰，不要说一些无关紧要的话，反复重复自己的话更是不自信的表现。为此，你需要先整理好自己的思路，用简捷、清晰的话来表达自己的观点，在较短的时间里给听众一个清晰的概念。

3. 把握好语速

在增强声音感染力方面有一个很重要的因素，就是说话的语速，如果我们语速很快，听众自然听不清楚我们在表达什么，也会给听众一种紧张感和压力感，而如果太慢的话，就会让听众觉得你很啰唆。所以，无论是太快还是太慢的说话速度都不容易激发听众参与到当中来。

4. 控制好音量

音量太小，显得你信心不足，说服力不强。当然，并不是要我们趾高气扬，因为音量太大，音量过高容易给人一种缺少涵养的感觉，使人反感。

5. 善用停顿

我们在与对方沟通中，一定要善用停顿。例如在你讲了一分钟时，你就应稍微停顿一下，不要一直不停地说下去。因为虽然你讲了很长时间，但是你不知道对方是否在听，也不知道对方听了你说的话后究竟有什么样的反应。适当的停顿就可以更有效地吸引对方的注意力。对方如果示意你继续说，就能反映出他是在认真地听你说话。停顿还有另一个好处，给对方一个考虑的时间，也让他知道你非常在乎他的感觉，对他的反应很重视，这样比你喋喋不休来的效果会好很多。

6. 自信、愉快的笑声

身体语言中最重要的就是微笑。如果你是一个内向、冷漠的人，不妨

经常抽出一些时间来对着镜子笑一笑，早上起床时也可以对着镜子笑一笑，逐渐使自己的面部表情丰富一些。

如果你能做到以上几点，在脱稿演讲的过程中，一定更易感染听众。

运用语气说话，准确表露你的情感

语气是实现语言主体对象化的重要手段之一，表示说话人对某一行为或事情的看法和态度，它是思想感情运动状态支配下语句的声音形式。因此，在演讲的时候，我们应该将语气拿捏到位，才能表露自己内心的情感。

一个人说话的语气，是承载这句话的基础，它所包含的内容会让这句话所传达的情感更加丰富。当别人笑着很亲切地说："真是一个混蛋！"你可以把这句话当成一个玩笑，但是同样是这句话，当人们咬牙切齿地说出来时，你就要认真对待了，否则很可能会酿成一个悲剧。很多时候，一句话并不是光用耳朵听就可以明白的，还需要用眼睛去看，用心去想。

心理学家认为，人与人之间的沟通中，无声语言所展现出来的意义，要比有声语言多得多，而且深刻得多。语气就属于一种无声语言。国外的心理学家还对此列出了一个公式：人与人之间的信息传递 =7% 言语 +38% 语气 +55% 表情。对这个公式所表达的比例尚可作进一步的研究和探讨，但确实语气能表达一个人内心情感的作用。

在日常工作中，不少人往往能通过语言准确地表达自己的情感，这通常与其采用的语气息息相关。同样，在我们的脱稿讲话中，也可以运用语气表露情感和讲话目的。我们先来看下面的故事：

文学大师郭沫若曾创作一部历史剧，名叫《屈原》，抗日战争时期，郭沫若先生曾在台下看《屈原》的演出。

台上，婵娟痛斥宋玉："宋玉，我特别恨你，你辜负了先生的教训，你是没有骨气的文人！"

郭老听后，感到“你是没有骨气的文人”这句话，骂得还不够分量，就走到后台去找扮演“婵娟”的演员商量：“你看，在‘没有骨气的，后面加上‘无耻的’ 三个字，是不是分量会重些？”这时，正在一旁化妆垂钓者的演员张逸生，灵机一动，插了话：“不如把‘你是’改为‘你这’，‘你这没有骨气的文人’，这就够味了。”郭老拍手叫绝，连称：“好！好！”

只不过是一字之改，就使原来的陈述句变成了态度坚决的判断句，同时，使语言形成了强烈的感情色彩，语气也更加有力，婵娟的愤怒之情溢于言表，这样的语言也更容易激发观众的憎恨情绪，达到触动观众内心的目的。一个人在面对不同的对象，能够恰当地使用相应的语气，这样就能够准确地表达自己的真实心理，继而有效地影响他人心理。

语气包含思想感情、声音形式两方面的内容，因此，我们可以把语气理解为具体思想感情支配下的语句的声音形式。其具体包含了三个要点：一是语气以内心感情的色彩和分量为灵魂、为神；二是语气以具体的声音形式为躯体、为形；三是语气存在于一个个具有语境的语句当中。

如果说语音是语言的物质外壳，那么语气就是表达所必须依据的支持物。每个人在讲话的时候，都离不开语气。语气对于演讲来说，尤为重要，因为恰到好处的语气能帮我们更准确地表达出自己的思想感情。

通常情况下，在语言表达过程中，我们的语气能够直接反映其情绪和精神状态。只有语气拿捏到位，才能彰显出语言应有的表现力。比如，使用喜悦的语气，那表明心中的喜悦之情；使用愤怒的语气，则会反映出内心的愤怒之意；使用生硬的语气，那表明某种不悦之感；使用埋怨的语气，表明当事人心中有着满腹牢骚。由此可见，很多时候，语气在无意之中就泄露了心中的秘密。换个角度，我们在讲话的时候，如果能够将语气拿捏到位，岂不是更准确地表达自己的真实情感了？

那么，脱稿演讲中，我们该运用怎样的语气说话呢？

1. 鼓励语气

这是与很多人参与演讲的目的相吻合的，比如鼓励听众去采取某种行动，给听众鼓励和期望，更易触动其内心。

2. 信任语气

每个人都希望得到别人的信任，如果你在说话时表现出充分的信任，这时候语气能起到语言难以表达的作用。比如，你可以这样鼓励听众："你一定可以成功的"。这就给了听众一份自信，这肯定的语气会将自己的真实情感传达给听众。

3. 赞赏语气

在你的演讲语言里加入肯定和赞许，更易让客户认可你。

4. 商量的语气

你是演讲者，站在众人面前，并不代表你可以命令听众去做什么，如果你传达出来的语气信息是冰冷、居高临下的，这会伤害对方自尊心，也不会得到听众的支持。

5. 尊重的语气

每个人都渴望被尊重，因此，我们在进行语言表达的时候，应该尽量使用尊重的语气。

总之，我们在脱稿演讲的过程中，不但要注重遣词造句，而且还需要考虑用怎样的语气表达，这样的说话才准确、鲜明、生动，更容易获得听众的支持。

第 08 章

肢体配合，让你的语言生动立体起来

现实生活中，很多情况下，我们需要在公共场合发表看法，而此时，真正展现热情与真诚的有时候并不是语言，也就是说，最重要的说话技巧并不是语言，而是我们的身体。掌握一些基本的肢体语言，能帮我们更快地抓住听众的注意力，也就是说，一个有实力的演说者不但能“讲”，更会“演”，他们总是能在举手投足间就感染听众！

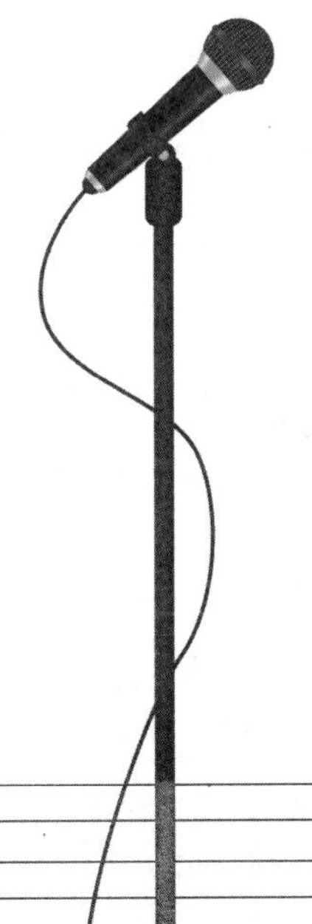

穿戴得体，展现你的精气神

我们都知道，一个人最先打动别人靠的是自己的形象。好的形象可以给人留下心情愉快的印象，见了第一面，期盼第二面，或者不反感见第二面。而较差的或者不适当的形象则会给别人留下使人再也不想见的感觉。同样，脱稿演讲中，我们要向打动听众的心，就要注重自己的形象。展现自己的精气神，才会让听众认可你，而很重要的一点是，听众的认可更能帮助我们减轻心理压力。

事实上，对于很多演说者而言，他们在演说前都会注重对自己形象的打造。当然，怎样穿出精气神是我们值得去细心体味和研究的问题。

我们先来看下面一个故事：

销售员杨进是个积极向上的人，虽然目前的销售工作业绩不错，但他一直认为自己可以有更好的发展，于是，他经常抱着骑驴找马的心态，在工作的同时，还给其他大公司投简历。终于，他投出的简历有了回应，这不，一家跨国大公司的人力资源部门给他打了电话，让他第二天去面试。不过这家公司面试的形式是演讲。

第二天一大早，杨进就来到了这家公司，他是有实力的，三年来的工作经验早已将他磨炼成一个能说会道的人，演讲中，他口若悬河，让在场领导频频点头。

但最终的面试结果却让杨进感到很意外，杨进并没有竞聘成功，董事长选择了另外一个男士。

杨进当然很苦恼，但他更纳闷董事长为什么没有选择自己，因为明眼人都能看出来杨进无疑是其中最优秀的。为此，杨进好奇地找一个面试官询问原因。面试官很惋惜地说："其实，你各个方面都非常符合我们的要求，但是，您在仪表方面略有欠缺。要知道，我们

是跨国公司，需要打交道的都是高级商务人士，每个员工都代表了我们公司的形象，所以董事长还是选择了仪表方面比您好的那个应聘者。”

听到这里，杨进更不明白了，他说：“可是，我已经非常重视形象了啊，您看，我身上穿的西装是特意去商场买的，花了我两个月的工资呢！”面试官笑着说：“我知道您的西装是刚买的，因为您忘记把袖口的商标拆下来了。不过，我个人认为，您如果能够给这身高档西装再配一双好的皮鞋，那就更好了。要知道，皮鞋才是着装的细节，能够暴露您的着装习惯和品位。”

在这个事例中，准备充分的杨进为什么没有获得应聘的成功呢？问题还是出在了鞋子上，从面试官的话中，我们可以看出，即使杨进穿了一身新西装，但却没有一双新皮鞋与之匹配，虽然他也上了鞋油，磨得油光锃亮，但是鞋子难免有些松懈，失去了挺拔俊朗的外形。

从这个案例中，我们能看出形象在当众讲话过程中的重要性。的确，和所有的演讲类型相同，脱稿讲话也是一门语言的艺术，演讲者也是千种模样，有可能是口若悬河的法庭律师，也有可能是热情奔放的公关人士，有可能是精神奕奕的老者，也有可能是生机勃勃的学生，职业不同，年龄有别，表现出来的举止修养也不一样，但无论是谁，在演讲前都要做好充足准备，其中就包括穿戴。试想，如果演讲者不太在意打扮，蓬头垢面，肮脏邋遢，就会让听众产生视觉上的不适感，也就会对他的演讲嗤之以鼻，但如果装束过于华丽，过于时髦，花哨俗气，过度“美化”自己，也叫人不能接受。

可见，演讲是一门综合艺术，既要求演讲者有美的声音和语言，还要有美的仪表，因此，演讲者在演讲前一定要认真琢磨如何把自己打扮得更好些。对此，我们不妨从以下几个方面努力：

1. 并不需要大费周折

在演讲前，如果你有时间，最好细心打扮一下。但如果没时间去从头到脚换一套盛装，就要懂得在日常生活中注意自己的着装，以免手忙脚乱。

譬如，西装外套只要是上等的高级质料，则只要更换下半身即可，最好能穿上能与之搭配的裙子。

2．注意配饰的作用

有时候，一件小小的饰品都能让我们的服装起到画龙点睛的效果。当然，演讲时的饰品，还是不要过多，以免让听众眼花缭乱。

3．让色彩帮助自己变得熠熠生辉

关于色彩，人们有一些错误观念，比如：

①只要皮肤白，穿什么都好看。

其实每个人都有自己的穿衣风格，也都有与之合适的颜色，而与肤色没什么很大的关系。

②穿黑色显瘦。

事实并非如此，最主要还是看你是属于哪一类型的人。

③颜色鲜艳就俗气。

没有哪一种色彩是好的或者是坏的，关键要看我们的搭配，搭配不当，就会出现不和谐。

④只有相近似的颜色搭配在一起才好看。

相近或相似仅仅是一种配色方法，其实还有许多配色原则。

⑤黑与白怎么搭配都可以。

黑白是很极端的颜色，想要在衣服上任意搭配出漂亮的效果不容易，不要什么都用黑白去凑合。

⑥呈鲜明对比的两种颜色搭配起来很土，比如红色与绿色的搭配。

对比不等于不和谐，如红与绿搭配得好坏要看它们属于什么调子的红与绿，还要考虑面积对比等因素。

树立以上这些理念并以此为穿衣搭配原则，演讲时，我们就能让自己神采奕奕地出场了。

协调的肢体语言，能配合你的讲话更精彩

生活中，我们通常会以为交际的技巧在与口头语言上，而实际上，这只是人们的主观感受，事实并不是如此。人们使用最频繁的是非语言的交谈方式，这就是人们常说的“肢体语言”，它通常是在说话之前就已经表达出了我们的感觉和态度，反映了我们对他人的接受度。脱稿讲话演讲中也是如此，我们一定要注意肢体动作的利用。善用肢体语言，能拉近我们与听众的距离。

体态语，顾名思义，就是借用身体表达出来的语言，也称为身体语言、肢体语言、无声语言。体态语包括动和静两种。动态语包括手、脚、头等所做出的姿势，站姿、坐姿、服饰等就属于静态语了。体态语在演讲中的使用范围极广，使用频率也极高。在脱稿讲话中，我们一登台亮相，还未开口便已经开始用体态语了，给听众留下第一印象。鉴于此，你若能在脱稿讲话中恰当灵活地运用体态语言，可以辅助口语以更好地表情达意。

心理学研究表明：人感觉印象的77%来自眼睛，14%来自耳朵，视觉印象在头脑中保持时间超过其他器官。英国有一句古老的格言说：“你说话内容的有无并不重要，重要的是你的表达方式。”有的心理学家认为：无声语言所显示的意义要比有声音语言丰富得多，而且也深刻得多。由此可见，体态语言有多么重要。像脱稿讲话这样短而集中的情感表达，怎么可能少得了体态、姿式、表情等体态语言的参与呢?

事实上，任何一位成功的演说家，大都是富有活力和精神抖擞的人，他们具有爆发力，可把内心的情绪迸发出来。因此，如果你想让你的讲话更精彩，就不要忽视肢体语言的力量，在演讲的时候就不应该单是报告一些事实，还该把自己的肢体语言注入到你的演讲中，只有这样，才会真正打动听众。

事实上，所谓“演讲”，顾名思义，不仅要“讲”，还要“演”。我们都明白一点，站在台上讲话与在台下讲话毕竟不是一回事，站着讲与坐着讲，感觉又不一样。站在台上，你的一举一动都会对听众产生重要影响。可能一些人会认为，只要尽力控制住自己，在台上不哭不笑，不走不动就不会出现什么问题了。其实不然，这样你就成了一具会说话的木偶，这样的演讲，只能让听众觉得可笑。

在脱稿讲话中，我们可以尝试使用这些肢体动作：

1. 偶尔张开你的双臂

这是一个热情的动作。可以想象，当你遇到某人的时候，如果他交叉双臂站着或坐着，说明他很冷漠，一点也不高兴。因此，当你交叉双臂站着或坐着时，你给他人的感觉是：你不愿意交谈，你有防备心，你将自己封闭起来。手捂着嘴（或手捂着嘴笑）或支着下巴的动作表明你正在思考。

所以，脱稿讲话中，如果你想向听众表达出你的热情，就张开你的双臂，即便看起来有点夸张，也比交叉抱着双臂要好得多。

2. 讲话时身体微向前倾

当你站在演讲台上讲话的时候，身体微微前倾，这表明你热衷于你所演讲的话题，也是对听众的尊重。

3. 带着笑脸演讲

美国前总统里根的演讲便发挥了微笑的作用。演讲开始之前，里根总是先微笑示人，让人倍感亲切，给大家留下一个极好的印象，演讲过程中也处处让人感觉到平易和善，而非高高在上。这样的作风自然受人欢迎。拉近与他人距离，最有效的方法莫过于以微笑示人。

除了以上三点外，我们在演讲台上该怎样站，怎么看，甚至细化到一个眼神、一个动作都是重要的问题。懂得恰当地运用体态语，熟悉一些表演艺术，是使演讲者能在台上轻松自然地演讲的必要前提。

总而言之，体态语是脱稿讲话表达的重要方式之一。它不仅有效地帮助你传情达意，使你站在台上不至于太呆板，还能塑造你的形象，给听众留下深刻印象。

脱稿演讲中的四类手势

我们都知道，在脱稿讲话中，我们都会带有一些手势，这样，讲话才显得更为自然和轻松。所谓脱稿讲话中的手势，顾名思义，指的就是演讲者在脱稿讲话时手部动作的姿势。演讲的过程，其实就是说者与听众进行思想和观点交流的过程，与一般的交流活动不同，演讲不仅要“讲”，还要“演”，“演”就是一种演示，大多数时候，我们不需要演示的道具，只需要依靠自己手势，就能巧妙抓住听众的心。

而且，手部动作的幅度也是最大的。在人类的进化过程中，双手起着不可代替的作用，它甚至推动了人类的进程。事实上，在人类所有的肢体语言中，产生肢体语言最多的应为手，

同样，脱稿讲话中，自然而安稳的手势，可以帮助演讲者平静地说明问题，减少紧张感，也能通过富有变化的手势来增强语言的表现力。诚如早期马列主义宣传家叶·米·雅罗斯拉夫斯基所说的：“演讲者的手势自然是用来补充说明演讲者的观点、情感与感受的。”

我们总结出的演讲的手势可以分为四类：

一是指示手势。

虽然这类手势所表现的都是真实的形象，但是将其具体划分后会发现，还能将其分为实指和虚指两大类。

实指指的是演说者手指所指向的方向，而且是听众眼神所能及的，一般演说者会说“这里”或“那边”“这边”或“上面”“这些”或“这一个”等。

虚指指的是大家所无法看到的。比如“在很久很久以前”“在遥远的地方”。常用虚指可伴“他的”“那时”“后面”等词。相对来说，指示手势更多传达事实，不带过多的感情色彩。

二是模拟手势。

演讲者可借用手势来表述一些形状，为的是让听众展开想象，进而对你描述的事物更形象，比如，你想表达一个梨子的形状，此时，你可以用双手合抱，以此来引导听众去想象。

三是抒情手势。

这种手势表达的感情很浓厚，也是运用得最多的，比如：伤心时掩面哭泣；急躁时搓手；兴奋时拍手称快等。

四是习惯手势。

每个人在行为上都有自己的一些习惯，也就有了习惯手势，而且，每种手势的含义也不明确、不固定，随着演讲内容的不同而体现不同的含义。

演讲中，如果听众出现以下动作，表明他们对你所说之话抱有消极的态度：

（1）当你兴致勃勃地表达自己的观点时，对方却不时地抓耳朵，表明他对你的话已经不耐烦了，他希望你打住话题，也可能希望你能给他一个表达的机会。

（2）如果与你交谈的是一个群体，当你说话时候，他们多出现了交叉双臂或用手遮嘴的动作，则表示他们根本不相信你的话。

（3）说话时用手搔脖子表示人们对所面对的事情有所怀疑或不肯定。

另外，从演说者的角度看，为了获得听众的信任，产生积极的谈话效应，我们可以尽量做出以下动作：

（1）说话时，尽量手心朝上，因为这一动作所传达的信息是：我是坦诚的、不说谎的。

（2）摊开手掌更以赢得他人的信任，但如果这是你的习惯性动作，那么，就不灵了。

（3）握手时掌心向上，并垂直与对方握手，能表明你性格温顺，为人谦虚恭顺，愿以彼此平等的地位相交。

脱稿讲话中的手势可以说是“词汇”丰富，千变万化，没有一个固定的模式，作为一个出色的演讲者平时要认真观察生活，刻苦训练，积极付

诸实践。

当然，脱稿中，运用任何手势都贵在自然，切忌做作；贵在协调，切忌脱节；贵在精简，切忌泛滥；贵在变化，切忌死板；贵在通盘考虑，切忌前紧后松或前松后紧。

在脱稿讲话中，我们运用恰当的手势辅助讲话，不但可以引起听众注意，还可以把思想、意念和情感表达得更充分、更生动、更形象，从而给听众留下更深刻、更鲜明的印象和记忆。

开口微笑，展现你的平易和善

法国作家雨果有句名言：微笑就是阳光，它能消除人生的冬色。微笑能给听众留下美好、宽厚、平和等好印象，微笑能缩短你和听众距离。拿破仑·希尔也曾这样说："真诚的微笑，其效用如同神奇的按钮，能立即接通他人友善的感情，因为它在告诉对方：我喜欢你，我愿意做你的朋友。同时也在说：我认为你也会喜欢我的。"的确，当我们对他人微笑时，传递的是友好、渴望沟通的信息，对于对方来说，也自然能感受到你的暗示，那么，他们通常都会同样以微笑来回答你。

很多成功者指出，微笑是与人交流的最好方式，也是个人礼仪的最佳体现。因此，你若希望给听众留下一个好印象，就一定要学会露出受人欢迎的微笑才行。因为在这个世界上，没有什么东西能比一个灿烂的微笑更能提升你的个人魅力，更能打动人心的了。

其实，我们不妨想象一下，当你登山高高的讲台，本身就与听者形成了一定的距离，而此时，如果你再以一副高姿态演讲、板着脸孔，一副拒人于千里之外的神情，此时，哪怕你的演讲很不错，也很难赢得听众的喜欢。

要知道，谁都愿见着一个笑脸。脱稿演讲之前，我们不妨先酝酿一下感情，然后对听众报以友好真诚的一笑。实践证明，这是一个简单有效的技巧。

可能你会产生疑问，天生木讷的人，该怎样学会微笑呢？况且，人是复杂的感情动物，或多或少都会受自己情绪的左右。对此，我们不妨从以下几个方面努力：

1. 生活中多加练习养成微笑的习惯

心理学家告诉我们，外部的体验越深刻，内心的感受越丰富。也就是说，有了外部的“笑容”也就有了内心的“欣喜”。每天晚上对镜中的“你”笑上几分钟，然后含笑而眠；早上起来，心中默念“嘴角翘，笑笑笑”，你会发现因为有了笑容，也就有了好心情。

原一平是日本著名的推销员，在他成功的推销生涯中，微笑起到了不可代替的作用。为了练习微笑，使自己的微笑看起来更自然，他经常这样做：他假设各种场合与心理，自己面对着镜子，练习各种微笑。因为笑容只有从心出发，然后贯穿全身，才能感染他人，所以他就买来一个全身镜，一闲下来他就对着镜子练习。根据多次的练习，他发现嘴唇的闭与合，眉毛的上扬与下垂，皱纹的伸与缩，种种表情的“笑”都表达出不同的含意，甚至于双手的起落与两腿的进退，都会影响“笑”的效果。

西方也有一位心理学家做过微笑训练的实验，要求受试者每天坚持对人微笑，实验结果令人吃惊。一个月后，有人感激地说：“我原本不爱笑，但从实验开始我每天坚持微笑，我在家庭中和工作中得到的快乐，比过去一年中得到的还多。现在我已养成微笑的习惯，而且我发现人人对我微笑，连以前对我冷若冰霜的人现在也显得热情起来……”

2. 摆正心态，微笑要发自内心

一个友好、真挚、楚楚动人的微笑，必将会散发出无穷的魅力。然而，只有真诚的微笑才能透出宽容、善意、温柔和自信。

现实中有许多人不爱笑。为什么？是因为他们天生不会笑吗？不是！很多时候因为他们的自我意识太强。由于这种人自我意识太强，一紧张就不容易笑出来。即使笑出来也很勉强，脸部肌肉显得非常僵硬，有时这种笑比哭还难看。

所以，如果你脸上实在笑不出来的话，那我就劝你们用眼睛去笑。虽然眼睛里的笑没有脸上的笑容那样好看，但毕竟也是发自内心的，听众也能感受得到。你也可以从作家李佩甫的中篇小说《学习微笑》中找到一个好方法，即“在一些场合，在一些不想笑而又必须微笑的场合，你就微笑地把嘴张开，露三分之一牙，是三分之一弱，这样就会带出一些笑意。”

总之，微笑就像三春的阳光，能融化堆积在人们心灵之间的冰雪，改变听众的心情，制造出演讲中的和谐气氛。脱稿讲话中，如果你能对听众报以微笑，就会让听众被你的善意和热情所打动，久而久之，他们也会对你回以微笑。

眼神交流：让你的眼神充满情感

我们都知道，人类是一种视觉动物，人际交流过程中，眼睛是仅次于语言的重要工具。人与人之间除了需要语言的交流，眼神的交流也是必不可少的。

心理学家认为：相对于有声语言来说，无声语言有时候所显示出来的意义要丰富得多，也更深刻。心理学研究表明：在人的感官印象中，77%来自眼睛，14%来自耳朵，视觉印象在头脑中保持时间超过其他器官。英国有一句古老的格言说：“你说话内容的有无并不重要，重要的是你的表达方式。”由此可见，眼神传达在讲话有多么重要。像脱稿讲话这样短而集中的情感表达，怎么可能少得了眼神的参与呢？

曾经有个叫詹姆士的建筑家，他发现了一种可以防止偷盗行为的方法，并且，这种方法可以应用到工作中：他画了幅皱着眉头的眼睛抽象画，镶于大透明板上，然后悬挂在几家商店前。

如他所料，在那段时间，城市的盗窃案少了很多，当警务人员问其原理时，他说：“虽然并不是真正的眼睛，但毕竟做贼心虚啊，他们看到眼睛，必然会极力避开该视线，以免有被盯梢的感觉，因此，便不敢进商店内，即使走进商店里，也不敢行窃了。”

这就是眼神的力量，所以要解读一个人的内心世界，从视线入手最好不过。

的确，在人类的面部表情中，眼神是最为微妙复杂的，不管是用眼神表达信息，还是准确地理解别人的眼神所表达出来的信息，都非常困难。所以，在脱稿讲话中，与听众视线的交流是沟通的前奏。

那么，在脱稿讲话中，我们该如何与听众进行眼神交流呢?

1. 尽量看着听众说话

看着听众说话的好处在于：能使听众看到你的目光，看到你内心的真情实感。一个优秀的领导，无论是脱稿演讲还是不脱稿演讲，都不忘和听众的眼神交流。而实际上，一些领导者，在演讲的时候，或为了显示自己的领导地位，或因紧张所致，他们或仰视天棚，或俯视地板，或左顾右盼、东张西望，躲避听众的目光，显得很不庄重，很不礼貌。

当然，看着听众说话，并不是说你一味地直视，或者眼睛滴溜溜乱转，而应该将两眼略向下平视，目光自然、亲切、专注，以吸引听众的注意力。

如果你是一个初次登台的讲话者，在众人眼神的压力下，你可能会感到不安，不敢看听众递来的眼光，那么你可以用目光虚视法，眼看着台下听众，却不把眼光停留在具体的人身上，做到“眼中无听众，心中有听众”。千万别因为紧张便不看听众，这样更会暴露你的紧张。

2. 多和听众的目光构成实在性的接触

看着听众说话，有扫视和实看凝视两种。两者都是需要的。在讲话之初，或讲话之中，不妨有几次遍及全场的扫视，但绝大多数时间都应该凝视，这也就是实质性眼神接触。这样做，不仅能在无形中加深与听众间的关系，而且我们可以通过察颜观色，与细微处接收到听者的信息反馈，掌握听众的表情和心理变化，以便随时调节演讲的内容，改善讲话的方法。

脱稿讲话时，眼光一般应正视，并要适当地配以扫视和环视，这样既显得庄重、严肃，又照顾了全面。不要冷落了任何一个角落里的听众，演

讲时你的眼光不要老是盯着某几个人或某一小块地方的听众。目光停留时间过长、过多，容易让人感到不自在，也会让其他人觉得你仅是对着一小部分人演讲，厚此薄彼最易失去听众。

3. 眼神的运用应丰富多彩

眼神的传递，旨在与听众交流情感，进行有效地信息传播。但不同的讲话内容、不同的受众、不同的场景，所要传达的眼神是不同的，眼神的运用自然也是丰富多彩的。如果演讲者总是一种无动于衷的眼神，就会给听众一种麻木、呆滞的感情，那就无法使听众“提神”、凝思。

总之，脱稿讲话中，我们与听众的眼神交流非常重要。很多时候，眼神是无法掩饰的，往往更能真实地表达出一个人的品质、修养以及心理状态。演讲时如果你能在你的眼神中注入情感，听众将更易被你感染。

第 09 章

有说有笑，脱稿讲话中不可或缺的幽默技巧

任何一位演讲大师都明白一点，在脱稿讲话中，幽默是语言的润滑剂，所以幽默常常成为名人演讲中不可或缺的亮点。同样，在脱稿讲话中，如果我们能合适灵活地运用幽默，将大大提升你演讲的效果，给听众带来更多的笑声，从而使你的演讲稳操胜券。其实，不论你是专业的演说家，或只是偶尔演讲，或是从来没有在大家面前讲话，都可以努力去创造、发展并运用你的幽默力量！

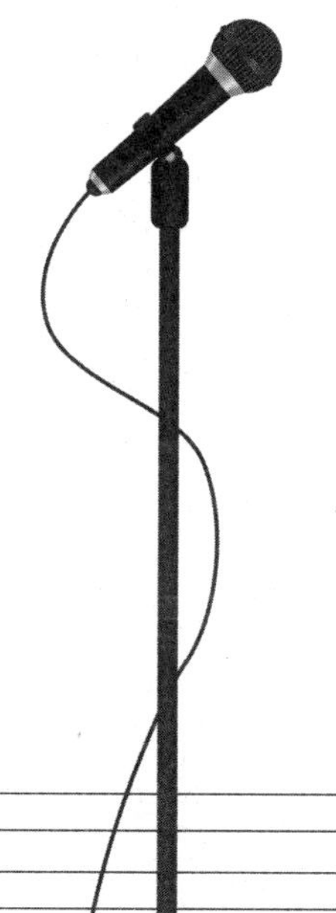

幽默介绍让听众对你印象深刻

我们都知道，无论何种形式的演讲，要想成功达到我们的讲话目的，都必须有一个令听众印象深刻的开场白。在开场白之中，最为重要的就是自我介绍了，尤其是第一次面对听众，开口讲话前进行一番自我介绍是必要的。虽然它在演讲中所占时间很短，但一个精彩的自我介绍可以迅速给听众留下美好的印象，可以很容易地架起和听众交流的桥梁。一开始就利用自己的幽默感，打破沉闷的局面，这样能迅速地吸引听众，集中听众的注意力，为演讲的顺利进行做好铺垫。

事实上，我们经常看到一些演讲者，他们在自我介绍时是在报户口，在做简历，在填履历表。比如："我叫 ××，×× 出生，曾担任 ××，爱好 ××。"这样的介绍着实乏味，更是难以给人留下什么印象，当你把最后一句说完时，估计大家已经把前面的忘得差不多了。精练的自我介绍，要用精彩的语言展现闪光多彩的自己。

台湾著名艺人凌峰在一次春节联欢晚会上发表了一段精彩的即兴演讲，其中幽默的自我介绍作为开场白堪称经典。

"在下凌峰。这两年，我大江南北走了一道，男观众对我的印象特别好，因为他们见到我有点优越感，本人这个样子对他们没有构成威胁，他们很放心，他们认为本人长得很中国，中国五千年的沧桑和苦难都写在我的脸上了。"台下大笑并发出热烈的掌声，"一般来说，女观众对我的印象不太良好，有的女观众对我的长相已经到了忍无可忍的地步。她们认为我是人比黄花瘦，脸比煤球黑。"台下又迸发出笑声，"但是我要特别声明，这不是本人的过错，实在是父母的错误，当初并没有征得我的同意就把我生成这个样子。"台下再次爆笑，"但是，时代在变，潮流在变，现在的男人基本上可以分为三种：第一种，你看上去很漂亮，看久了也就那么一回事，

这一种就像我的好朋友刘文正；第二种你看上去很难看，看久了以后是越看越难看，这种就像我的好朋友陈佩斯。”台下爆笑，“第三种，你看上去很难看，看久了以后你会发现，他有另一种男人的味道，这种就是在下了。”观众给予热烈的掌声，“鼓掌的都表示同意了！鼓掌的都是一些长得和我差不多的，真是物以类聚啊！”台下再次爆发出笑声和热烈的掌声。

凌峰的开场白妙语连珠，使观众的笑声迭起，掌声不断，不但紧紧抓住了观众的心，而且给观众留下了极为深刻的印象。可见幽默的开场白对于抓住受众的心有多么重要。

心理学家凯瑟林告诉我们：“如果你能使一个人对你有好感，那么，也就可能使你周围的每一个人，甚至是全世界的人，都对你有好感。只要你不是到处和人握手，而是以你的友善、机智、风趣去传播你的信息，那么空间距离就会消失。”幽默能一下子拉近两个人之间的感情距离。比如一个网虫的自我介绍：“每个女人都是为爱而折翼的天使，她们来到人间，就再也回不去天堂了，所以需要男人好好的珍惜。我也是天使，不过降落的时候不小心脸先着地了，回不去天堂是因为体重的原因。还好，我还有一颗天使的心，善良、仁爱。”人们在捧腹大笑中便不知不觉的把演讲者记在了心中。

有个叫贝尔的作家，对政治家们颇有成见，他受托在一次宴会上介绍一位官员演讲。

贝尔说：“我应邀来介绍这样一个人，因正直而受人尊敬，因人道而受人爱戴，因勇敢而受人钦佩。”

他停了片刻，接着说：“这样一个领袖，一个有远见的人，卓越的协调者，伟大的政治家，可惜他可能没有来！”

人们全都愣住了，目光一下集中到这位官员身上。

这位官员居然面不改色地站起来，微笑着走向讲台。他说：“诸位，贝尔把我介绍得够详细的了，我没什么可补充的。需要更正的是，我来了，因为他说我勇敢，我就来打肿脸充胖子吧。”

这位老练的官员走到指定的位置上，继续说：“贝尔把我塞进了蜜蜂桶里，我希望我的舌头能不辜负他赏给我的蜜。”

听众大笑起来，对他的风趣和勇气倍加赞赏。

这位官员是如何使用幽默语言做自我介绍的？他是借着贝尔给他戴的高帽而走上讲台的，可以说，这些风趣的开场白，无疑要比单调刻板的自我介绍强多了。

一般来说，自我介绍的方法有很多，但无论哪一种方式，幽默和幽默感都能帮助你顺利地进入主题。当然，即使使用幽默法做自我介绍，你还是必须要掌握好语速、语调。有人在自我介绍时，像是在抢时间，嘴里像机关枪一样突突突地就说完了，这样的自我介绍即使穿插着很多幽默的素材，但也很难让听众真正理解并消化。

总之，运用幽默的力量去驾驭自我介绍，可以使你与听众建立成功的关系。这时候开开自己的玩笑，也能使自己的情绪稳定下来，神经得到放松。只要开了头，你就不会感到无从下手，切入正题后会轻松自如。

活跃脱稿讲话的气氛，幽默必不可少

我们都知道，任何形式的演讲，只有在达到打动听众、激励听众的效果时，它才是有效的。要达到这一效果，除了讲究以情动人、以理服人外，对演讲内容的精心策划和安排也十分重要。讲话者不能板起面孔光讲大道理，来显示自己演讲的深刻和发人深省；也不能光以表达自己的思想和情感为满足，如果流于空洞的说教、现象的罗列和人云亦云的老生常谈，听众的注意力就无法集中，演讲也难有好的效果。而假若我们能在讲话中恰当地使用幽默的语言，那么，便能营造和谐、轻松的气氛。

美国亚利桑那州有个叫老森姆的人。他在讲台上度过了 40 年生涯，一直有办法从头至尾使会议厅“满座”。他全凭幽默的力量，凭着戏剧性效果，一张口就给人以生动、逼真、有趣的感觉，听众全被他吸引住了。下面就

是有关他的例子：

森姆说："对不起，刚才我冒充来宾坐在观众席上。"他做了个手势，"这儿的司仪不知何故突然挑上了我，要我代替今天的主讲人，因为主讲人迟到了。"他耸耸肩，表示无可奈何，"我又惊又慌又怕。我尽力使司仪相信我不知如何是好，我对他说我是结巴，当我一开口讲话，我就会变得语无伦次，气也喘不上来。"

他真的在某个词上打了结，好容易才摆脱掉，继续说："诸位也是又惊又慌，现在的情况很不安定。也许你们在为我感到难过，并且愤愤不平，说司仪不该把我推入绝境。"他最后吐一口气，说："好吧，也只有这样了，请听众们帮我一把，帮我渡过这个难关吧！"

老森姆是个幽默的人，他调动现场气氛的方法就是开了一下自己的玩笑，从而给听众一个亲切的、可笑的形象。

我们再来看下面这些幽默演讲的精彩案例：

一次，作家林语堂在台北参加某院校的毕业典礼，很多人发表长篇大论，轮到他讲话时，听众已经疲倦难耐，只见林语堂站起来说："演讲要像姑娘的迷你裙，越短越好。"话一出口，全场变得鸦雀无声，然后哄堂大笑，演讲者很好地表达了观点，赢得了听众。

作家王蒙说过："幽默是一种成人的智慧，是一种穿透力，一两句就将那畸形的、冷漠如冰的东西端了出来。它包含着无可奈何，更包含着健康的希冀。幽默也是一种执拗，一种偏偏要把窗户纸捅破，放进阳光和空气的快感。"可见，幽默的作用是不可估量的。幽默是演讲不可缺少的要素，恰当的幽默往往是一次成功演讲的点睛之笔。

2006 年 10 月，法国前总统希拉克在北大发表演讲。在回答一位学生的提问时，麦克风忽然出现了一点故障，尴尬的场面发生了。这时，这位 74 岁的老人像孩子般做了一个顽皮的鬼脸，耸耸肩说："这可不关我的事，我没碰它。"一句话引来全场听众的笑声和掌声，尴尬气氛顿时消散。

的确，幽默是人人喜欢的一种品格和能力，它蕴含着人类的智慧、善良和奇巧，能给人带来美感享受。休斯顿的一位演说家说："据我了解，幽默的目的在于让听众喜欢上讲演的人。如果他们喜欢讲演的人，那么也必定喜欢他所讲的内容。”

有一次，乔治·贝特被邀请为保险公司的经理做演讲。但是，在演讲前的晚上，经理们晚宴回来，供水系统却出了问题，既不能洗浴，又没有饮料，经理们烦躁不安。第二天早上7点演讲开始时，他们一个个一声不响，面无表情。

面对这样一群情绪化的听众，乔治·贝特故意装出对事情一无所知的样子说了几句开场白：“我还是第一次见到保险公司在晚上举行那么热闹的联欢，而我也是第一次发现，那样的狂欢竟然不能使经理们快乐起来。”

在演讲前的晚上，保险公司的经理们因为住宿条件出了问题而闷闷不乐，乔治·贝特正是了解了这一切之后，才与他们开了个玩笑，从而消除了他们的负面情绪，让演讲在一片和谐轻松的氛围中进行。

那么，在脱稿讲话中，你该如何通过幽默来调动演讲气氛呢?

当你以幽默力量来帮助演讲的开头，你就吸引了听众的注意，活跃气氛，松弛紧张，并建立你与听众的友好关系。当你渐渐进入了演讲的主题时，还需要继续你先前的努力。

因为人的注意广度很短暂，尤其当我们以单调低沉的语调，在某一个主题上平淡而谈时，听众更易感到乏味，而分散注意力。这时就须再次抓住听众的注意！改变一下话题，或者改变讲话的方式，以一则笑话或一句妙语给予听众幽默力量。

如果你说个笑话，只是为了引人发笑，那么听众的注意力很可能随着笑声的起落而移开。因此不要插入不相干的幽默。幽默要和当时的话题有关，使它成为你的信息的一部分，使它成为幽默力量！

总之，为了做一个生活中和辩论场上的常胜将军，我们都应该有意识地培养自己幽默的素质，这就要求我们首先要有渊博的知识和宽阔的胸怀，对生活充满信心和热情；其次，要有高尚的情趣，丰富的想象，开朗乐观的性格！

脱稿讲话中的不利因素需要幽默化解

我们都知道，人的本性是追求快乐而逃避痛苦的，所以在当众讲话中，人们也更愿意接受那些让自己开怀一笑的言辞。而幽默与笑声形影不离，幽默就是一种使我们快乐的方法。笑是一种本能，但人却非时时刻刻都能笑，笑是在一定的条件作用下才会发生的。幽默会引人发笑，所以，有人把幽默当成“善意的微笑”，还有人把幽默奉为“引发笑声的艺术”。

在当众讲话中，我们常会遇到一些意外情况且是不利于我们讲话的，比如，听众注意力不集中、故意捣乱或者提出刁钻古怪的问题来为难我们等等。遇到这些情况，一些新手们可能会愤怒、气馁甚至恶语回敬对方，但这样无疑会使你的演讲惨败，而优秀的、经验丰富的演讲者们往往都能以幽默的方式沉着机智地应付各种意外事情的发生，并且能做到反客为主，给对方温柔的一击。

爱因斯坦因提出相对论而闻名遐迩，盛名之下的爱因斯坦每天因被许多人邀请去做演讲而搞得疲惫不堪。他的司机理查是位风趣的美国人，一天他向疲于奔波的爱因斯坦提出建议：“您实在太辛苦了，也一定都讲烦了，您的演讲内容我可以倒背如流，下次演讲时让我穿您的衣服，来代您演讲直到被发现为止，可以吗？”

“妙啊，反正那里认得我的人也不多。”同样富有风趣的爱因斯坦回答道。

此后的演讲穿着爱因斯坦衣服的理查由于解说没有任何差错，动作表情模仿的惟妙惟肖而没有被听众看出破绽。

有一天，演讲结束，理查准备下台，突然一位教授模样的先生站起来，像发连珠炮似的提出许多问题。爱因斯坦担心中吃惊不小，但他表情上还是若无其事。假的爱因斯坦却轻松地对那位教授说：“您的问题总是很简单，连我的司机都能为您回答……喂，理查，你上来帮我作些说明吧！”两人巧渡难关，给后人留下了永久难忘的回忆。

看完这一故事之后，我们先不讨论爱因斯坦及他的司机的做法是否合理，但我们还是不免为这位司机的睿智而感到惊叹，他的幽默让他轻松度过了演讲中遇到的问题，并丝毫没有露出破绽。

有一次林语堂在美国哥伦比亚大学讲授中国文化课，对中国文化大加赞誉。一位女学生不服气地发问：“林博士，你是说，什么东西都是你们中国的好，难道我们美国没有一样东西比得上中国的吗？”

这是一个不好回答的问题，如果演讲者反过来赞扬美国，不利于演说的主题；如果严肃地表示美国不如中国，会引起在座学生的敌意。

林语堂只是轻松地回答：“有的，你们美国的抽水马桶就比中国的好嘛。”

他的话引起哄堂大笑，气氛活跃而和谐，发问者对这一回答也无话可说。

的确，脱稿讲话过程中，演讲者会经常遇到听众有不同意见、需要请教的问题等情况，对此，绝不可对其置之不理，否则，后面的演讲将难以顺利进行。

英国文学家查尔斯·兰姆在一次演讲时有人故意发出“嘘嘘”的怪声捣乱，兰姆说：“据我所知，只有三种东西会发出这种声音——姬、鹫鸟和傻子，你们几位能到台前来，让我认识一下吗？”

兰姆运用婉曲法，含蓄地表达了自己的意思，令捣乱者尴尬不已。

有时演讲者还会碰到恶意的攻击或咒骂，如果演讲者勃然大怒或与之对骂，将损害演讲人的形象，使捣乱者的预谋得逞。

英国首相威尔逊有一次在民众大会上演讲，遇到一些激烈的抗议，一名抗议者高声骂道：“垃圾！”威尔逊镇定地说：“先生，关于你特别关心的问题，我们等一会儿就讨论。”

他巧妙地将抗议者的谩骂转为现实生活中需要解决的一个问题，为自己解了围，并使会场气氛松弛下来。他摆脱了被动处境。

20 世纪 30 年代，美国政界要人凯升首次在众议院发表演说时，打扮得

比较土气。一个议员在他演讲时插嘴说：“这位伊利诺伊州来的人，口袋里一定装满了麦子呢！”众人听了哄堂大笑。

凯升不慌不忙地说：“真的，我不仅口袋里装满了麦子，而且头发里还藏着许多菜子呢。我们住在西部的人，多数是土头土脑的。”他的自嘲式的坦率赢得了大家的好感和敬意，接着，他大声说：“不过我们藏的虽是麦子和菜子，却能长出很好的苗子来！”

众人对这位不卑不亢的演说者鼓掌赞赏，他的演说成功了。

面对这位议员的嘲笑，凯升并没有与之辩论，而是采取“以子之矛攻子之盾”的方法，开了一个自己的玩笑，轻松地反驳了他人犀利的言辞。

总之，脱稿讲话时，当我们遇到尴尬情境，恰当的幽默可以使你做到反客为之，顿时变得轻松起来。你如果已经娴熟地掌握了幽默技巧，那么，在演讲中插入一些妙趣横生的内容，往往比振振有词的套语更能起到反击他人的作用!

脱稿讲话中的幽默要言之有物

公共场合，我们进行脱稿讲话，无论目的是什么，都希望从讲话开始就全场火爆、笑声连连、气氛热闹，为此，演讲者们都煞费苦心以幽听众一默。诚然，幽默的运用可以为演讲增加光彩，但是幽默的运用是讲究真实而自然的。适情适性地自然表达，才是上台演讲的最高艺术。因此，脱稿讲话中的幽默必须要言之有物。

那么，具体来说，我们该如何使幽默言之有物呢?

1. 随机应变，现场发挥

在脱稿讲话中运用幽默，应当自然，而不要勉强。如果你牵强说出一个幽默，你的听众可能会思想上开小差。与其仿效别人的风格，不如自己找一个轻松的、可以为演讲注入生气的幽默。

古代有个制刀的铁匠，他锻造的大刀非常锋利、坚韧，而且耐用，其人姓关，所以人送绰号“关大刀”。关铁匠有个小徒弟，年龄不大，却十分聪明，尤其是反应很迅速，别人问各种关于刀的问题，他都能出口成章、对答如流。师徒二人每天潜心研究刀的锻造方法，然后就到锻造室里叮叮当当锻造宝刀。但是由于知名度很有限，所以卖出去的刀不是很多，于是师徒二人决定去其他的地方进行表演来扩大知名度。

一天，二人来到北边的一个城市，选了一条非常热闹的街道摆开了摊子，关铁匠几句洪亮有力的吆喝使得周围一会儿就聚满了前来围观的人。他让徒弟把备好的大石块放到中间的空地上，自己拿着一把刚刚锻造好的大刀对周围的人说：“今天给众位表演一下宝刀劈石，看看咱这刀合不合您的心意，还望各位回去多和亲朋好友说一说咱的刀，多谢了。”说罢一刀下去砍到了石块上。众人定睛瞧看，石头纹丝没动，刀刃却缺了一块。关铁匠见状慌了，这时周围的观众开始议论纷纷。尴尬的关铁匠心急如焚，汗珠一颗颗从脸上滑落，面对着此时的窘境，他不知所措。就在这时，关铁匠的徒弟抡起另一把大刀对着石块就是一下，“咣”的一声，石块被劈开了。徒弟笑着对周围的人说道：“各位，这把才是我家的刀，我师父那把是路上捡的。这一刀就劈开了石块就没什么意思了，为了让各位看得起劲，我们提前导演了一下，让各位见笑啦。”这时人群中响起了掌声，关铁匠也长出了一口气。

徒弟的玩笑使得师父脱离了窘境，并且博得了观众的掌声。这掌声不仅是赞刀，更是赞徒弟的机灵，赞其用一个小幽默化解了尴尬的氛围。关铁匠很可能是失误，但是面对这么多人的见证，他越解释反而会让众人更加怀疑刀的质量，越抹越黑。所以此时最好的办法就是将计就计，徒弟很好地做到了这一点，非常机智巧妙。

2．制造悬疑

以热切的语调、真实的细节和充满戏剧性的情节引出你的幽默力量，

在关键的那句话说出之前，不妨制造一些悬疑。

我国著名作家老舍先生是好幽默的。他在某市的一次演讲中，开头即说：“我今天给大家谈六个问题。”接着，他第一、第二、第三、第四、第五，井井有条地谈着。谈完第五个问题，他发现离散会的时间不多了，于是他提高嗓门，一本正经地说：“第六，散会。”听众起初一愣，不久就欢快地鼓起掌来。

老舍在这里运用的就是一种“平地起波澜”的造势艺术，打破了正常的演讲内容，从而出乎听众的意料，而且幽默借势而来，非常自然和真实，收到了良好的幽默效果。

因此，语言要富有幽默感，必须言之有物，使其形象生动。以实求幽默，幽默有；以虚求幽默，幽默无。

当然，脱稿讲话中，我们不能迫不及待地把妙语趣事说出来。因为笑话要发挥趣味的效果，一定要让听众有出乎意料的感觉。因此，要好好讲你的笑话、妙语或警句，不要操之过急，过早泄露天机。

因此，当你演讲的时候，要如行家一样把你的幽默力量运用自如，真实而自然地表现出来。

脱稿讲话中，常用的幽默手法很多，比如自我解嘲法、妙用笑话法、以矛攻盾法、正话反说法、大事化小法、适度夸张法等。当然，在脱稿讲话中运用幽默手法必须恰当，如果运用不当，则会适得其反。要让你的幽默语言言之有物，除了在使用方法上正确外，还必须注意以下几个问题：

一是运用幽默手法时，一定要分清对象，分清是对敌人还是对朋友。这里有个态度和分寸问题，如果忽视了这个问题，就容易伤了自己的同志。

二是切忌使用那些具有歧视性的幽默，脱稿讲话时要把自己摆进去，这样才不至于刺伤听众。

三是切忌使用粗俗或肤浅滑稽的幽默，否则，不仅不会增强讲话的效果，反而会产生不良的影响。

在脱稿讲话中适当穿插文字游戏

生活中，我们常听到周围人说：“别跟我玩文字游戏”，这里，很明显，“文字游戏”是贬义的，意指说话时不直截了当、拐弯抹角。但同样，我们能从中得知其另外一个含义：文字游戏是一种多元化的表达方式，它往往表面上一个意思，深层次还有一个意思，其中的弦外之音才是传达给听者的真正含义。

在脱稿讲话中，文字游戏还是一种幽默的语言方式，通过这样的方式来展现自己的幽默，通常会让听众产生出乎意料的感觉，同时也会让听众认为你思维敏捷、头脑机智、才华横溢等。不过，文字游戏的使用看似简单，实际上则是需要我们有良好的语言积累，还要做足准备，这需要我们在平日里多训练，不过文字游戏产生的幽默效果则是很明显的。

在动物法院里，狮子法官正在审三只鸭子。狮子问第一只：“你叫什么名字啊？”这只鸭子说道：“我叫花花。”狮子问：“你为什么被带到这里来啊？”花花说：“我在游泳时打水泡玩。”狮子法官一想这并没有什么错就让它走了。狮子又问第二只：“你叫什么名字啊？”这只鸭子说：“我叫毛毛。”狮子问：“你为什么被带到这里来啊？”毛毛说：“我在游泳时打水泡玩。”狮子一想，也让它走了。狮子又问第三只鼻青脸肿的鸭子：“你叫什么名字啊？”鸭子说：“我叫水泡。”

幽默的文字游戏不但能为演讲者减少自身的紧张压力，更可以快速有效地拉近听众与演讲者间的距离，更重要的是演讲过程中适当穿插文字游戏，不仅能活跃现场的氛围，而且能更好地表达自己所要演讲的主旨。

事实上，自古以来，很多文字功底深厚的人都深谙文字游戏之道，他们能顺手拈来，常常能使听众经历一个从云里雾里到恍然大悟的过程，而且轻松幽默、启发智慧，非常厉害。

侯白很有才华，而且思维敏捷、善于联想。他有个爱好，就是在闲暇时经常跟人们在一块猜谜语，而且猜之前立下规矩，力求猜出水平，杜绝瞎猜乱猜。一次，侯白先对众人约法三章：“首先，所猜之物必须是能看见的实物；其次，不能虚作解释，迷惑众人；最后，如果解释完了，却见不到此物，就应受罚。”接着他先出谜面：“背与屋一样大，肚与枕（车后横木）一样大，口与杯子一样大。”大家猜了半天，谁也没猜中，都说：“天下哪里有口和杯子一样大而背却和屋一样大的物件？定无此物，你必须跟我们大家打个赌。”侯白跟众人打完赌，解释说：“这是燕子窝。”众人恍然大笑。又有一次，侯白出席一个大型宴会。席间，大家都让他做个谜语助兴。所猜之物，既不能怪僻难识，又不能抽象不实。侯白应声而道：“有物大如狗，面貌极似牛。这是何物？”众人竞相猜个不停，有的说是獐子，有的说是鹿，但都被否定了。侯白哈哈大笑道：“这是个牛犊。”众人再次被侯白的文字游戏戏耍了。

艾子有一个孙子，年龄十多岁，性情懒惰顽劣，不爱读书。艾子非常讨厌他，经常用 木杖打他，但他屡教不改。艾子的儿子只有这么一个孩子，时常担心孩子禁不住杖打而死掉，因此，每当父亲杖打孩子时，他都在一旁含着泪求情。艾子看到儿子的可怜相，愈加愤怒，教训他道：“我替你管教孩子难道不是好意吗？”边说边打得更厉害了，儿子也无可奈何。一个冬天的早晨，下着鹅毛大雪，孙子在院子里堆雪球玩。艾子发现了，脱光孙子的衣服，命他跪在雪地上。小孙子冻得浑身发抖，直打寒颤，煞是可怜。儿子也不敢再求情，便脱去 衣服跪在其子旁边。艾子见了，惊问道：“你儿有过错，理当受此惩罚，你有何罪，跟他跪在一块？”儿子哭着说：“你冻我的儿子，我也冻你的儿子。”艾子不由地笑了起来，饶恕了他们父子。

当然，现代人的幽默中也不乏文字游戏，而且也将智慧的精妙体现得淋漓尽致，经常用平铺直叙的剧情给人们意想不到的结果，使人捧腹大笑。

在演讲中要不时地加入笑料，这样能很好地起到提神的作用，因为每个人的精神集中时间都是有限的，所以要不时地调节大家的思维节奏，使

听众自始至终保持高度的兴趣与注意力。文字游戏不仅能很好地充当笑料，而且能使受众的思维跟着文字游戏的内容跌宕起伏，体验出乎意料带来的快感，从而使你的演讲吸引受众，更加深入人心。

运用幽默是有技巧及方法的，只是要在时间点及情境上灵活掌握，再加上串连的机智，即可发挥令人欣羡的幽默特质，达到演讲的预期效果。

幽默收尾，让脱稿讲话更圆满

我们都知道，脱稿讲话中，开场白尤为重要，实际上，讲话的收尾也是如此，如果草草收尾，那么，势必会让整个演讲显得虎头蛇尾，给听众留下遗憾。当然，脱稿讲话的结束语多种多样，幽默式是其中较有情趣的一种。演讲在笑声中结束，能给演讲者和听众双方都留下愉快美好的回忆，也是演讲圆满结束的形式化的标志。

艾森豪威尔在担任美国总统之前，曾有一段时间在哥伦比亚大学担任校长。这期间，他经常应邀出席各种宴会。

在一次宴会上，几位名人作了长篇演说，可是主持人最后还请他讲话。艾森豪威尔一看时间已经不早，决定删去他已经准备好的演说内容，站起来即兴发挥："每一篇演讲不管它写成书面的或其他形式，都应该有标点符号，今天晚上，我就是标点符号中的句号。"大家立刻报以热烈的掌声。后来他对别人说，那是他最著名的演说之一。

艾森豪威尔结束演讲的方式是特别的，这段话虽然简短，但却精彩有力。

的确，开场白重要，有个好的结尾更重要！幽默的演讲稿开场白能充分调动大家的热情，幽默的演讲稿结尾却能给人深刻的印象，期待你的下一次演讲。幽默使脱稿讲话结尾更富情趣，"余音绕梁，三日不绝"是演讲结尾追求的最佳效果。

那么，怎样才能达到这种效果呢？

1．动作与语言相结合

美国诗人、文艺评论家詹姆斯・罗威尔 1883 年担任驻英大使时，在伦敦举行的一次晚宴上发表了一篇名为《餐后演讲》的即席演说。最后时他说："我在很小的时候听人讲过一个故事，讲的是美国一个卫理公会的牧师。他在一个野营的布道会上布道，讲了约书亚的故事。他是这样开头的：'信徒们，太阳的运行方式有三种，第一种是向前或者说是径直的运动；第二种是后退或者说是向后的运动；第三种即在我们的经文中提到的静止不动。'（笑声）先生们，不知你们是否明白这个故事的寓意，希望你们明白了。今晚的餐后演讲者首先是走径直的方向（罗威尔起身离座，做示范），即太阳向前的运动。然后他又返回，开始重复自己，即太阳向后的运动。最后，凭着良好的方向感，将自己带到终点。这就是我们刚才说过的太阳静止的运动。"在欢笑声中，罗威尔完成了这套动作重新入座。

这种紧扣话题的传神动作表演，惟妙惟肖，天衣无缝，怎能不赢得现场来宾的欢笑声和热烈掌声。演讲的幽默式结尾方法是不胜枚举的，关键是演讲者能在演讲中恰如其分地把握住演讲的气氛和听众的心态，自然而真实地运用幽默，才能使脱稿讲话结束语收到"余音绕梁，三日不绝"的轰动效应。

2．概括

某大学中文系为毕业生开茶话会。

会上，院系的几个领导相继讲话。首先是系党总支书记讲话，三分钟的即兴讲话主要是向毕业生表示祝贺。然后是彭教授讲话，主题是希望同学们继续努力学习，还引用了列宁的名言。第三个讲话的潘教授朗诵了高尔基的《海燕》片断，以此勉励毕业生们学习海燕的精神。第四个讲话的系副主任希望同学们永远记住母校和老师们。紧接着，毕业生们欢迎王教授讲话。

在毫无准备而又难以推辞的情况下，王教授站起来，先简单地回顾了数年来与同学们交往的几个难忘片断，最后一字一顿地说："前面几位给大家提出了殷切的希望，可我还是喜欢说他们说过的话。（笑声）第一，我要祝同学们胜利毕业！(笑声)第二，我希望同学们‘学习、学习、再学习’。(笑声)第三，我希望同学们像海燕一样勇敢地搏击生活的风浪。(笑声、掌声)第四，我希望同学们不要忘记母校，不要忘记辛勤培育你们的老师们！”

在这里，王教授对前面四个人的演讲做了简单的概括，使整个演讲在一片笑声中结束。如果他还和前面几个人一样，发表程序式的演讲，那么，整个演讲自然了无生趣，结尾也是毫无精彩之处。

3．省略

1985年底，全国写作协会在深圳罗湖区举行年会。开幕式上，省、市各级有关领导论资排辈，逐一发言祝贺。轮到罗湖区党委书记发言时，开幕式已进行了很长时间。于是他这样说：“首先，我代表罗湖区委和区政府，对各位专家学者表示热烈的欢迎。”掌声过后，稍事停顿，他又响亮地说：“最后，我预祝大会圆满成功。我的话完了。”他以迅雷不及掩耳之势结束了演讲。听众开始也是一愣，随后，即爆发出欢快的掌声。

此处，这位市委书记是如何制造幽默、结束演讲的？他省略了很多人们惯性思维中的“第一、第二、第三……”，从“首先”一下子跳到“最后”，这样的讲话，如天外来石，出人预料，达到了石破天惊的幽默效果，却是匠心独运、别出心裁，让听众拍案叫绝。

的确，一般来说，演讲即将结束时，人们的心都是浮躁的，甚至已经没有继续听下去的意愿，此时，如果你的语言没有足够的趣味或者震慑力的话，是不能在精彩的掌声中结束演讲的。如果你能运用演讲的幽默式结尾方法，让观众意犹未尽，那么，还用担心赢得现场听众的热烈掌声和欢笑声吗？

第 10 章

巧妙引导，完美的场面掌控需要这几招

在脱稿讲话中，相信任何一个演讲者都希望自己的演讲获得听众的认同，获得一个满堂彩，要做到这一点，你就不能唱独角戏，而应该学会把控全场的气氛，学会调动听众的兴致，并且让听众积极参与到演讲中去，这样能潜移默化地让听众接受你的思想和观点，从而使得自己的演说在“掌声”中进行。

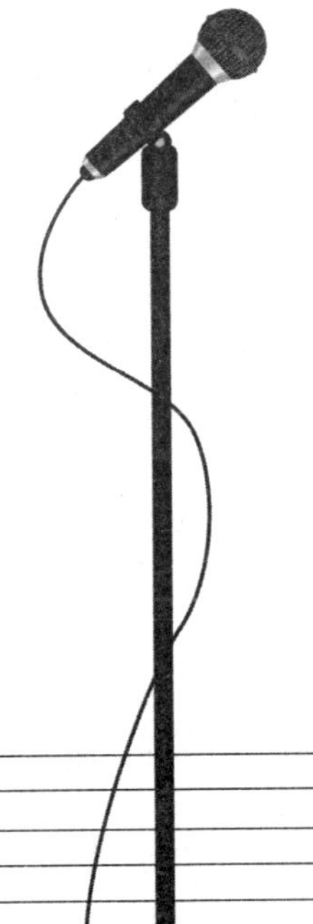

如何在脱稿讲话中让听众产生共鸣

我们都知道，只有能引起听众共鸣的演讲，才是成功的演讲，这一点，也是演讲者最关注的问题。而如何引起听众的共鸣呢？如果你想你的话能发生效力，且非要将你的话一吐为快时，你在演讲的时候就不应该单是报告一些事实，还该把自己的情感注入到你的演讲中，进而让听众产生共鸣，以此获得听众的信任和认同。

1984 年 5 月 5 日，巴金先生参加了在东京召开的第 47 届国际笔会，大会总议题是“核时代的文学和作家的关系”。在前面几位著名的作家发言以后，巴老作了精彩的发言。开头是这样的：

在广岛原子弹爆炸十年后，一个 12 岁的小姑娘发了病。她相信传说，以为自己折好一千只纸鹤就能恢复健康。她躺在病床上一天天折下去，她不仅折了一千只，还多折了三百多只，但是她死了。人们为她在和平公园里建立了“千羽鹤纪念碑”，碑下挂着全国儿童送来的无数只纸鹤。我曾经取了一只用蓝色硬纸折成的鹤带回上海。我没有见过她，可是这个想活下去的小姑娘的形象，经常在我眼前出现。好像她在要求我保护她，不让死亡把她带走。倘使可能，我真愿意用我的生命换回她的幸福……

这个令人伤感的故事表达了巴金对和平的祈求愿望，一下子就深深地打动了全场听众。接着，巴金过渡到“核时代的文学和作家的关系”这个主题上来，水到渠成，自然妥帖。

演讲中，如果一个人丝毫不顾及听众的感受，只是对自己关心的问题侃侃而言，那么，也就无法打动听众。反之，如果他能切身考虑到听众的利益，说听众想听的话，那么此时登台，必会取得意想不到的结果。

那么，怎样才能做到这一点呢？

1. 投其所好，依听众的兴趣演讲

依据听众所关注的问题和兴趣来演说，是一个极好的方法。为此，在讲话前，你可以先问问自己：你的讲演能够帮助听众解决什么样的问题，怎样达到他们的目标？然后开始讲给他们听，就会获得他们的全神贯注。如果你的职业是一名会计师，那么，开场时你就可以表明这一点：我现在就教大家如何立遗嘱，然后，就有一些观众对你的话题产生兴趣。其实，在每个人的知识积累中，总有某个方面能打动听众。

当你面对听众时，你可以假想一下，他们很希望听到你的演讲——只要它能对他们有用。作为演说者，如果你只考虑自己内心的想法和思想倾向，那么，你的听众就会慢慢变得烦躁不安，表现得不耐烦、看手表，甚至会离开。

2. 讲一些自己的经历，赢得认同

我们每个人都知道，很多时候，参与演说，就是为了传达自己的观点，就是要让听众接受自己的想法和意见，而为了增加话语的可信度，可以适当地提出一些自己的经历和精通的知识，因为自己的经历最有说服力，而精通的知识则更权威，所以可信度很强。

生活中的我们可能也会看一些电视节目，一些节目之所以生动有趣，就是因为他们谈的是自己的亲生经历和自己了解的事。

曾经有一次，卡耐基训练班的一些教师在芝加哥的卡拉的康拉德希尔顿饭店开会。也有一些学员参加。

会议开始，一位学员这样开头：“自由、平等、博爱，这些是人类字典中最伟大的思想。自由是第一，没有自由，生命就再也无存活的价值了，我们可以设想一下，如果我们的行动处处受到限制，会是怎样的一种生存状况？”

当他讲到这里的时候，他的老师很果断地站出来打断了他，然后问他有什么事实依据或者自己的经历、遭遇能证明他刚才所讲述的一番话，于是，接下来，他讲了一个真实的故事。

他说，他曾经是法国的一名地下斗士，在纳粹统治下，他和他的家人饱受屈辱。演说中，他以贴切、形象的语言描述了自己在那样一段艰难的日子是怎么熬过来的，是怎样逃过秘密警察的追捕来到美国的，最后，他用了一番话来总结了自己的演讲：“今天，我从密歇根街来到这家饭店，我能随意走动，当我从警察身边经过时，也不用回避他们的目光，我来到饭店，更不用出示证件，等到会议结束了，我可以想去哪里，就去哪里，因此，我们每个人都要相信，为了自由，任何的奋斗和努力都是值得的。”他获得了全场的起立致敬和热烈的掌声。

这位学员的演说能打动听众、博得热烈的掌声，就是因为他从自身的切实的经历讲起，句句贴切。

3. 赞美你的听众

听众也是由单个的人组成的，所以也是有弱点的，人们都爱听赞美的话，谁也无法拒绝赞美，但前提必须是真诚的赞美，如果你毫无来由地对听众献殷勤、说一些肉麻的话，比如“各位是我曾面对过的最有智慧的听众”，也会被大多数的听众厌恶。

所以，脱稿讲话中，“共鸣”是可以制造出来的，讲话中，表达对听众的关怀、理解和认同，接受对方的内在需求，并感同身受地予以满足。就能帮助我们获得听众的认同。

用你的激情，带动听众的热情

我们在公共场合脱稿讲话，最重要的是自己的语言表达富有感染力，如此才能调动听众的情绪。演讲时，我们切忌自己一个人在台上“唱独角戏”，听众在下面却躁动不安。如果你的讲话换来的是听众毫无反应的场面，那只能证明你这次讲话的失败；如果你的讲话能够使听众喜笑颜开，并且他们能够随着你的讲话内容而思考，那就说明你的讲话是比较成功的。而通常情况下，不少人讲话都是积极枯燥的，那么怎样来很好地调动听众的情绪呢？这就需要我们善于围绕主题展开话题，使自己的表达富有感染力，

成功地调动听众的积极性，无疑，这样的讲话是成功的。不少人在讲话的时候，只充当了一个“传话筒”的作用，上面怎么说，他就怎么说，不添枝加叶，不拓展话题，最后，他们的讲话就成为了千篇一律的：“今天，我所讲的是……第一是……第二是……第三是……谢谢大家，我的话讲完了。”在整个讲话过程中，语言苍白无力，听众不知所云，究其根源，在于没能将话题展开，没能增添语言的感染力。

印度前总理英迪拉·甘地夫人本是个言辞不多的人，早年她有过一次演说的经历。

在一次大会上，会议主持人突然让甘地夫人为大家讲话，这使得她慌张失措，因为原本她只是在一次儿童时代的集会上讲过话，这种大型的演讲，她从来没参加过。当时完全吓到了，甚至不知道说什么好，她清楚地记得当时台下有个醉汉对她嚷嚷，“她不是在讲话，她是在尖叫。”听他这么一说，听众当然哄堂大笑。

谈到那次的经历，甘地夫人还很懊恼地说：“那次演讲后，我发誓以后再也不在公众面前讲话了。”

但事后不久，甘地夫人却进行了一次很出色的演说。

这场演说在非洲，演讲之前，甘地夫人对工作人员说：“噢，不行，我一句话也不准备讲，只有依了我这个条件，我才赴会。”

他们很吃惊，不知道甘地夫人要做什么，而同时，一切已经就绪，礼堂也准备好了，最后，他们对甘地夫人说：“不管怎么样，你总得坐在讲台上。”还说，他们会设法为甘地夫人的保持沉默作些解释。

据甘地夫人自己回忆说：“那天的招待会在下午 4 点举行，整个上午我都在访问非洲铁路工人的生活区，那里的条件真是糟糕透顶，使我非常生气。招待会上，当宣布尼赫鲁小姐不讲话了的时候，我拍了一下桌子说：‘我倒要讲讲。’”

甘地夫人这番话，让会议主席大吃一惊，愣住了，还没等他开口，甘地夫人已经站起来走到话筒面前，然后激动万分地讲起了班图人和其他人的生活条件。“我的讲话在非洲报纸上刊登了出来。第二天，无论我走到哪里，都受到人群的欢呼。女的过来吻我，男的同我握手……”

甘地夫人的这次演讲是很成功的，她成功演说的诀窍不在于她的口才，甚至可以说，她是个不善言辞的人，她的感情为她迎来了掌声。正义的甘地夫人在访问了铁路工人的生活区后，情绪上产生了很大的变化，正是因为如此，她在发表演说的时候，言语间代表的便是铁路工人的利益，是为他们说话的，本来没有很好的说话能力的她，这回却得到了人民群众的拥护。

不得不说，当众讲话最需要的是热烈的气氛，如果掌声雷动、欢呼声不断，那么就会感染讲话者的激情，使你越讲越精彩。要使你的讲话热烈起来，首先作为讲话者的你，在整个过程中，应该保持高昂、激情的状态。

那么，在我们实际的讲话过程中，如何才能顺势展开话题，在语言中展现激情呢?

1. 先让你自己变得快乐起来

每天起床时，你都应该暗示自己：“我要变得快乐！”并让这个自我激励渗入你的潜意识里，这样，当你出现精神不振的时候，这句话就会激发你身体里快乐的因子，让你变得积极。

2. 表达你的热情

当你走上讲演台时，你表现出来的应该是对演讲的期望，而不是不快、痛苦等。用轻快的步伐上台，也许你需要装出来，但绝对可以为你创造奇迹。

上台后，讲话前，先深深吸口气，不要把身体偎在讲桌上，抬起你的头和下巴，告诉你自己，马上你就要陈述一件十分有价值的事，这就好比宣读一个很好的消息一样，像威廉·詹姆斯所说的那样，就算是表现得好像是这样也可以。如果你的声音足够大到可以传到大厅的后方，那么，你会更有自信，而在一开始就使用手势，也许更能让你振奋。

3. 举一些事例

在讲话的过程中，我们要善于选择一些比较有代表性的事例来阐述问题。这样可以为你的观点增加点分量，并且能够表明你的陈述是比较客观的。如果缺乏事实的依据，你的讲话就没有信用度可言。当然，也要注意，不要引用过多事实，避免听众厌烦。

4. 巧妙运用典故

讲话中适当运用一些典故，或引用伟人经典著作，或引用历史典故、古诗、格言、民谚等，也可以引用上级文件、领导讲话的重要观点，来增强讲话的深刻性。

总之，脱稿讲话中，我们不要指望冷漠的态度会起到感染他人的作用。热情与快乐是一对连体婴儿。听众在感受到你的热情时，自然也就对你敞开了心扉，也会逐渐感受到你传达给他的情绪。

始终站在听众的角度说话，更易打动人心

演讲者发表演讲的目的，就是要吸引、说服、鼓动、感召听众，也只有能打动听众共鸣的演讲，才是成功的演讲，这一点，也是演讲者最关注的问题。而如何打动呢？很多成功的演说家，大都是富有活力和精神抖擞的人，他们更善于从听众的角度说话，把听众内心的情绪迸发出来。因为人们都有这样的心理，在与人交谈的过程中，如果对方能感同身受，人们是愿意接纳对方的。因此，作为演讲者，如果你想让你的话能发生效力，且非要将你的话一吐为快时，你在演讲的时候就不应该单是报告一些事实，还该把自己的情感注入到你的演讲中，并站在听众的角度说话，只有真情实感才能打动听众。

在《战国策》中，游说列国的说客们经常运用这种方法去说服各国君王接受自己的观点，往往取得巨大成功。其中最有代表性的当属李斯《谏逐客疏》。

作为一个被放逐的对象，李斯没有强调逐客令对这些异国人才的打击，没有强调异国人才对秦国的奉献，而一直在强调如果驱逐了这些异国人才，秦国将蒙受什么损失，同时秦国的敌国将得到什么好处。志在统一天下的秦王，或许并不关注国内的得失，但却很在意敌国力量的消长。李斯的谏书正说到了秦王的痛处，也是秦国利害关系最关切的地方。秦王即使再讨

厌这些国外人士，也不敢反驳了。曾被列为驱逐对象的李斯留了下来，后来甚至成为秦国的丞相。

的确，脱稿讲话其实就是与听众的一次沟通，期间，如果一个人丝毫不顾及听众的感受，只是对自己关心的问题侃侃而谈，那么，自然很难流露出热情和激情，也就无法打动对方。反之，如果他能切身考虑到对方的利益，说对方想听的话，那么此时开口，必会取得意想不到的结果。

这就是换位思考，换位思考就是要我们站在对方的角度去思考问题，设身处地地为对方着想，这样，我们能对事物产生深度的认识和把握，从而帮助我们把说服的话说到对方的心坎里。

那么，我们该怎样说才能打动听众呢？

1. 多说亲切的话

如果你说的话净是一些枯燥无味的大道理，或者满脑子“阳春白雪”的思想在作怪，经常说一些文绉绉的话，就会让听众觉得你过于喜欢伪装，从而在内心里就疏远了你。

比如在和听众寒暄的时候，说一些“路上没有堵车吧？”“最近还好吧！”之类的话，就会让对方觉得你把他当成了朋友，对你产生亲近感。

2. 多提及听众的名字

卡耐基曾参加一次演讲，那次他坐在主讲人的旁边，在开始演说前，他看到主讲人四处走动去打听那些陌生的人，卡耐基感到很奇怪。在后来的演说中，卡耐基才明白——主讲人是为了把刚才打听到的名字运用到演讲中，他也注意了一下台下听众的表情，那些被提及名字的人的脸上洋溢着幸福的快乐。当然，这个简单的技巧也已经为他赢得了听众温暖的友情了。

3. 全身心投入到演讲中

演讲需要你投入高度的热忱，当一个人只被自己的感觉影响时，他的热情就会被点燃，他的行为、语言都会出于自然，一切也就都顺其自然了。

事实上，任何表达技巧的学习都是建立在全身心投入的前提之上的。

4. 让你的声音展现生命力

不得不说，随着年龄的增长，不少人都失去了年幼时的纯真和自然，

与人说话、沟通也都陷入模式化之中，变得没有生气，但如果你希望成为一名好的演说者，你就不能拒绝吸收新的词汇，或者吸收新的表达形式。

5. 以“情”动人

①坦露心声，真情动人。

俗话说：言为心声。在演讲中，如果演讲者的话是出自内心，发自肺腑，有自己的真情实感，那么，听众的情感之弦就更加容易被拨动，演讲者和听众的共鸣就会更强烈，听众也就更加容易接受演讲者所表达的观点。

②适时评述，激情动人。

激情，是情感的瞬时爆发，是最能够打动听众、征服听众的。适时地对演讲材料进行充满激情的评述，表达自己的意见，抒发自己的感情，是让观点深入人心，引起共鸣的又一妙招。

③铺陈渲染，豪情动人。

在演讲中，利用铺陈渲染方法为演讲的主题“蓄势”，可以激起听众强烈的共鸣，把演讲推向高潮。尤其在表达理想、志向和成长感悟时，运用铺陈渲染更能收到节奏和谐、情绪激昂、语气磅礴的表达效果，给人一种积极向上、气势恢弘、壮志豪情的美感和震撼，更容易以豪迈的情感和气势征服听众。

的确，“感人心者，莫先乎情”。成功的演讲离不开“情”，情感在演讲中就像桥梁一样，连接着演讲者和听众的心。以“情”动人心，就必须要求演说者从听众的角度说话，这样的演讲才更耐听！

观察听众的反应，时刻掌握全场气氛

脱稿讲话中，可能不少人都遇到过这样的情况或许因为你的语言失误，或许因为听者对你所演说的内容突然不感兴趣，原本活跃的现场气氛一下子冷淡下来，造成演讲的冷场。当然，这一局面出现的根本原因在于我们的话没有吸引力。听者仅仅是出于纪律的约束或处事的礼貌而扮演一个“接受”的角色。对于演讲者而言，冷场无疑是一种“冰块”，会令其窘迫。

事实上，一个优秀的演讲者在发表讲话的时候，并不是只顾自己滔滔不绝地讲述观点，还很重视观察听者的反应，分析听者的心理，当他们发现自己的讲话并不对听者的味时，他们就会立即调整话语动向，以使得自己始终掌握全场气氛。

普列汉诺夫有一次在日内瓦做关于《无产阶级与农民》的演讲，当时会场乱哄哄的，几乎使演讲不能继续下去了。这时，普列汉诺夫双手交叉在胸前，目光嘲笑地扫视着会场。当台下逐渐平静了些，他大声说：“如果我们也想用这种武器同你们斗争的话，我们来时就会——（他停顿了一下，大家以为他会说，带着炸弹、武器、棍棒，然而他说出的话却出人意料），我们来时就会带着冷若冰霜的美女。”此语一出，整个会场笑声一片，甚至连一些反对者也笑了起来。普列汉诺夫见时机已到，话头一转，又重新回到了演讲的正题上。

事实上，很多时候，我们演讲就是为了向听众传达某种观点或思想，使听者接受。在接受到听者的信息反馈之后，我们就需要对自己讲话的内容进行修正，使之更容易被听者理解和接受，更符合听者的胃口。

在脱稿讲话的过程中，我们所说的任何一句话，都会让听众产生不同的反映，并通过声音、动作以及面部表情展现出来。有经验的演讲者会把握听众的这些情绪。就是要“看着人说话”。一旦看到听众情绪异常，或喜或悲，或笑或气，都应及时对讲话内容进行调整，直到听众情绪符合讲话者的需要为止。

我们不得不承认，任何讲话，即使准备得再充分，都不可能预测到演讲过程中出现的“意外情况”与“偏差”。对话过程中，在不断地接受听者的表情动作和话语中传达的反馈信息后，在此基础上修正讲话的内容与方式，可以使双方的立场更接近，使沟通更顺畅。

具体来说，需要我们做到：

1. 随时观察听众的信息反馈

任何人在倾听他人讲话的时候，都会产生某些不同的倾听效果，而这些效果，通常都是通过表情与动作来体现的。一般来说，分为以下几种情况：

（1）如果听众眼神中充满了迷惑，对讲话的节奏适应不过来而显得慌张，那么他可能对讲话内容关注，但却不能完全理解。

（2）如果听众在听您的谈话时，目光注视着您，随着讲话的节奏思考，那不仅表示他喜欢讲话的内容，而且有比较深刻的理解。

（3）如果听众经常做些别的事情，不时打断讲话，则很可能是他对这次谈话不感兴趣。

眼神、面部表情、肢体动作等，都可能蕴含着这方面的信息，讲话者如果不注意观察，只是一味讲自己的话，则很可能造成讲话者与听话者各取所需、互不相干的尴尬境遇，使得沟通成了个人的自我表现。

2. 聆听听众的回答

任何沟通都是双向的，演讲也是，我们在演讲时，也不能只顾自己表达而忽视听众是否接受，只讲不听。

因此，一个高明的演讲者在讲话的时候，往往很注重和听众的沟通，他在讲完自己的话之后，或者在要表达的内容完成后，会主动提出来让听众发言、表达自己的想法。这样做，一方面有利于他们了解听众对于自己演讲的理解程度，有利于信息的反馈，另一方面，聆听是一种对他人的尊重，聆听更是一种人际交往的艺术。一个优秀的演讲者，必须是一个虚心的聆听者。只有在聆听了对方的讲话之后，才能更好地了解对方的性格、素养和态度，才能更好地把握对方的心理，对下一步要说什么有更好的判断，从而能在讲话时更有针对性，使对方也愿意聆听自己的讲话。

3. 不断地修正自己讲话的内容与方式

这需要我们迅速地对自己的讲话内容做出调整，还要保持讲话内容的前后连贯一致。在这个过程中既要能投听众所好，说出听众想听的话，又要能把自己的意图表达完整，掌握谈话的主动权。

总之，讲话是沟通的桥梁，这个桥梁的稳固需要的就是这四个“墩”：

准确的表达、细心的观察、及时的修正和丰富的感情。脱稿讲话中，我们在演讲中若能时刻牢记这些技巧与方法，将使你在讲话中跨越重重障碍，成功达到自己的讲话目的。

与听众互动，让听众始终热情高涨

我们都知道，任何交流形式都是相互的，脱稿讲话也是如此，一些人在脱稿讲话中如鱼得水、尽得听众掌声，而有些人却被听众冷落，其中一个重要原因就是前者懂得与听众互动，把听众拉到演讲中来，而后者则唱独角戏。在脱稿讲话中，我们也可以通过与听众互动的方法来炒热现场的气氛。

曾经在一个小镇上，有两个报童在售卖同样的报纸。因为处在同一个市场里，所以两个人的报纸销量会你多我少。为了能多赚些钱，两个报童都非常努力，每天他们都带着无比高涨的热情投入到卖报工作当中。

第一个报童鲍伯是一个很勤奋的孩子，每天他都以洪亮的嗓音沿街叫卖，虽然常常大汗淋漓，但是买他报纸人却并不多。这让鲍伯很是苦恼。

第二个报童丹尼也很努力，但是他更多地把这种努力放在了动脑上，除了每天沿街叫卖之外，丹尼还会到一些固定的场所，直接向人们分发报纸，等到天黑的时候再把报纸收回来。起初，丹尼的工作有一些损耗，但是渐渐的，丹尼的报纸开始卖得越来越好了，买他报纸的人越来越多，还常常有人为了买他的报纸在那些固定场所按时等候。后来，报童鲍伯的报纸卖得越来越少，不得不另谋生路了。

报童丹尼的报纸之所以卖得越来越好，就是因为他懂得让客户参与的道理。在固定地点，他将报纸分发给路人，傍晚收回来，可能在刚开始有一些损失，但是，通过这种方法，他与客户之间就有更多见面的机会，从而加深感情，这样，当客户再需要购买报纸的时候，就会不自觉地在他那里购买。先入为主，他也就占领了市场。而报童鲍勃虽然很勤奋，却没有

使用正确的方法，没有让客户参与其中，也只能事倍功半。

同样，这一方法也可以被运用到脱稿讲话中。曾经有一场名为《钻石就在你家后院》的讲演，演讲者是罗素·康威尔，这一演讲先后进行了六千多次，也许你会想，重复这么多次的讲演，恐怕无论是演说词还是说话时候的音调大概都在演说者的脑海中根深蒂固了、再也不会变化了吧？但事实真不是如此，康威尔博士深知每次来听演讲的听众的背景和知识程度都不同，所以要根据听众的需求来变化演说风格和演说语言，让他们感受到自己听到的总是与众不同的演说，是特地为自己订做的。

那么，你知道他是怎么做到在一场接一场的演讲中与听众建立起了轻松愉快的关系的吗？

康威尔博士写过："每当我来到一个新的城市或者小镇，我会在最快的时间内去拜访当地最贴近生活的人，比如邮局局长、理发师、旅馆经理、牧师、学校校长等，然后去商店和店员们交谈，了解他们所在地方的历史、人文风情等，在了解这些以后，我才着手我的演讲，尽量去搜寻那些符合当地情况的题材。"

开设过千场演讲的康威尔博士明白一点，成功的演讲就是一场成功的沟通，而成功的沟通则必须将听众带入到演讲之中。

那么，要想让听众参与到我们的脱稿讲话中来，该怎样做呢？

1．演示法

演讲大师卡耐基称，只要使用小小的一点技巧，就能让听众"心随你动"，这个技巧就是演示法——挑选听众来帮助你演示，或者把你的观点戏剧化地展现出来。

这是因为，只要其中一个听众被带入到演示中，其他的听众就会注意力集中起来，看看究竟要发生什么事。

2．提问法

除了演示法以外，卡耐基还经常在演讲中对听众进行提问，邀请他们帮助解决问题，这样做，就等于是把合伙人的权力送给了听众。

向听众询问意见，能带动听众认真倾听你的演讲，尤其是当听众默不作声或不愿意参与互动的时候，可用询问行为引出对方真正的想法，了解对方的立场以及对方的需求、愿望、意见与感受，并且运用积极倾听的方式，来诱导对方发表意见，进而对自己产生好感。

总之，演讲中的说话绝不是嘴唇上下碰撞的简单动作，而是一个人综合素质的体现，因此，在我们说话之前，一定要进行充分的考虑，了解哪些话应该说，哪些话不该说，该怎样说话才是站在听众的立场上。

3. 表达你和听众之间存在的关系

在脱稿讲话中，如果你和听众之间存在什么关系，一定要尽快表达出来，如果你感觉自己被邀出席演讲，也说出来吧。在印第安纳州绿堡的德堡大学的毕业典礼上，哈罗德·麦克米兰说出的一番话就很值得你学习。

“我很感激各位邀请我，作为英国的首相，能来贵校，确实不易，不过我感觉，当前的政府职位，大概不是我被邀来贵校的主要原因，我的母亲是美国人，而我的父亲则是贵校的首届毕业生之一，所以，我要向各位保证的是，能和德堡大学有这样的联系，我感到无尚的光荣，并以能重温老家的传统为骄傲。”

毋庸置疑，麦克米兰在这段话中提到了自己与这所学校的关系，是很容易能为自己赢得好感和掌声的。

总之，脱稿讲话中，如果我们能摒弃唱独角戏的习惯，转而多与听众互动，让听众也产生一种也参与到演讲中的感觉，那么，势必能起到好的演讲效果。

第 11 章

勇而不怯，好的心理素质是稳定发挥的前提

相信对于大部分有过当众讲话经历的人都有登台紧张的苦恼，严重时就会给人带来恐惧，形成焦虑。不得不说，如何处理好紧张心理直接影响着讲话的成功与否。当然，要想真正消除讲话中的紧张心理，从根本上来说还是要你降低对自己的要求。一个人如果十分争强好胜，事事都力求完美，自然就会经常感觉到焦虑和紧张，而如果能够降低对自己的要求，不过分在乎别人对自己的看法和评价，自然就会使心境松弛一些。

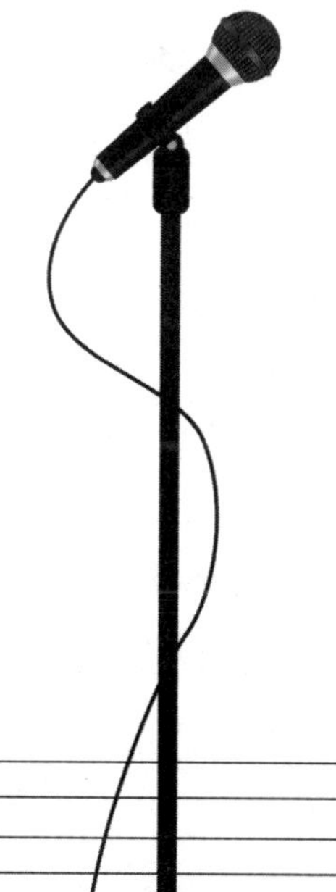

当众脱稿讲话的恐惧从何而来

现实生活中，一些人随着学业、事业的发展，需要当众演讲，比如求职面试、竞聘职位、工作述职、汇报说明、总结报告、发表意见、主持活动、商务谈判、宣传产品、激励员工、接受采访、会议发言等。当众讲话是一个人必备的基本技能。

英国前首相丘吉尔曾说过一句经典的话："你能对着多少人当众讲话，你的事业就会有多大！"可见，当众讲话是一门不可不学的一课。然而，令不少人苦恼的是，人们对于当众讲话都会有不同程度的紧张感，而在脱稿之后的当众讲话，会加剧人们的恐惧心理。

美国成人教育家戴尔·卡耐基先生毕生都在训练成人有效地说话。他认为，成人学习当众讲话，最大的障碍便是紧张。他说："我一生几乎都在致力于帮助人们克服登台的恐惧，增强勇气和自信。"

可以说，在公众面前紧张是再正常不过的心理，事实上，紧张能使人大脑皮层兴奋、开发潜能，许多专家认为紧张、压力是激发潜能的有利因素，紧张不见得是件坏事，适度紧张不但无害，还会起到积极的作用。对于脱稿来说，适度紧张会让我们重视听众，重视我们的表达方式，不会懈怠。只要你在乎听众，想给听众留下好印象，自然就会重视你的讲话，不会完全放松。我们前面提到的很多演讲家终身没有消除演讲的紧张也是这个道理，这样反而会增强表达的效果 。

然而，如果紧张变成过度紧张，就需要我们进行调整了，因为它会造成思维停滞言辞不畅，为此，我们需要把它降低到一定程度，让它成为一种助力而不是阻力。

那么，脱稿讲话紧张的根源在哪里？既然紧张是人的一种反应式行为，那这种紧张到底是对什么做出的反应呢？

小文是一名高三年级的学生，和其他男生不同的是，他不爱说话，有时候老师上课叫他起来回答问题，他也是支支吾吾，说不出来，为此，他也没有什么朋友，当其他男孩在一起聊到篮球、足球和网络热点问题时，他也插不上话，因为他从小就有口吃的毛病。不过，因为刻苦学习，小文的学习成绩很好，一直名列年级前茅。

一次，在高三年级的高考动员大会上，老师让小文起来为大家做个演讲，谁知，小文居然满脸通红，然后跑开了。

后来，学校老师让小文的父母在心理医生的提议下寻找催眠师的帮助，听说催眠能治疗口吃，这天，小文就抱着试试看的心态来到秦医生的催眠室。

刚开始，秦医生对小文进行引导和放松，当小文进入到浅度的催眠状态时，秦医生了解到小文患上口吃的原因。

小学五年级的时候，一次，老师找到小文，告诉他学校将组织一次演讲，让小文参加。

“演讲要怎样讲呢？”小文这样问老师。

“就像你平时写作文一样，先写好了，然后上台的时候背出来就可以了，很简单的。”

“那好吧。”小文犹犹豫豫地答应了。

接下来，小文就开始为演讲的事准备了，他先写了稿子，然后开始背，还经常让妈妈来考他，一篇演讲稿是难不倒聪明的小文的，妈妈无论问到哪里，他都能倒背如流。

演讲会那天，小文兴高采烈地上了演讲台，当他登台的那一刻，他有点不知所措，好像场景和家里背诵演讲稿不大一样。在家里，听众只有妈妈，现在是全校师生，他有点慌了。但他还是决定先背诵第一段，接下来是第二段，都挺顺利。但是到第三段，他突然一个字也想不起来了。怎么办？看到台下的人，大家都在交头接耳，小文一紧张，居然尿裤子了。他赶紧跑下台。当时他恨不得找个洞钻进去，再也不出来。

自从这件事之后，每次小文开口的时候，他总觉得同学在笑话他，久而久之，就有了口吃的毛病。

这一故事中，高三学生小文之所以害怕当众说话，就是因为在童年有过当众说话而出丑的经历。据此，我们大致也可以推出人们在公共场合紧张的原因：由于出现了害怕的感觉，让人产生了紧张。无外乎就是害怕“自我形象不好”“怕出丑”“怕丢脸”“怕没面子”。有了这种害怕心理，才会导致紧张出现。

美国魅力学校校长都兰博士认为，产生怯场紧张的原因主要有以下几个方面：

1. 害怕做得没有想得那么好

脱稿讲话也是如此，一些人在开口前就为自己设定标准，一定要让听众接受自己的想法，一定要博得听众的掌声，一定要……但如果没有做到怎么办？于是，这种想法导致了他们害怕起来，

2. 准备得不太充分

任何一场临时抱佛脚的演讲都会让演讲者产生恐惧的心理。

3. 害怕人们(听众)反应不佳

这与第一点异曲同工，对演讲效果的过早考虑，会给人们带来焦虑感。

4. 早期有失败的经历

在众人面前丢过脸，要想重拾勇气，确实不易。

5. 没有充分进入角色

当然，最后一点，也和前面四点有着不可分割的联系。

了解脱稿讲话中紧张感产生的原因，能帮助我们对症下药，找到具体的解决措施，以做到在脱稿讲话中自信登台，大胆开口。

“居高临下”“漠视听众”帮你减轻紧张感

任何人都明白，一个人要想在公共场合做脱稿讲话，就要自信满满，而恐惧是良好表达的天敌，一个人在“不敢说”的前提下是“说不好”的，

唯有卸下恐惧的包袱，在语言中注入自信的力量，你才能成为一个敢于表达的人。

卡耐基称自己一生都在致力于帮助他人消除紧张不安的心理。曾经在美国有一个调查，人类的 14 种恐惧中，排在第一位的恐惧你知道是什么？是当众说话！在一群人面前说话真的有这么恐怖吗？可能你也有这样的经历，学生时代，你活泼开朗，和同学们打成一片，但只要老师让你上讲台朗诵课文，你就面红耳赤，甚至结结巴巴。爱默生曾经说过："恐惧比其他任何事物都更能击败人类。"即便那些演讲大师，也会紧张，只是在逐渐的努力中，他们克服了恐惧。

所谓紧张感，就是指一个人与长辈尊者、陌生人见面，特别是与异性初次见面，或者在人多的场合发言时，所表现出来的不安的、慌乱的感觉，或者说怯场。怯场一般是由于情绪过分紧张所致。在紧张情绪状态下，人的大脑皮层中形成了优势兴奋中心，从而使保持记忆中枢的内容处于被抑制状态，具体表现是回忆不起熟悉的知识。怯场心理属于一种情境焦虑。

这种紧张的表现因人而异，一般表现为脸红、手脚无措、声音颤抖、流汗等现象，严重的还会无法开口说话或者晕倒。

各种不同的学科专家有不同的观点。有人认为紧张是人们保护自己、提高自己声望而产生的一种行为的反抗态度。也有人认为紧张与个人气质、性格和情绪有关，也有人认为是一种恐惧情绪。

卡耐基提出：只有一个人能够治疗你的恐惧和紧张，那就是你自己。我不知道还有什么办法比"忘我"更好。当你感到害羞、胆怯、不安时，立刻把心思放在别的事上，忘记自己，人脑是不可以同时思考两件事的。

那么，如何忘记自己呢？其实很很简单，其中一个重要的方法就是"居高临下"的心态，举个简单的例子，老师在学生面前、父母在子女面前、领导在下属面前，都是有一种心理优越感的，他们在说话的时候，常常会俯视对方，把自己当成主导者，也就少了很多紧张感。

因此，所有演讲大师都建议：演讲前，如果你感到紧张，那么，不妨学学阿 Q，来点精神胜利法，采取居高临下的心态。

我们不妨先来看下面的故事：

妞妞是一名大一新生，她是全年级新生成绩最好的，作为学生代表，学校希望她能为大一新生做一次讲话。在知道了这一消息后，妞妞坐立不安，因为虽然她成绩优异，但却从没有在众人面前演讲过，以前学校老师也推荐她登台表演或者讲话，但是她都推脱了。

这天晚上，妞妞准备在网上找一些资料组织演讲内容，巧的是，她遇到了大自己一届的学姐，学姐也是"学霸级人物"，妞妞心想，可以问学姐一些关于演讲的问题。

切入正题后，妞妞问："学姐，我听说你以前也经常在全校师生面前演讲，你不紧张吗？"

"紧张啊，在所难免的。"

"那你是怎么克服的呢？我下周也要进行一次演讲，现在还处于担惊受怕中。"

"其实不用害怕，我有个方法，是我从那些演讲大师那儿学来的，你走上演讲台后，可以暗示自己，台下这些人都欠了你的钱，用一种俯视一切的心理，就没有什么好怕的了，实在不行，你可以把台下的人都当成空气，假设他们不存在，那还有什么好担心的呢？"

"学姐，你说得对，这应该是个不错的方法。"

……

按照学姐的方法，演讲时，妞妞发现自己真的不是那么紧张了，演讲结束，当她听到一阵阵掌声时，她知道自己人生的第一次演讲成功了。

对于很多的演讲者尤其是初次演讲者，可能都有故事中妞妞的这种担忧，害怕自己没讲好话，演讲时紧张得甚至说不出来话等。其实，面对这种情况，你可以采取和妞妞一样的方法，以"居高临下"的心态对待听众，恐惧感将无所遁形。

具体说来，你可以选用以下两种方法：

1. "居高临下""漠视听众"

这里，不是说我们要目空一切、看不起听众，而是让我们学会站在更

好的心理位置去掌控自己的紧张心理。

2. 当一个神气的债主

对于消除紧张心理卡耐基先生最有经验，而在他的众多经验中最基本的经验就是："你要假设听众都欠你的钱，正要求你多宽限几天；你是神气的债主，根本不用怕他们。"把身体站直，然后开始信心十足地讲话吧！

无论是身经百战的演讲大师还是最初面临听众，我们总会经历到一些恐惧，一些震击，一些精神上的紧张，这是正常的。只要你能占据心理优势地位，所有思维顾虑都会一扫而光。

脱稿讲话中始终给自己积极的暗示

在现实生活中，一些人在脱稿讲话前，就像如临大敌一样心惊胆颤，有着诸多的担心，比如，在讲话过程中总是设想自己会犯语法错误，或总担心自己讲着讲着会突然地停顿下来，讲不下去了，这就是一种反面的假想，它很可能会抹煞我们对演讲的信心。这就是人们常说的"演讲恐惧症"，属于恐惧症的一种，其实我们对某一件事情越是过分重视，就越容易焦虑和紧张，行为上就是越放不开手脚，反映在身体上就是心跳加快、手脚发抖、说话嗑巴、大脑空白等，其实，有这些身心表现都是很正常的。面对这种情况，可以使用积极自我暗示的方法。暗示对人的心理影响是极大的。当然，要做到自我暗示，必须保持积极的情绪体验，还需要我们在日常生活中积累自信心。

被视为勇气象征的美国人——罗斯福，他的经历会告诉你答案。

罗斯福曾经是个很胆小的人，在练习了如何获得勇气之后，他才成为一个勇者。

在他的自传里，有这样的内容："因为小时候我的身体弱小、体质很差、病病歪歪，又很木讷和笨拙，所以，年轻的时候，我常常对自己没什么信心，为了获得信心，我常艰难地训练自己，这不只是身体上的训练，更是对灵魂的淬炼。”

他这样描述自己是如何改变的：“孩提时代，我在马利埃特的一本书里读到过一段话，这句话对我的一生影响都很大，一直在我的脑海里，在书本里讲述了一位英国小型军舰的舰长，向故事的主角讲述了怎样才能做一个气宇轩昂的人，怎样才能变得无所畏惧，他说的是：‘开始时，当每个人行动前，都会有一种畏惧心理，此时，应该学会驾驭自己，让自己表现得一点也不畏惧，就这样持之以恒，然后你会发现，原来只是假装的勇敢真的实现了，他只不过是练习拥有无畏的精神，竟然在不知不觉中真的变得勇敢无畏了。’”

“这就是我训练自己的理论来源，刚开始，我害怕的事情确实很多，树林里的灰熊、街上的枪手，但是我故意装得不害怕的样子，慢慢地，我就真的不害怕了，如果人们愿意的话，其实也是能和我一样的。”

心理学家认为，内控的人认为自己可以掌握一切，外控的人认为自己事事受制于人。如果你不愿意去克服，那么谁也无能为力。可见，任何人，在演讲前，都要克服自己的恐惧，并学会一些消除恐惧的方法，只有这样，你才能不断消除表达时的恐惧，成为一个会说话、会表达的人。为此，你可以试试下面的四种方法：

1. 融入自己的题材中

在你的题材选好之后，你要按照事先选好的题材，依照计划加以整理，并请你的朋友来帮你查看一下你的准备是否是充分的。你还必须要告诉自己，我选择的题材是有意义的，这是正确的态度——坚信自己。怎样才能让自己获得这样的信念呢？你需要详细地研究你的题材，然后告诉自己你的演讲是具有重要作用的，将会帮助到你的听众，使他们变得更美好。

2. 避免去想那些可能让你产生不安的事情

很简单的道理，假如演说还没开始，你就老想着自己可能会犯语法错误，或者在演说中途会有听众站起来刁难你，再或者你的演说突然中断、找不到演说词的话，那么，也许你还未开口，你就无法开口了，因为你已经没有了信心。在开始之前，你最重要的是把注意力从自己身上转移开，你可

以先听听其他的演说者说什么，把注意力放到他们身上，这样，你在登台之前就没有那么紧张不安了。

3. 给自己打气

只要你演说的题材不是可以用生命捍卫的远大目标，那么，在开口之前，你都有可能会怀疑自己的题材，会担心自己适不适合这个题目，会担心能不能引起听众的兴趣，甚至有可能将题目改了。

其实，此时，你的自信是被消极思想毁了，你需要为自己打气，用浅显的话鼓励自己，告诉自己演讲题目是适合自己的，是你对生命最真诚的看法，你最有资格谈论这一话题。所以，全力以赴吧。

4. 表现出自信

美国最著名的心理学家威廉·詹姆斯说过这样一段话："行动看似好像是在感觉之后，但事实上它们是同时发生的，行动受控于意志，通过制约行动，我们也可以间接制约感觉，但事实上，感觉是不被意志控制的，因此，假如我们已经失去了原有的自然的欢乐，那么，使自己欢乐的最佳方法，就是表现出快乐，快乐地坐着、站着或者说话，好像你本来就很快乐一样，如果这样都不能让你快乐起来的话，那么，真的是没有办法了。"

"所以，让自己表现得勇敢，看起来本来就是勇士，然后运用这一意志达到目标，那么，勇气就会逐渐取代恐惧感。"

记住詹姆斯教授的劝告吧。为了培养勇气，面对听众的时候，不妨就表现得好像真有勇气一样。在做足准备、将一切演讲内容都了然于胸之后，不妨轻松地大步跨出去吧。

允许自己丢脸和失败，反倒能轻松面对

生活中，我们登台进行脱稿讲话，多半是希望我们的言论能被听众接受和认可，而恰恰是因为带着目的讲话而导致了我们的紧张。在开口之前，

我们就会幻想失败时的沮丧、说错时的尴尬，也有一些人，他们对自己的要求太高，绝不允许自己出错，而正是因为这样的心态，导致了我们愈发紧张的心理。其实，只要我们看淡演讲，允许自己丢脸和失败，是能减轻心理负担的。

其实，那些演讲大师从来都不会否认自己演讲时会产生紧张感，他们也建议那些初次登台的演讲者们允许自己紧张，这样，你反倒会放松很多。

东东出生于一个普通的工薪家庭，在家里排行第三，上面还有两个姐姐，东东的父母一直勤勤恳恳、待人宽厚，正是因为这一点，父母希望东东的性格能够活跃点，所以，他们希望东东能在生活和学习中多与人沟通和交流。

东东学习成绩一直很优异，一次，老师为东东报名参加市里的演讲大赛。

演讲比赛一个月以后进行，东东为这事很着急，但他告诉自己，一定不能紧张，如果紧张，就搞砸了，但越是这样想，他越是紧张，在不知如何是好时，东东鼓起勇气来求教自己的语文老师。

“其实，我觉得，可能是你太严谨了，对自己要求太严格，其实，面对几千个人演讲，即便是我们这样经常站讲台的老师，也都会紧张，更何况是你呢？紧张没什么，不要害怕，如果你能允许自己紧张，也会能更自然。”

老师的话似乎很有道理，东东全部都听进去了。按照老师的指点，东东发现，自己的心似乎的确平静了不少。当然，最后，东东以出色的表现完成了自己的演讲题目。

从东东遇到的情况，我们不难看出，在演讲这一问题上，东东之所以感到紧张，是因为他不断给自己加压，不允许自己紧张，这是一种苛求自己的态度。但事实上，你可以掌握自己努力的程度，却把握不了最终成绩。无形之中，他给自己制造了遭受挫折的条件。

可能你也遇到过这样的情况，当你登台前，周围的人会劝慰你“别紧张！”“有什么大不了的！”而你自己也通常会这栏告诫自己：“别紧张！”“有什么了不起的！”然而你会发现，这种方法几乎不会奏效，反倒会让我们感到更加不安。因为越是提醒自己不要紧张，越是在和自己过不去，也就

会制造更大的紧张。正如有句话所说的“情绪如潮，越堵越高。”

因此，任何一个演讲者，要减少紧张感，就要做到接受紧张而不是控制紧张。因为正如故事中的这位语文老师所说的，即便是经常登台的演讲大师也会紧张。紧张是正常的状态，要正确对待它。

然而，现实的演讲过程中，不少人认为紧张有碍于自己的发挥，认为紧张是不正常的，为了不想让人看出自己紧张，就拼命掩饰，刻意控制，故作镇定，结果不仅紧张控制不住，反而因为掩饰紧张加重了心理负担，变得更加紧张了。

具体来说，你可以做以下几点心理调整：

1. 不要把目标定得太高

强烈的求胜动机必定会导致沉重的心理负担，结果便会引发焦虑情绪的产生，演讲结果也只能是事与愿违。

实际上，演讲的意义有时候并没有我们想象的那么大，只是在听众面前展示自己的观点而已，如果你把演讲的意义片面夸大，甚至把演讲与个人终生的成就、事业和幸福等紧紧联系在一起，演讲还未来临，就已经是惶惶不可终日了。

2. 允许丢脸

在中国人的传统观念里，面子是最重要的。当众说话是一件有面子但却也是丢面子的事，害怕丢脸，就会给自己带来心理压力，如果你能放下面子，敢于“不要脸”，那便能进入心态自由和无我的状态，也就没什么可担忧的了。

3. 允许犯错

即使是学校里经常上讲台的老师，或者是职业的演讲家，也都会出错，更何况那些初次登台的人。

因此，你要告诉自己，话讲不好是正常的。讲话中遇到讲错话，不要觉得沮丧。因为我们每个人都要允许自己有一个成长的过程，当众讲话也是如此，你要允许自己在缺少经验和技能生疏的情况下讲不好，允许自己犯错误，这是再正常不过的事情了。

4. 允许失败

这又是非常重要的一点。“一定要成功，绝不能失败”，我们经常听到这句振奋人心的话。但大家想一想，这句话现实吗？

没有绝对的成功和失败，对自己要求过于严格，只会给自己施加压力，影响表现，你要告诉自己，即使失败了也没什么，只是说话而已。以平常心面对成败，也就能以平常心说话了。

总之，我们一定要学会降低对自己的要求，真正放下自我，才能释放压力，讲话时才能做到轻松自如。

做足准备工作，有备而来能减轻紧张感

现实生活中，不少人只要在众人面前讲话就会紧张得不得了：“我们研发部门花了半年的心血研究的产品，要是我给介绍砸了就全完了，怎么对得起他们呀。”事实上，造成紧张的一个关键原因是他们没有做足准备工作，从而导致他们自信心不足。

卡耐基曾经历一件事，当时他在纽约的扶轮社，有一位显赫的官员是主持人，大家都在等着他开口演讲，想了解一下他所在的部里的情形。

卡耐基很快发现这位官员在事前并没有做准备，他原本想做即兴演讲，但却发现没有什么可谈的，然后他又从自己的口袋里找出一些记录的零散的笔记，但实在太杂乱了，他手忙脚乱地翻来翻去，却找不到有利于演讲的东西，他表现得越来越尴尬，时间就这么过去了，他还是不知道该说什么，然后反复道歉，还是不断地去翻那些笔记，再然后，他端起手边的水，然后颤颤巍巍地凑到嘴边，也许他一辈子都不会忘记那样尴尬的场景，他完全被恐惧击败了，所有的问题都是因为他没有在演讲前做一点准备。

因为工作的关系，从 1912 年开始，卡耐基每年都要对五千次以上的演讲做评析，无论什么样的演讲都让卡耐基明白一点，只有准备充分的演讲

才能产生完全的自信，这就好比上战场打战，不准备一点儿弹药，怎么有信心击退敌人呢？林肯也曾说：“我若是无话可说时，就算年纪一大把经验一大堆，也免不了要为此难为情的。”

同样，生活中的人们，如果你也想培养自己的自信，那么，为何不多做点准备、以此给自己增添一些安全感呢？为此，你可以从以下几个方面努力：

1. 承认紧张是正常的心理

可以说，在公众面前说话紧张是再正常不过的心理。我们越是想获得演讲成功，越是焦虑。此时，克服的方法是让紧张情绪反过来帮你的忙。其实，当你感到紧张时，你也可以向听众袒露自己的心态，这样，不但听众会被你的坦诚打动，你的紧张感也会得到排解。如果掩饰自己的感受，只会使气氛更紧张，并且使人看起来很虚伪。

2. 预先整理你的意念

查尔斯·雷诺·柏朗博士在耶鲁大学演讲时说过：“深思你的题目，酝酿成熟，漫溢思想的馨香……再把所有这些意念写下，简单得只要能表达清楚概念就可以……把它们写在纸片上……通过这样的整理，零散的片断就容易安排和组织起来。”实际上听起来并不难吧？其实也真的不难，只需要你做到有一点的专注和思考。

3. 在朋友面前预讲

杰出的历史学家艾兰·尼文斯对大家也有类似的忠告：“找一个对你的题材有兴趣的朋友，详尽地把你的想法讲给他听。这种方式，可以帮你发现你可能遗漏的见解、事先无法预料的争论以及找到最适合讲述这个故事的形式。”

预讲是一个确保你的演说更成功的方法，你可以将你的想法、见解都告诉你的朋友，你可以告诉他你是在预讲，也可以不说，你可以听听他的想法，也许他有更新奇的主意，那样对你的演说就更有价值了。

4. 暗示自己，相信自己一定能成

你可以告诉自己：这场演说很适合我，这完全是我自己的经验之谈，是我自己的看法，我比谁都有资格来谈论这个话题，并且，我一定会全力以赴。虽然这是个古老的方法，但确实很有用。现代的实验心理学家告诉我们，自我启发而产生的动机，即便是假装的，也能起到最快速的刺激作用，更别说那些建立在事实基础上的真实的自我鼓励了。

5．表现出信心十足的样子

美国最著名的心理学家威廉·詹姆斯有这样一段论述：

“行动似乎紧随于感觉之后，但事实上却是行动与感觉并行。行动在意志的直接控制之下，通过制约行动，我们也可以间接制约感觉，但感觉是不受意志的直接控制的。”“所以，让自己感觉自己勇敢起来，而且表现得好像真的很勇敢，运用一切意志达到这个目标，勇气就很可能会取代恐惧感。”

卡耐基告诉所有的人，一定要记住詹姆斯的劝告，为了培养勇气，面对观众的时候，不妨就表现得好像真的信心十足的样子。当然，前提是你必须真的做好了准备，不然都是徒劳。

开始演说之前，你可以深呼吸三十秒，增加的氧气供应可以提神，给你勇气。然后请站直你的身体，看着听众的眼睛，开始信心十足地讲话。你可以设想，台下的每个人都欠你的钱，他们聚集在一起，只不过是排队等着还你的钱，这样一来，你的心理压力就会小很多了。

事实上，克服当众说话的恐惧，对于现实生活中的每个人，在做任何事上都有潜移默化的积极作用，如果你是个敢于接受这项挑战的人，会发现自己的人品渐渐完美，因为战胜当众说话的恐惧，会使你脱胎换骨，从而进入更丰富、更圆满的人生。

第 12 章

远离尴尬，学会没话找话的说话艺术

相信不少演说者在脱稿讲话中最害怕出现的局面都是无话可说，面对这样的尴尬场景，很多演讲者无所适从，但对于那些高明的演讲者来说，他们总是能找到演说的话题，即使在遇到“卡壳”的情况下，依然会活跃演讲气氛。为此，我们也有必要掌握脱稿讲话中如何寻找话题的窍门，这样，一句轻松的话就能有效地吸引听众的注意力，使演讲内含的信息和情感得以准确传达，以起到拯救演讲危机、让演讲者再度成为听众注目的中心的作用。

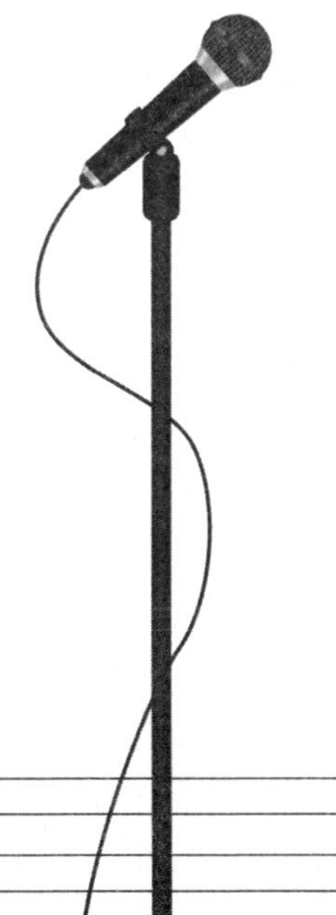

脱稿讲话如何寻找话题

生活中，我们在公共场合进行脱稿讲话，都希望能获得满堂彩，但毕竟和带稿讲话不同，脱稿讲话更灵活，所以我们也担心在讲话中出现无话可说的情况，可能你也有这样的经历：本来你在演讲台上侃侃而谈，但突然却发现自己找不到继续谈下去的话题了，此时就陷入了尴尬的境地，为此，我们常感叹，在脱稿讲话中怎样选择话题才能避免无话可说，才能让听众听得兴致盎然呢?

我们可以遵循以下几点建议：

1．谈公众关心的话题

我们在确定谈一个话题之前，应该考虑这个主题有何价值，要知道，不是所有的话题都能激发听众的兴趣。毕竟，演讲是一种社会活动，是用于公众场合的宣传形式，你的目的是要“征服”听众，你的话题就必须是公众关心的问题，只有这样，才能起到一定的社会效果，让听众心悦诚服。

另外，你还要了解你的听众群体，不同层次的听众，他们关心的问题也是不同的，举个很简单的例子，如果你想确定自己动手这个主题，你确实可以谈洗盘子，不过你似乎确实无法对这个主题热衷起来，但你可能没有想到的是，在一批家庭妇女面前，这是个极好的话题。

2．讲有趣的事

要知道，谁都不想听别人的说教，没有任何人会喜欢的，要记住，要想演讲成功，就要让你的演讲变得有趣，让大家感到愉快，至于你到底说什么，其实大家不会太在意的。还有要记住一点，世界上最为有趣的事，通常都是那些精致的奇闻趣事，这样的话题，听众是乐于听的。

3．谈感性的话题

在卡耐基的训练班上，有一位学员，他总为一件事感到苦恼，他认为

要提高自己的兴趣和激发听众的兴趣都是很难的事。然而，有一天晚上，谈论关于“人性故事”，他向其他学员讲述了两个关于他大学同窗的故事。

第一个人，他为人谨慎小心、锱铢必较，拿买衬衫这件小事来是，他一定要在当地不同的店里买衬衫，然后还会画张表格，然后看看到底哪一件更耐穿，更经得起洗熨，通过这样精打细算的方法，他能使自己的每一份钱都得到正确的利用。从工学院毕业以后，他自命清高，也不愿意和其他同学一样从最简单的工作做起，他总认为会有更高端的工作在等着他，于是，就在三年后的同学聚会上，他还在画他的衬衫熨洗表，还在等所谓的好工作降临，当然，三年了，他什么都没等到。结果，他只好开始工作，谋到了一个小职位，一辈子满腹牢骚、没有进步。

第二个人，此人已经实现了当初的愿望。他是个平易近人的人，大家都很喜欢他，他有着很强的抱负心，但是却脚踏实地地从绘图员开始做起，不过，他总是在等待一个机会。当时，纽约世界博览会正在计划阶段，他知道那里需要他这样的人才，所以便离开了费城，去了纽约。到了纽约之后，他与人合作，马上做起了工程承包的工作，接了很多电话公司的业务，后来，他也终因此被“博览会”高薪延聘。

这里所提及的只是那位学员演讲的一个概述，其本身演讲的过程更有趣，也更有人情味，他的演讲可谓是妙趣横生，他不停地演说着。就在平时，让他演讲，他连三分钟时间都说不到，但这次，就连他自己也很吃惊，他竟然讲了足足十分钟，但听众还觉得意犹未尽，可见他的演讲多么地精彩。

我们每一个渴望提高自己讲话能力的人都应该从这一事例中获得启示，本来很平淡的演讲，如果你能在其中加入一些感情的、趣味的话，也是能起到激发听众兴趣的作用的。这需要你在演说中只提重点，然后再用具体的故事和实例进行引证，这样的演讲才是更吸引人的。

当然，这种富有人情味的话题材料的最好来源，正是我们自己的生活。生活中的人们，在脱稿讲话时，不要总认为不该谈论自己，事实上，只有那些说话狂妄自大、以自我为中心的演说者才会让听众讨厌，否则，只要你诉说自己的亲身经历，是能引起听众的兴趣的。这也是抓住听众耳朵的

最有效的方法，我们千万不要忽略这一点。

当然，在确定讲话主题前，你也不能只考虑听众，还有你自己，只有让自己热衷的主题，才能激发你的讲话兴趣。试想一下，现在假设你正在讲话，却突然有人起来反对你的观点，你是否能慷慨激昂地为自己辩护，如果会，那么，你的话题就对了。

讲话开始时，不妨先谈谈大家都能聊的话题

在公共场合脱稿讲话，我们都希望讲话能在轻松、和谐的氛围中进行。而是否能达到良好的交谈效果，直接取决于我们所选择的讲话话题。因为从心理学的角度看，人们对那些与自己有共同话题和兴趣的人更容易产生交流的欲望，也更愿意与之结交。因此，恰当、有趣的话题能使听众产生兴趣，从而愿意听下去。所以，在开口讲话之前，我们最好能先讲讲那些听众都感兴趣的话题，以此来炒热气氛。

小赵是一个爱开玩笑的女孩，这天中午午休时间，办公室内死气沉沉，活泼的她便开始拿邻座的李大姐消遣："你说先有鸡还是先有蛋？"看着她那得意扬扬的样子，李大姐正好心情不好，有气正好没处发，便想着非把她气糊涂不可。

"对不起，条件不足，无法回答。"

"什么条件不足？"

"因为你没有说明是鸡与鸡蛋相比较，还是鸡与鸟蛋或者鸭蛋相比较。"

"当然是鸡和鸡蛋啦！"

"条件不足，无法回答。"

"我不是说过是鸡和鸡蛋相比了吗？"

"可是你没有说明是鸡与蛋的概念上的比较还是事物上的比较啊。"

这时，办公室内的其他人也都围过来了，他们想看看这场"争夺战"

到底谁输谁赢，事实上，此时他们已经因为老李和小赵这场荒谬的问答而笑起来了。

“这有什么差别？”

“当然有。所谓的鸡是人们对一种两条腿的、类似鸟的、可以从体内排出一种卵石形物体的动物的称呼，而所谓的蛋，是人对这种动物从体内排出来的卵石形的、可食用的、可以延续这种动物种族的那种东西的称呼。当人类语言形成的时候或者说当人们给它们起名字的时候，它们已经同时存在了，所以说概念上的鸡与鸡蛋同时出现。如果要问鸡与鸡蛋这两种事物出现的先后顺序，那又是另一个问题。”

……

此时，周围的同事们已经笑得前俯后仰了。

“你还有完没完！”此时的小赵发现自己已经争辩不过老李了。

“当然有，最后一个。”

“什么条件？”

“因为你没有给出回答的范围。”

“这算什么？”

“这是最重要的一个条件。如果从进化论的角度来讲，人们所认识的鸡是从某种鸟类进化而来，而那时鸟与鸟蛋已经同时存在了，所以说鸡与鸡蛋同时出现。或者说先有蛋，后有鸡……如果从宗教角度来讲，所有事物都是上帝创造的，其中包括鸡与鸡蛋、鸟与鸟蛋。所以说鸡和鸡蛋同时出现。……如果从政治角度来讲，月亮都可以说成是奶酪捏的，那么鸡与鸡蛋出现的先后顺序就取决于个人的权力大小、个人态度以及周边关系等复杂的政治因素。……如果从金钱的角度来讲，当数值高到一定程度时，就算承认鸡蛋是我下的也可以。”

……

此刻，同事们居然鼓起了掌声，但不幸的事，部门主任却站在了门口，但这个有趣的午休却印在他们的脑海中。

生活中，可能不少人会羡慕上述故事中的李大姐的口才，这里，为什么人们会因为小赵和李大姐开的玩笑而发笑，甚至到最后大家都开始鼓起掌来？因为她们开的玩笑带来的幽默效应是此起彼伏的，虽然荒诞不羁，但却很有笑点，尤其是李大姐反复不断地解释“条件不足，无法回答”，更是让周围的人觉得好笑。

在公开场合脱稿讲话或者是即兴发言，都是围绕着一个话题展开的，而我们只有积极主动选择一个双方都感兴趣的话题，交谈才得以在一个轻松、愉快的氛围中进行。一般来讲，人们在交谈中，多选择以下几个话题：

1. 天气

天气是每个人都关心的问题，因为它事关每个人每天的生活。因此，若天气不好，不妨交换一下彼此的苦恼：“今天这天儿，我都穿得跟个企鹅似的。”“这鬼天气，我浑身上下都要起火了。”天气很好，不妨同声赞美：“今儿天气不错啊，心情也跟着好起来了。”如果某地遇到暴雨或者干旱等天气异常情况，也可以拿出来谈谈，因为那是人人都关心的话题。

2. 坦白自己的感受

假若你参加了一个周围没有一个熟人的聚会，与其自己在角落里一个人嘀咕“我太害羞了，与这种聚会格格不入”，还不如直接告诉坐在你身边的陌生人，或许对方也正有此感受。

3. 以轰动一时的社会新闻为话题

生活中，我们每个人都会对近期发生的一些新闻进行谈论，这也是闲谈的资料。若你能就此发表自己的意见和看法，那就足可以把一批听众吸引在你的周围。

4. 家庭问题

关于每个家庭里需要知道的各方面的知识，例如家庭教育、购物经验、夫妇之间怎样相处、亲友之间的交际应酬、家庭布置等问题，也会使大多数人产生兴趣，家庭主妇们尤其关心这类问题。

当然，我们也应当避免问一些令人扫兴的话题，尤其是对你自己私人的问题不要多讲，可能没有人愿意听你高谈阔论，诸如狗、孩子、食物和菜谱、自己的健康、高尔夫球，以及家庭纠纷之类的事。但可以对时下人们所共

知的社会现象、热点问题等谈谈看法。

总之，人们更愿意听自己感兴趣的话题，如果你能兼顾大家感受而寻找共同话题的人也更容易产生好感。

发散思维——激发听众想象力

我们都知道，人的想象力是惊人的，想象力能开发出人的潜能，自古以来，人类历史上的伟大发明，都和想象力有着巨大的关系。对于同一个事物，不同的人会有不同的想象。同样，在脱稿讲话中，我们能运用发散思维，激发听众的想象力，那么，将会对我们成功讲话产生很大的促进作用。因为从心理学的角度看，一旦在人们的内心世界形成一种美好的愿望，他们是极其愿意接受实现这种愿望的途径的。同时，听众对于那些被动灌输的观点、看法未必接受，而如果来源于自己思维所得的事物，则更易接纳。

我们发现，如果我们要谈的可能是三个或者四个要点，如果单单叙说这些要点的话，大概要不了一分钟的时间，而且如果我们照本宣科地叙说的话，很明显是枯燥乏味的，那么，怎样才能让这些论点表现得生动活泼呢？那就是开发听众的想象力，那样能让你的演讲表现得妙趣横生。

当然，在脱稿讲话中激发听众的想象力，需要我们从以下两个方面努力：

1. 语言诱导

你要学会运用诱导性的语言为对方的想象力铺平道路，并适时限制或发展对方的想象空间，这就像制造一个固定的空间、固定的路径，引导对方朝着自己设定的方向想象，从而达到自身的目的。

下面我们引用的这段是林肯在艰难的南北战争期间对批评他的人作的回答：

“诸位先生，我想让各位先和我一起做一番想象和假设。假如，我说的只是假如，你把你所有的财宝——黄金，交到了著名的走索家柏罗丁的

手中，然后让他带上这一笔财富从绳索上走到尼亚加拉瀑布去。当他走在瀑布上时，你会不会用力摇晃绳索，或者是朝着他大喊‘柏罗丁，再俯低些！走快些！’我想你肯定不会，你会和他一样凝神静气，肃立一边，直至他安全走过去。其实，我们的政府现在所处的也是这样的情况，它也背负着极大的负担，它正在努力地越过狂风暴雨的海洋。它的手上也握着数不尽的财宝，所以，请别打扰它！只需保持安静，它就能带你安然渡过。”

这里，林肯就是用语言诱导的方法开发了听众的想象力，并借用类比的手段，鼓励民众支持政府。

2. 展示法

人们常说“耳听为虚，眼见为实”，相比你所说的，人们更愿意相信自己的眼睛，更愿看见真实的幸福生活。此时，如果你也能调动起听众的视觉、嗅觉、味觉、触觉等感官亲身体验产品，那么，一旦他们对你的话产生了信心，是很愿意相信你的。当听众了解这些以后，就会有一种想尝试的欲望，此时，我们的讲话目的也就近乎成功了。

钢铁锅炉公司的主管需要对代销商讲解关于锅炉的燃料是从底部加进去的，而不是从顶部，那么，怎样解释清楚这一问题呢？于是，他们想出了一个简单却很有力的展示方法。开口前，演讲人先点燃了一支蜡烛，然后说：

“大家看到了吗？这火焰是多么明亮——它蹿得多高。因为蜡烛的燃料都转化成了热能了，不过我们看到的是，它不冒烟。

“我们不难看到，蜡烛的燃料是从蜡烛底部开始往上供应的，其实，我们的钢铁锅也是如此，也是从底部添加燃料。”

“现在，我们来假设一下，这支蜡烛是从顶部供应燃料的，那就如我们曾经使用过的那种手拨的火炉一样。(说到此，讲演人将蜡烛倒置了)

“大家请看看火焰是怎样熄灭的，烟味是不是从现在开始变了？火焰也变红了？这是因为火焰不完全燃烧倒置的，最后，因为燃料是来自顶部的，所以熄灭了。”

3. 让听众参与，体验互动

亨利·摩登·罗宾先生为《你的生活》杂志写了一篇有趣的文章《律

师如何胜诉》。在这篇文章中，有一位名叫亚伯·胡莫的保险公司的律师。在接手公司的一起伤害诉讼时，他巧妙地戏剧性地展示了表演。

原告波士特魏先生说，他因为在电梯摔倒，从楼上滚到楼下，感觉肩膀严重受伤，现在都无法举起自己的右臂了。

胡莫表现得很关心的样子。然后他充满信心地说：“现在，波士特魏先生，请让陪审团看看，你大概能将手臂举到多高。”波士特魏按照他的话去做，然后十分小心地将手臂举到了耳边。谁知道，接下来，胡莫说“现在再让我们看看，受伤前，你能把它举起多高？”胡莫明显是在怂恿他。“像这样高。”波士特魏说着马上伸直了手臂，把手臂举过超过肩膀的高度。

这里，亚伯·胡莫是聪明的，在法庭上，面对原告的无端诉讼，他并没有费尽唇舌地辩驳，而只是让原告参与到了一场“游戏”中，所有的问题就迎刃而解。

所以，聪明的人在脱稿讲话过程中，都会巧妙描述，借此开发听众的想象力，这一方法能加快听众接受意见的脚步，一旦对方感受到你所描述的蓝图是美好的，他们会毫不犹豫地选择听从你的意见。

把你的想法和观点变成视觉化的事物

古人云：“百闻不如一见。”这句话形象地说明了视觉比听觉更重要，的确，生物学家也指出，在人的器官中，从眼睛通往脑部的神经，要比从耳朵通往脑部的神经多好几倍。科学实验发现，我们给予眼睛看到的暗示的注意力是给予耳朵听到的暗示的 25 倍。

为此，在脱稿讲话中，如果你想清楚地表达某件事或者某个观点，那么，你最好生动形象地为听众勾勒出具体图像，把思维具体化。

演讲大师卡耐基曾经听过这样一次演说，演讲者用最形象生动的语言描述了在公路上发生车祸是多么的可怕。

“现在，你正开车横穿美国，你的起点是纽约，终点是洛杉矶，假如你现在在公路两旁看到的不是公路标志，而是棺木，每个棺木都躺着去年车祸中的受害者，那么，当你快速飞驰时，你在路上每隔五秒就能得到这样一个阴森恐怖的安全提示，从全国这边到那边每1.6公里就竖立着12个！”

卡耐基听完，从那以后，每次乘车，车行不远，演说者描述的景象便十分清晰地浮现在他的脑海里。

为什么会出现如此明显的演讲效果呢？因为人们的视觉印象远比听觉印象时间更持久，举个很形象的例子，假如我们说人的听觉印象好比是敲打在屋顶上的雪球，那么，视觉印象就如拿破仑的炮兵部队曾在乌尔姆战役中所发射的炮弹一样，来势汹涌，能够凶狠地赶走奥地利人。

派特森是已故的著名的美国全国收银机公司的总裁，正是利用了这一方法，在为《系统》杂志写文章时候，他简要地说明了他向工人和销售人员演讲时使用的方法：

“我认为，一个人要想让别人了解并接受他的想法，仅仅借助语言是不够的，我们要做一些更为戏剧性地补充，最好的方法大概就是图片，以此来展示事物的对错两面，相对于文字来说，图片更有说服力。所以，最有表现力的方法就是对你的文字附图，文字与语言应该只是作为图片配合的手段而已。我很早就发现了这一点，一张图片比我说再多的话都有用。”

尽管如此，并不是所有的演讲和演说题目都适合用展示图画的方法来表现，但只要可以使用，我们就该使用。图片能引起人们的兴趣，能让我们的想法表达得更清楚，另外，使用图片时，图片要足够大，让听众能够看得清楚。需要注意的是，别做过了头，图片太多也会让人感到无聊。如果你想在黑板上边说边画，那记住一定要快速，要知道，没有谁是来欣赏你的艺术作品的。使用缩略语，也要写得大一点而且容易辨认；在黑板上涂鸦的时候，也不要忘记继续讲话，要随时面对听众。

另外，在运用展示物表达观点时，要记住以下几点建议，这样能保证你随时能掌控听众的注意力。

（1）别把展示物放到台面上，先藏起来，等到需要时再拿出来。

（2）使用的展示物不能太小，要保证坐在最后一排的听众都能看见。

（3）在讲话的时候，不要把展示物放入听众中间传阅，大家很有可能因此转移注意力而无法集中精力听你演说了。

（4）展示东西时，把它举到听众看得见的地方。

（5）一件展示物只要能打动人，就胜过世上其他无法打动人的东西，所以，可以的话，你应先示范一下。

（6）展示时眼神不要总是盯着展示物，要知道，你的沟通对象是听众，而不是展示物。

（7）在使用完展示物后，要尽可能立即收起，不要让听众的注意力被分散。

（8）如果展示物非常适合作“神秘处理”，那么，先把它放到一张桌子上，演讲时放到身边，并要将其盖好。

讲话时，你要多提及展示物，这能吊起听众的胃口，但是千万不能告诉听众它是什么，这样，听众必定能在兴趣被激发之后想一睹为快。

可以说，用视觉材料来增强演讲的效果是最有用的，你最好做足准备，在听众面前一边说，一边展示，这样，就可以保证听众能听得更明白了。

总之，脱稿讲话中。与其苦口婆心地表达自己的看法，还不如把你的观点视觉化，这样，听众听起来就容易理解多了。

第 13 章

临场发挥避免陷入“失语”的窘境

在脱稿讲话中，我们很难保证讲话按照我们的主观意愿顺利进行，也就是难免遇到一些尴尬、失语的情境，而此时，对于危机的处理能力，也考验了我们的综合能力和素质，更决定了我们是否能演说成功。所以，任何一个演讲者，要想获得好的演讲效果，就要具备一定的应变能力和把控全局的能力，我们只有做到懂得察言观色，及时调整心态，才能修补自己的讲话漏洞，进而做到成功演讲。

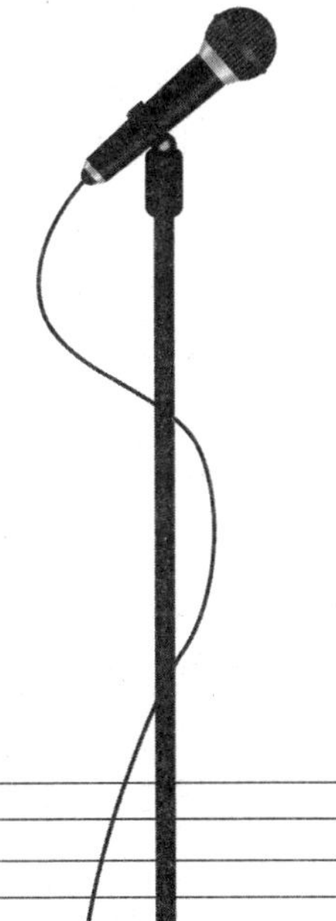

脱稿讲话中突然出现口误如何补救

相信不少演讲者都有过这样的经历，虽然已经做足了脱稿讲话的准备，但是在说话时还是出现了口误，让我们陷入尴尬的境地。此时，该如何是好？

所谓口误，顾名思义，指的就是说了不恰当的话。造成口误的原因有很多，比如演讲者紧张或者态度轻率、知识贫乏等。在具体的演说实践中，只要头脑清醒、观察敏锐、判断正确、处理及时和方法灵活，演说者就可以成功地从口误的窘境中摆脱出来。我们先来看下面的故事：

相声界的泰斗马季先生曾有一次到湖北黄石演出的经历。

在他前面，有位演员错把“黄石市”说成了“黄石县”，让现场观众哄笑不已。当马季登场时，他张口就说：“今天，我们有幸来到黄石省演出”这回听众不笑了，而是窃窃私语，马季怎么回事？这时，马季解释道：“方才，我们的一位演员把黄石市说成县，降了一级。我在这里当然要说成省，给提上一级。这样一降一提，哈！就平啦！”几句话博得全场观众热烈的掌声和笑声。马季机智巧妙地圆了场，使演出得以顺利进行。

这里，马季先生处理失误的方法是值得我们学习的。可见，讲话时如果出现遗漏或念错词、讲错话的失误，演讲者最好能够悄悄改过，不露痕迹。

事实上，即便是那些演说大师，也都有可能出现口误，而总结和研究口误的补救方法，是演说艺术活动的客观要求。在具体的演说实践中，只要头脑清醒、观察敏锐、判断正确、处理及时和方法灵活，演说者就可以成功地从口误的窘境中摆脱出来。

比如，发现自己漏讲了某一点、某一段，可以随后补上，不必声张；念错某个字词，或讲错某句话，也可以及时纠正，或在第二次出现时纠正。万一听众发现了你的错误，也不要紧张，演讲者不妨将错就错，自圆其说。在这方面，表演艺术家有许多成功的经验可以借鉴。

演讲者如果出现失误，完全可以借鉴类似的补救做法。例如，某同学做演讲时，想用一段诗作为开场白：“浓浓的酒，醇醇的”但他一上台就念成了“酒”将“浓浓的”漏掉了。他灵机一动，将错就错，干脆将诗改成：“酒，浓浓的、醇醇的 ”听众对他的妙改报以热烈的掌声。

那么，究竟应该怎样补救呢？

1. 无需道歉，直接纠错

一旦不小心说错了话，你不必刻意承认错误，也不必道歉，只需要在听众还没反应过来时将正确的话再说一遍即可，这样，既纠正了自己的错误，又能让演讲继续下去。我们来看下面两句话：

请看两句演说实录：“一九七二年八月一日，一九二七年八月一日，是中国人民解放军的建军节。”

“在这次语文，英语统考中，我校考生取得了较好的成绩，两科及格率分别为百分之八十五和百分之九十，分别为百分之九十和百分之八十五。”

这里，第一句话中，演讲者的错误在于说错了时间，而第二句演讲者的口误在于颠倒了数字顺序，但演讲者在认识到自己的口误后，都立即给予了纠正。在一些书面材料中，这些失误会让人啼笑皆非，但是在演说中一般听众不会为此大惊小怪，演说者也就大不必紧张。

2. 巧妙否定

与上法所不同的是，它不是直来直去，而往往是通过设问形式巧妙地否定口误。因此，只要运用得当，此法就显得更机智、更有审美价值。

具体做法：一种是自己提问——自己回答。

例如，某厂团委书记在讲到“我国明代的四大名著是《水浒传》《西游记》《红楼梦》和《西厢记》”时，会场立即笑声四起，机灵的演说者马上话锋一转：“在上次文化考试中，有份试卷就是这样回答的。对吗？当然不对，四大名著是《水浒传》《西游记》《红楼梦》和《三国演义》。”

另外一种方法是由自己提问——听众回答。

比如，在进行某些课程的培训时，可以这样更正自己的口误：“同学们，这样讲，合适吗？”这时，听众席上便议论开了，胆大的还纷纷答道：“不合适。”“不对。”你就可以这样继续说下去了。类似的例子尚可举出若干来，仅从这两则就不难看出，此法不失为一种良好的脱身术。

从上述分析自然可以得出结论：从根本上讲，克服口误的关键就在于不断提高演说者自身的修养，只要我们巧妙应对，是能使演讲顺利进行的。

脱稿讲话时突然忘词该怎么做

对于不少演讲者尤其是那些初次登台人来说，脱稿讲话中，忘词是经常出现的情况。可能你实现已经准备得很充分，但却因为紧张、经验不足等原因，在说话时突然出现大脑空白的现象，甚至有一些人一站上演讲台就开始忘词，这种情况下，我们该怎么办？

脱稿讲话中如果忘了演讲词，演讲者千万别让自己“卡壳”时间太久，而应强迫自己集中思想，争取在两三秒之内回忆忘掉的词语。实在想不起来，可根据原来的意思另换词语，或者干脆另起一行，将下一段内容提上来讲。但前提是我们要冷静下来，不可因为忘词就紧张、乱了阵脚。

总结起来，我们可以运用以下三种衔接的方法：

1. 重复衔接法

所重复衔接法，就是一旦忘却的时候，要把最后这句话再加重语气重复一遍。这样，往往能使断了的思维链条再衔接起来，使演讲顺畅地继续下去。

这里，你所重复的内容是刚刚讲过的，所以不存在什么负担，而且好处是：能够给你争取足够多的时间来想出你忘记的内容。把之前讲过的要点复述之后，再接着讲接下来的内容，这样你就能以一个平静的心态或者稍微平静的心态继续地讲下去。

比如前段演讲最后一句话是：“我理解了他们的爱吗？我懂得爱他们吗？”而后段前句话是：“从那以后我变了”。一旦前段讲完了，而后一段

的前句话又忘了，这时，你可以有意地加重语气，重复讲一遍前段最后的那句话“我懂得爱他们吗？”往往就在重复的这一瞬间，便想起了后段的第一句话“从那以后我变了”。这样，演讲就可以继续下去了。

2. 插话衔接法

当你一旦忘却的时候，立即插入一两句与演讲内容有关的问话。利用短暂的时间，加速回忆下面要讲的内容。

比如讲着讲着忘却了，这时切不可停顿，你应当面向广大听众问一句：“同志们，前面这一部分我不知道大家是否听清楚了？”话音落后，你就可以扫视全场，而在扫视的瞬间，就完全可以想起下面应当讲的内容了。一旦想起，你就可以说：“好，既然大家听清楚了，我就继续讲下去。”

3. 跳跃衔接法

演讲者常常出现的忘却，并不是把后面的全部忘却了，而仅是把下段的第一句或整段忘记了。这时只好随方就圆，忘却就忘却吧，哪里没忘，就从哪里接着讲下去。这就是跳跃衔接法。用这种方法虽然丢掉了几句话，甚至一个段落，但它总不至于因中断而破坏了演讲的气氛，涣散了听众的注意力，影响整个演讲的效果。

当然，还需要考虑的是，如果你所忘记的几句话对于整个演讲主题来说比较重要，而你在跳跃衔接后又想起来了，你可以采取在收尾前补充的办法。比如可以这样说：“这里值得一提的是……”就可以把忘掉的重要段落补充进去了。

当然，解决演讲忘词的方法可能还有更多，但在这种情况下，最重要的还是要有好的心理素质，所以我们平时要多注意锻炼自己，在锻炼中提高自己沉着稳定的心理素质和随机应变的能力。

事实上，演讲过程中忘词，这是一种非常普遍的现象。如果你留心观察就会发现在工作当中的每一次会议上忘词会经常出现。而且在一些大型的晚会上，尤其是一些现场直播的晚会，主持人还有节目的表演者，他们也会经常忘词。遇到这样的情况，我们都要稳定自己的情绪，冷静下来，及时寻找让话题衔接下去的方法，这样才能在轻松的氛围中继续演讲。

可见，一个高明的演讲者，总是能掌控场面，脱稿讲话中，即使在忘词的情况下，依然会活跃演讲气氛，一句轻松的话就能有效地吸引听众的注意力，使演讲内含的信息和情感得以准确传达，以起到拯救演讲危机、让演讲者再度成为听众注目的中心的作用。

听众反对你的观点，如何驳回

在脱稿讲话中，我们都希望听众能接受我们传达的观点和想法，但事实结果未必如我们所愿，那么，突然遇到听众的反对意见该怎么办呢？如果处理不好，将使自己陷入尴尬境地，甚至阻碍演讲继续下去。而此时，如果我们能借力打力、顺水推舟，由着别人的意思顺延下去，那么，常常会制造出“柳暗花明又一村”的效果，巧妙驳回听众的反对意见。

一天，一个大学刚毕业的新人来到一家著名企业应聘。乍一看，他没有任何特别的地方，但仔细观察后不难发现，这个小伙子的脸上透露出一股罕见的自信和胸有成竹的微笑。

小伙子来到大厅，看到经理已经在收拾东西了。他只盼着赶紧面试完最后一个人，好早点回家休息。经理瞥了一眼小伙子，便面露难色地说：“我们不能雇用你了。因为这里已经有足够多的职员，我们连他们的名字都登记不完。”经理想让小伙子知难而退，却没想到，小伙子气定神闲地说道：“既然这样，那我看你们还缺少一人。不如您安排我做这份工作，我来专门为您登记职员们的名字。”

经理吃了一惊，想不到这个其貌不扬的小伙子居然能一语惊人。他马上放下正在收拾的东西，认认真真地询问起小伙子的情况来。最后，小伙子凭借着自己风趣的谈吐和自信的风度，成功进入了这家知名企业。

生活就像巧克力，没有人知道下一颗是什么味道。就像这个故事里的

小伙子一样：被拒绝，没什么大不了的。不要把尴尬看成尴尬，多一点点自信，你就能灵机一动，把别人给你出的难题顺水推舟地还给对方，用幽默的应答让对方对你刮目相看。

同样，在脱稿讲话中，我们如果遇到了类似这样的反对意见，也可以运用高度的机智、敏锐的眼光找到解决问题的方法，然后轻松地开个玩笑，有时候，问题便迎刃而解！

林肯是个长相一般的人，在某个公共场合，有记者故意找茬“你长成这个样子，还出来干什么？不如躲在家里别出来。”

这话自然是很不礼貌的，但林肯只是淡淡一笑，回答道：“很抱歉，我这是身不由己。”

号称“无冕之王”的记者是非常擅长给名人们制造麻烦的，有许多名人都曾面对过记者的刁钻提问，常有无法回答的烦恼。如果应对不慎，就会使自己的形象大受影响，这是显而易见的，但那些充满智慧和才学的人往往能八仙过海，各显神通，这里使用的就是顺水推舟制造幽默的方法，“身不由己”是就他的长相来说的，天生如此，他也没有办法。大家听了，都笑了起来，难堪的局面就过去了。

当然，要利用顺水推舟的方法制造幽默，从而解除危机和矛盾，还需要我们从一些逻辑思维方法上入手：

1. 将错就错，随机诡辩

既然无法正面辩解就将错就错，用随即应变来阐释有悖于常理的哲学，以此“化腐朽为神奇”。

一个推销员在一家百货商店里展示他的“折不断的梳子”，他让梳子接受各种压力的考验以此吸引人们的目光。最后，推销员把手放在梳子两端向中间弯折，啪的一声，号称“折不断的梳子”断了，他不失时机地拿起两半梳子让大家看，并高声说到“先生们，女士们，我想让大家看看‘折不断的梳子’的内部结构……”

号称“折不断的梳子”断了，甚为尴尬。而推销员将错就错，显得十分沉稳老练，并说是自己有意让大家看梳子的内部结构，缓解了紧张的局面，值得称道！当然，这里的顺水推舟，是顺的自己的水，是本着解决自己无意酿造的危机为目的的。

2. 逻辑推理，以理服人

以与自己相关的生活理论做“挡箭牌”，符合逻辑，轻松扳倒对方。

作家对厨师说：“你没从事过写作，没有权利对我的作品提出批评意见。”

厨师对作家说：“我一辈子也没下过蛋，可是我能尝出炒鸡蛋的味道如何，母鸡能吗？”

厨师根据逻辑推理反驳作家，这样类推，作家成了母鸡。既阐明了道理，又让作家自食其果，哑口无言。

3. 先发制人

在罗斯福当选美国总统前，曾在海军任要职。一天，他的一位朋友向他打探海军在加勒比海一个小岛上建立海军基地的保密计划。罗斯福向四周看了看，压低嗓门说：“你能保密吗？”“当然能！”朋友爽快地答应了。“那么，”罗斯福微笑地说，“我也能。”

罗斯福以怪制怪的反向思维确实应用的恰到好处，既让对方明白了自己的态度，又对对方这种行为的不合理性加以反驳，以同样的手段应对，甚为高明。

总之，在听众发出反对意见前，我们最好防患于未然，只有做到理据充足，才能堵住听众的嘴。因为反对意见出现再处理难免会加大解决的困难，也可能会造成听众心理上的对抗。

听众蓄意挑衅，如何击退

脱稿讲话中，我们不能否认一些听众是不怀好意的，他们可能是我们的竞争对手，可能是看不惯我们的人，在我们演讲的过程中，他们总是伺机给我们出难题，甚至会故意挑衅，面对这种情况我们该怎么办呢？伟大

作家鲁迅说：“用玩笑来对付敌人，自然是一种好战法，但出招之处，需是对手的致命伤。‘幽默’或‘玩笑’，也都要生出结果来的。”可见，不动声色、微笑是回击他人挑衅的有效手段之一。

维特门是哈佛大学毕业的著名律师，当选为州议员。有一次他穿了乡下人的服装到了波士顿的某旅馆，被一群绅士淑女在大厅里看到了，便戏弄他。维特门对他们说：“女士们，先生们，请允许我祝愿你们愉快和健康。在这前进的时代里，难道你们不可以变得更有教养、更聪明吗？你们仅从我的衣服看我，不免看错了人，因为同样的原因，我还以为你们是绅士淑女呢，看来，我们都看错了。”

维特门采用的便是幽默玩笑的方法，巧妙地封住了敌人的嘴。演讲中，遇到他人的挑衅，很容易使我们处于不利的地位，这个时候，如果我们能让自己的思维展开飞翔的翅膀，运用幽默机智，绵里藏针，柔中寓刚，就能巧妙地粉碎他人的挑衅，让我们从这种矛盾中解脱出来。

绵里藏针法，就是用比较和缓的语气和态度，表达出自己比较坚硬尖锐的用意的语言艺术。使用这种方法时，要注意多用委婉的词语，以“绵”争取人心，以“针”阐明自己的观点，让“针”扎得又狠又准，真正击中对方的要害，让对方有刺痛之感且不露痕迹。

当然，绵里藏针的幽默制造法更多的还是用于反击他人的恶意挑衅。我们再来看下面的故事：

加贺千代女是日本江户时代很出名的女艺人。

有一天，一位贵族请她前去表演。

府中的女佣人一看到大名鼎鼎的加贺千代女竟然是个长相丑陋的女人时，就讥笑起来：

“我还以为今天能看到大美人呢，没想到却是个丑八怪！她能成为有名的艺人可真够奇怪的。早知道这样，我也不用去厨房干活，直接到台上卖卖丑还能出名呢！”

“虽有一抱之粗，但柳树仍是柳树。”加贺千代女微笑着回敬道。

这里，加贺千代女的反击是无声的。她的一番话却言有尽而意无穷。

一番看似温和的语言，却蕴含着强硬的批评和嘲笑，让对方自惭形秽，恼羞成怒，却又不便发作。的确，柳树再丑，但仍旧可做“材”用；狗尾巴草再美，却只能成为烧火的“柴”，永远也摆脱不了“离离原上草”的命运。在这里，千代女巧妙地运用幽默的语言艺术，来摆脱了尴尬的场面。

当然，脱稿中，要想做到轻松摆脱听众挑衅的尴尬，我们不仅要有大肚能容的心胸，最好能掌握一些能击退听众恶意攻击的方法，为此，我们需要做到：

1. 保持警觉，防患于未然，察觉出对方的攻击意味

一个猎手如果只知道带枪，而不知道如何瞄准、等待时机扣扳机，那么，他永远也捕捉不到猎物。同样，脱稿讲话中，在反击之前，一定先要把对方的话语听明白，以便把握目标，瞄准靶子再放箭。这样才能既不滥杀无辜，也不放过小人。

我们要想预先发现对方的攻击倾向，这就要求我们做到机变睿智，能够及时判断出对方下一步所要玩弄的手段，抢先给对手设置拦路板，使他所要施展的手段失去用武之地。

2. 把问题再“踢”给对方

当然，你不可能对任何所对方玩弄的花招都防患于未然，如果对方提出的要求极不合理，你也可以以极苛刻或不切实际的提法要求对方。如此一来，对方不得不收敛起他那盛气凌人的态度。

当然，总的来说，无论听众如何挑衅，作为讲话者的我们都要做到保持应有的素质，不要说粗话，不管你说的是“傻瓜”还是更粗野的词语，你一旦开口辱骂，就把对方列为了自己的敌人。这会使你更难为对方着想，而互相体谅正是消弥怒气的最佳秘方。

总之，公众场合，你的言论难免会成为某些人攻击的对象，此时，冷却情绪，运用绵里藏针的的力量微笑回击，既能击退听众的挑衅，又能使得演讲继续下去。

冷场时，如何重新炒热气氛

脱稿讲话中，由于演讲者不善表达或听众对演讲内容不感兴趣等各方面原因，会造成演讲的冷场。当然，这一局面出现的根本原因在于发言者的话没有吸引力。听者仅仅是出于纪律的约束或处世的礼貌而扮演一个“接受”的角色。对于演讲者而言，冷场无疑是一种“冰块”，会令其窘迫。这时，该如何应对呢？

任何一个演讲者都希望听众在轻松、活泼的氛围中接受自己的意见和观点，因此，一旦出现冷场，我们就要想方设法把气氛拉回来。

要扭转这样的局面，我们可以掌握以下方法：

1. 转换话题

所谓变换话题，指的是我们在当众讲话的过程中，如果遇到冷场或者某些尴尬的话题时，可以通过暂时变换话题的办法重新吸引听众的注意力、调动听众的情绪。这其中就包括穿插一些趣闻轶事。

遭遇冷场，我们如果能恰当而又适时地讲述一些趣闻轶事，便能抓住人们渴望趣味的视听倾向，会使混乱或呆板的演讲现场马上活跃起来，听众的注意力也被迅速地集中到演讲内容上。这时演讲者再要回到原有话题的轨道，效果就要理想得多了。因为趣闻轶事是人们在生活中津津乐道的闲谈资料，生活中的许多情趣即由此而来。

1973 年阿以战争爆发之后，美国代表前往中东，告诉以色列：“请坐下来，与埃及政府谈谈看。因为如果你们不这么做的话，很可能就会有人发动第三次世界大战。”他们的反应很可能会被很多人误以为谈判进入了死胡同——“好吧，我们可以和他们谈，可我们想首先声明一点，有一件事情是绝对无法谈判的。无论出现什么情况，我们都绝对不会退出西奈沙漠。我们在 1967 年时就占领了这个地方，我们的许多油井都在那里。我们绝对

不会退出西奈半岛。”

埃及代表告诉对方：“可以。我想我们知道西奈沙漠对你们有多重要了。你们的油井在那里。你们在 1967 年时就已经拥有了这块土地。好吧，那就让我们先把这个问题放到一边。讨论另外一些重要问题吧。”

这里，我们并不否认，埃及人对西奈地区的态度同样坚决，他们要求以色列一定要从西奈地区撤军，可通过使用暂置策略，埃及人先暂且放下了主要问题，转而解决其他一些小问题，并在这个过程中为后面的谈判积聚些能量。这样，当埃及人重新把谈判的重点转回西奈地区撤军问题时，这个问题似乎就不是那样无法解决了。而最终，以色列人最终还是从西奈撤走了军队，虽然他们当初曾反复重申自己绝对不会撤军。

2. 制造悬念，激发听众的兴趣

一个高明的演讲者，都会活跃演讲气氛，他们很善于制造悬念。一个好的悬念能起到拯救演讲危机、让自己再度成为听众注目的中心的作用。

因此，在演讲中制造悬念，可以有效地吸引听众的注意力，使演讲内含的信息和情感得以准确传达。如果我们能在出现冷场的情况下，适时地制造一两个悬念，确实是重新吸引听众注意力的非常有效的办法。

3. 让听众积极参与到演讲中来

造成演讲冷场的原因之一，就是我们单向地陈述问题，而听众被动地接受信息。也就是说，如果我们在以自己的演讲词和形象的语言来感染听众的同时，听众的积极回应也有利于推动演讲的顺利进行。

因此，要改变这种尴尬局面，可以要从此处入手。比如，我们可以向听众提出富有针对性和启发性的问题，可以调动听众参与演讲活动的热情，使他们意识到，自己也是整个演讲的一个重要组成部分，这样会有效地避免冷场和打破冷场。

一位领导正在面向群众进行普法意义的演讲，由于话题具有一定的专业性，听众的注意力出现了分散，进而不少人开始交头接耳起来。这时，这位领导者及时提出了这样的话题：“请开小差的同志们想想，如果我们自己的权益受到了侵害，我们又将怎样来寻求法律的帮助呢？”这样一来，

交头接耳的听众也就能重新将注意力转移过来。

4. 适时地赞美听众

演说的同时，如果我们忽略了听众，自然会出现冷场。此时，我们应当注意采用恰当的方式，拉近与听众的心理距离。贴近听众的一个有效方法就是发自内心地赞美听众，用重情重理的话语拨动听众的心弦，激起他共鸣，使他重又对演讲发生浓厚的兴趣，从而打破冷场的尴尬局面。

总之，只要我们能做到以上几点，当冷场出现时，及时采取控制手段，就能扭转局面，让演讲得以顺利进行。

某些尴尬情况，不妨笑一笑

生活中，相信不少人在参与脱稿讲话中都遇到过这样一些尴尬的情况，比如上台演讲时不小心跌倒了，或听众发笑时才发现自己衣服扣子扣错了，或拉链没拉好，或帽子戴歪了。遇到这种情形，演讲者多半会感到尴尬。笨拙的化解方法是，演讲者可以跟着听众笑到一块，在笑声中恢复常态。对此听众一般是不会介意你的失误的。高明的化解方法，当然是演讲者能够借事发挥，说几句补救的话。

传说古代有个石学士，一次骑驴不慎摔在地上，一般人一定会不知所措，可这位石学士不慌不忙地站起来说：“亏我是石学士，要是瓦的，还不摔成碎片？”一句妙语，说得在场的人哈哈大笑，自然这石学士也在笑声中免去了难堪。

再如，一位胖子摔倒了，可说：“如果不是这一身肉托着，还不把骨头摔折了？”换成瘦子，又可说：“要不是重量轻，这一摔就成了肉饼了！”

同样，脱稿讲话中，对付尴尬和难堪的局面，要想摆脱窘境，就要及时调整心态，做到提得起，放得下，想得开。这样不仅可以使自己不满的情绪得到平衡和缓解，还可以使别人对自己有一种全新的认识。

又如，获得奥斯卡最佳女主角奖的雪莉·布丝莱上台领奖时，由于跑得太急，上台阶时绊了一下，差点摔倒。她在致辞时说道：“我经历了漫长的艰苦跋涉，才到达这事业的高峰。”这句应变的开场白简直妙不可言。她将上台领奖遇到的挫折与拍电影历经的艰辛巧妙地结合在一起，既揭示了达到事业顶峰的真谛，同时又化解了险些摔跤的尴尬，可谓一举两得。

有一位叫阿丽的女孩，虽然没有出众的容貌和迷人的身材，但为人性情开朗、正直、幽默，许多人一旦和她交往几次，往往就被她的幽默所吸引，不知不觉地感受到她的魅力。

有一次，阿丽参加同学聚会，和同学们回忆着大学时代的美好生活。不料主人在招呼客人时，一不小心将一盆水打翻，全洒在了阿丽的脚上，把她那双新皮鞋泼湿了。主人不知所措，显得十分尴尬。阿丽却从容镇定地说：“一般正常情况是洗脚之前先脱鞋。”一句话，使满屋的人都笑了起来，难堪的气氛也一扫而光，大家更加佩服阿丽了。

我们发现，女孩阿丽是一个大度、幽默、可爱，在面对他人不小心将水泼到了自己的新鞋上时，可能很多人都会沉不住气，甚至大发雷霆等，但阿丽却轻轻松松地开了个玩笑，不仅解除了双方的尴尬，还给众人留下了好印象。

可见，脱稿讲话遇到尴尬时，可以通过戏谑来舒缓气氛，创造一种轻松的氛围，尴尬自然荡然无存，它犹如金苹果落在银盘子中，使你魅力倍增。具体来说，你可以这样做：

1. 思想放松，没有顾虑

心理学家詹姆士说过：“说话时若能做到思想放松、随随便便、没有顾虑、想到什么就说什么，那么谈话就能进行得相当热烈，气氛就会显得相当活跃。”抱着“说得不好也不要紧”的态度，按自己的实际水平去说，是有可能说出有趣、机智的话语来。

2. 冷静说话

一个冷静的演讲者，总是能控制自己的情绪，过于激动，无论对讲话或听话的人来说，都会影响表达或听取的效果。

3. 要使思考的速度与谈话相适应

思考的速度通常要比讲话的速度快若干倍，因此在讲话前，你的大脑要抓紧工作，勤于思考分析。如果你一边说话，一边心不正焉，不动脑筋，那么，很可能会出现语言失误。

4. 面对尴尬，大方面对

当遇上一些尴尬的事情时，要大度一些，不要一本正经。此时，一句不伤大雅的玩笑，就能活跃讲话气氛，消除他人的防卫心理，否则会让别人感到压抑。

总之，我们可以看出来的是，脱稿讲话中，要想摆脱尴尬，首先要做到的就是放开心境，拿自己开开涮，而不是费力气自我吹嘘，自我标榜。开自己玩笑，是从平凡的、趣味的、不甚完美的角度来观看自己，让别人有喘一口气的机会，也让自己从遥不可及的宝座上滚落红尘，与众生同声一笑。

第 14 章

即兴说话，不同情境要有不同的展现

在我们的生活和工作中，在很多场合，需要我们即兴说话，比如，祝酒词、生日祝福、竞赛性演讲、论辩性演讲、竞选演讲、就职演说等。对于不同场合的即兴说话，有不同的要求，这一章，我们将对生活中常见的即兴讲话进行分析。

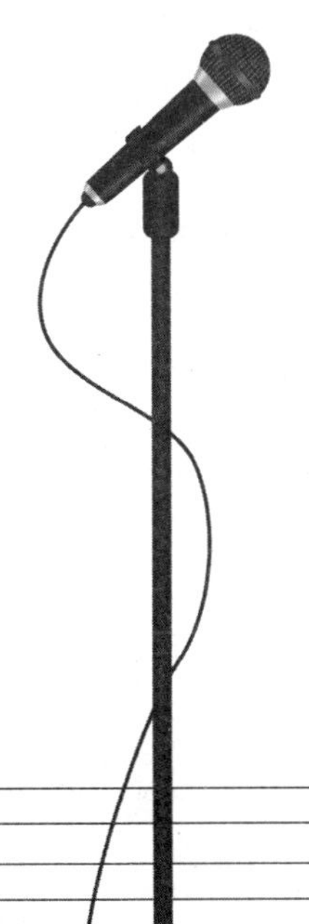

介绍词怎样说才能别出心裁

现实生活中，在公共场合，我们经常遇到这样的情况：我们需要将第三者介绍给听众，此时，就需要我们运用到介绍词。介绍词有交际介绍的作用，它让演讲者和听众集合在一起，能营造出良好的沟通氛围，能在演讲者和听众之间建立起兴趣的桥梁。

所谓介绍词，它应该是带领我们进入到题目的内部，然后让我们听听关于它的一些论述。同时，我们还应该从它来了解演讲者，看看这位演说者是否能驾驭这一演说题目。也就是说，介绍词应该将两大因素介绍给听众：题目和演讲人，并且最好在最短的时间内将这件事做好、做完。

假如有人这样诠释介绍词："你不必说什么话，你只要向听众介绍演讲人就可以了。"那么，此人就是没有理解介绍词的真正含义，也破坏了介绍词在演讲中的重要性。这大概就是为什么不少准备介绍词的主持人不重视它的原因。

接下来，我们看看这样一则案例：

约翰·马森·柏朗是一名作家，但同时也是个出色的演讲家，他活泼生动的演讲风格，为他赢得了一大批的忠实听众。一天晚上，他和将把他介绍给听众的主持人谈话。

那个主持人对柏朗说："不要害怕自己说什么，轻松点，我才不相信非要准备什么，在我看来，什么用都没有，只会让整个演讲的神秘感和美感被破坏，听众的兴致也会被破坏，我就等着在我站起来的一刹那感觉突然来找我，不过我可告诉你，在这一点上，我可从来没有过闪失。"

这些话听起来是多么信心十足，为此柏朗也憧憬有一个好的介绍，他有本书名叫《积习难去》，在这本书里，他回忆了整件事，不料，这个人站起来却说出了这样的话：

“各位先生，请安静，大家注意一下好吗？今晚有个坏消息告诉大家，本来，我们想请艾瑟克·F. 马可松来做演说，但可惜的是，他病了不能来。(鼓掌)然后我们又想请参议员柏莱锥基来向各位作演说……可是他又太忙了。(鼓掌)最后，我们又想请堪萨斯城的洛伊德·葛罗更博士前来跟各位谈谈，但是也没成。所以，我们只有请——约翰·马森·柏朗来替代了。(鸦雀无声)”

柏朗先生在回想这件事时曾调侃说：“至少我的那位灵感总是随叫随到的朋友，终于是把我的名字说对了。”

你当然已经看出来了，那个总是吹嘘自己的灵感能随叫随到、能帮助他应付一切的人，就算是他是故意那样做的，也不会比他现在弄得更糟了。他所介绍完全违背了一个介绍人该有的职责，也是有愧于他对听众的职责。虽然这一职责并不多，但却十分重要，让我们感到吃惊和不解的是，不少节目支持人似乎都没有察觉到这一点。

不过，从这一案例中，我们看到了准备工作在介绍词中的重要性。的确，一般来说，介绍词都很短，一般不会超过一分钟的时间，但还是要仔细准备。

我们需要做到搜集事实，这里，可以从三个内容开始为中心：演讲人的题目、他所能探讨这个题目的资格和他的名字，如果可以，还有第四个内容：他所演说的题目是多么有趣。

介绍人一定要事先了解最准确的题目或观点，并要掌握大概演讲者怎么去演说这一方向。最尴尬的莫过于演讲者与介绍人所介绍的并不相同，甚至是背道而驰的。而如果介绍人事先做足了了解的工作，也不做任何胡乱的揣测的话，这一失误是可以避免的。

不过介绍人最重要的职责就是准确地介绍讲题，并将它与听众关心的问题相联系。所以，条件允许的情况下，你要设法直接从讲演者身上取得资料。如果需要借助第三方的帮忙，比如说节目主持人，就应该设法获得书面资料，并在会议前向讲演者查证。

不过，通常演说人努力的方向都是在取得演说人资格这一方面。假如你要介绍的演讲人是一位家喻户晓、人尽皆知的人，那么，你能从《世界名人录》或类似书籍中获知精确的资料；假如他是一名地方性人物，你可以从当地的公共关系或者人事部门获得资料；你还可以去拜访他，最为重要的是，你要确保你获得的材料的准确性。

当然，给出太多的介绍或叙述也会让人不耐烦，比如，假如你已经指出了对方是某方面的博士了，你还继续提他的学士、硕士学位就是多余。同样，你最好是指出对方最高和最近的职务，至于对方在大学毕业后所担任过的一些职位，不要牵扯。最要紧的是，对方最了不起的成就要提，而对于那些次要成就则可忽略不计。

获奖致辞如何说才能从容得体

作家玛娇莉·威尔森曾说过这样一句话：“我们已经证实，人类心灵最深挚的渴望是被认可——得到荣誉。”网球明星爱尔蒂·吉柏森，就把这份“人类心灵的渴望”极其恰当地用于自传的书名里。她称它为“我要做重要人物”。这句话正是表达了人们内心深处的感受。我们都希望自己能与人和平共处，都希望被人称赞，而对于公开场合的别人的嘉奖，一定能更让你亢奋起来。

的确，现实生活中，我们在工作或者学习获得一定成果后，都会得到他人的肯定，其中一个重要的方式就是得到奖励，而此时，为了回馈别人，我们便需要做演讲致辞，不少人为此感到头疼，如何在演讲致辞会上发言呢？对此，我们不妨先来看下面两段致辞内容：

尊敬的各位领导、各位来宾、朋友们：

大家好！作为公司的新员工，能有机会代表部门参加比赛并获奖，我感到十分高兴和激动，此时，我想用三个词来表达我的心情。

第一个词是感谢。谢谢单位领导和同人们对我的信任、帮助和鼓励，我由衷地感谢你们！（鞠躬）

第二个词是自豪。我自豪的是，在我感到人生渺茫之际，公司向我伸出了双手，让我在这片沃土上发展。在公司的培养、造就下，在领导的信

任和同志们的帮助下，小小的我才得以成长，我人生的画屏上才涂下了一抹最绚烂的色彩。

第三个词是行动。人要懂得感恩，感谢公司领导和同事们的培养和帮助，不是简单的两个字，需要我的行动。我将把这份感谢与感恩化作行动，将自己的全部智慧与力量奉献给公司，勤奋敬业，激情逐梦，在做大做强企业的道路上执着前行，努力做到更好！

“新年伊始，万象更新”，值此新春之际，请允许我向一年多来关心、支持和帮助我的领导和同事们表达我最诚挚的祝福和谢意！

这段致辞中，我们可以看到的是，演讲者将自己的演讲内容分成三个部分，并逐一进行阐述，让听众看到了他谦逊的态度以及继续努力的决心。

为此，对于获奖致辞，演讲大师们总结出这样一个范本：

今天我有幸获得这个奖，很感谢公司领导对我的支持，也很感谢同事们在工作上对我的配合（有需要的话可直接讲出人名或者团队）。其实这个奖，不只是属于我的，它是属于在座每一位的，在座的每一位兄弟姐妹，你们说是不是？（语气激动一点，情况可以的话，带头鼓掌）今天我真的很高兴，高兴的不是因为我得了多少奖金，而是因为我真真正正感受到团队精神的力量，我也觉得自己很幸运，幸运在于我当初选择了这家公司，公司给予我发挥的机会，团队精神给予我力量，使我能有今天的成绩，多谢各位。（跟着可以简单讲一下自己有困难时，谁帮过自己）在新的一年，我会继续努力，和大家一起向更好的明天迈进。

从这个范本里，我们也大致能厘清演讲致辞的基本思路：

（1）开场：①问好；②名字；③感谢。

（2）内容：

①归功——今天的成绩是大家支持的结果；

②经历——过去不平凡、感动、难忘的经历回顾；

③感言——发表三点感言。

（3）结尾：

①奉献——继续努力，做出更多奉献；

②感谢——最后感谢大家支持。

总之，演讲致辞中，我们应归功于大家，而不应独占功劳，只有这样，才能表现自己谦逊的态度，也才能获得大家的信任，从而继续支持你的工作。

生日庆典场合如何表达祝福

生活中，我们每个人都有生日，无论是我们自己生日，还是参加其他人的生日聚会，我们都有可能被在场的人推举出来说几句祝贺的话，此时，我们该说些什么呢？我们不妨先来看下面的演讲：

尊敬的爷爷奶奶、叔叔、伯伯、阿姨们：

大家中午好！

今天是我特别高兴的日子，今天，我 12 岁了，阳春三月，在不知不觉中，我已经走过了朦胧的儿童时代。在和煦的春风中，我迎来了 12 岁的生日，我感到万分的高兴和激动。12 岁是成长的里程碑，是岁月的见证，从咿呀学语到蹒跚学步，从跨进学校的大门到迎来 12 岁的生日，尽管时间步伐总是那么的匆忙，但许多的人和许多的事却是如此清晰地留存在我的脑海中。

今天，我似乎一下子觉得自己长大了，懂事了。

今天，我感受到了来自大家对我的关心和呵护。

今天，我知道了时间的宝贵，让我懂得了珍惜时间。

今天，我更感觉到了亲情的温馨，友情的难得！

今天，我沉浸在前辈、朋友、同学们赐予我的祝福中。

我要感谢生我养我的父母，和一直疼爱我的爷爷奶奶，还有看着我长大的叔叔阿姨，感谢他们这 12 年里对我无微不至的关怀，没有他们就不会有今天的我。我将把 12 岁当作我生命里的又一个崭新起点，勤奋刻苦，积极上进，让最美的笑容永远在我的脸上灿烂！

感谢大家从百忙中抽出时间，给我送来了最珍贵的祝福，在此，我代

表我们全家向大家表示最诚挚的祝福和最衷心的感谢！并祝愿爷爷奶奶们身体健康、福如东海；伯伯阿姨们工作顺利、家庭快乐；小朋友们和我一样天天向上、快乐成长。

这篇生日庆典词，表达了一个 12 岁少年对于成长的感慨，也表达了他对宾客的感谢之意。

从这篇演讲词中，我们大致也能总结出生日庆典词的大致脉络：

1. 开场白

你可以说："尊敬的各位来宾、亲爱的小朋友们，大家晚上好！今天是个好日子，大家欢聚一堂，共同庆祝 ×× 小朋友 12 岁生日。在这喜庆的日子里，首先我代表 ×× 及其全家，对大家的光临表示热烈的欢迎，并致以衷心的感谢！"

2. 幸福一家人入场

你可以说："今天的小主人、小寿星，历经 12 春秋，在父母的精心呵护下，在众亲友的亲切关怀下已经由一名弱不禁风的婴儿逐步成长为一名帅气腾飞的英俊少年。从今天起他将告别多姿多彩的金色童年，步入五彩缤纷的如花少年时代。下面，请大家用最热烈的掌声，请出这幸福甜美的一家！他们是 ××。"

3. 寿星生日感言

生日庆典上是一定要请出寿星发表感言的，比如，你可以这样说："×× 小朋友今天的心情怎么样？知道爸爸妈妈为什么给你举办这么大的生日吗？因为从今天开始你就不再有人生中宝贵的童年了！你将步入一个金色的少年时代！爸爸妈妈为了让你拥有一个多姿多彩的人生历程，请来了各位叔叔阿姨、爷爷奶奶，共同见证这样一个激动人心难忘的时刻，是不是要特别感谢爸爸妈妈啊？感谢各位叔叔阿姨、爷爷奶奶……那么就把你此刻的心情讲述给在坐的各位叔叔阿姨爷爷奶奶！"

4. 寿星亲属发言

接下来，你可以说："有请从你呱呱坠地那天到今天，爸爸妈妈一直把你当做宝贝看待！含辛如苦的把你抚养长大， 这热闹非凡的喜庆时刻一定令小寿星的全家永远难忘。接下来请 ×× 的父母讲话……朴实简捷的话语代表着他们全家的心声！又体现着父母对孩子的一份浓浓厚爱！现在请我们的小寿星为他的父母送上美好的祝福、三鞠躬和大大的拥抱。”

再接下来，生日庆典的流程是宾客为寿星送上礼物，还有点生日蜡烛、唱生日歌、许愿、切蛋糕等。

“朋友们激动人心的时刻就要到了请为我们的小寿星点燃生日蜡烛，并请小寿星默默许愿，让我们一起唱生日快乐这首歌。共同祝愿 ×× 小朋友生日快乐。12 支蜡烛照亮着十全十美，一首歌曲抒发了五光十色的深情，此时此刻我们的小主人是多么的幸福！”

5. 结束语

最后，你可以说：“朋友们让我们共同举杯，再次祝愿 ×× 小朋友，生日快乐！明天更美好！同时也祝愿所有的来宾朋友，合家欢乐，幸福安康。我宣布，宴会开始！”

可见，在生日庆典上发表即兴讲话，最重要是要表达对寿星的祝福和对在场宾朋的感谢，演讲词要做到欢乐、愉快，带动大家互动的兴趣，进而让寿星度过一个快乐的生日！

竞职演讲中如何展现自己的实力

现代社会，竞争日益激烈，无论是职场还是商场，我们都免不了要参与竞争，而竞争的一个重要形式就是参与竞职演讲，那么，竞职演讲中，我们该怎样脱颖而出、获得演讲机会呢？

在营销中，有个观点，那就是首先要“营销自己”，其实，竞职演讲要达到的主要目的也就是将自己营销出去，因为只有让听众看到我们的实力，才会接纳和认可我们，才愿意让我们担当重任。我们先来看下面一段竞职演讲：

“尊敬的各位领导、同行朋友们：

大家好！

首先，我感到非常荣幸，我能获得校长竞职的资格，因为在我们的师资队伍里，有很多比我更优秀的教师、班主任老师都没来参加，实际上，我也是做了很久的思想工作才决定的，今年我已经 36 岁了，年纪不小了。从毕业工作到现在，已经有 15 年的时间了，这些年，我也积累了一些工作经验，包括教学经验和学校管理经验。我现在还有一股冲劲，愿为教育事业做出一些贡献，所以我来了。

其实，四年前，也有一场这样的竞聘演讲，热心的朋友和其他教师都劝我参加，但那个时候，我的内心自卑，觉得自己太年轻、首先应该做好一名老师。

我说出这些绝并不是以此来显示自己的谦虚，而是因为我觉得一个人，尤其是一名教师，一定首先要有反思精神，要有真正的自知之明。通过这些年的磨炼和摸索，我觉得自己无论在个人成长，还是在教学工作、学校管理等各方面都有不小的收获，下面我便根据文件要求的三个方面来谈谈自己的情况。

最后我想说的是，机会只属于有准备的人，我想借这次参与竞职为自己争取一个机会，同时也给大家多一个选择，也欢迎大家对我以上所讲的内容提出批评指正，不管对我支持与否，衷心感谢在场的耐心听完我讲话的所有领导、同行朋友们！我的演讲完毕。”

这段演讲中，主人公通过提及四年前未参加竞职演讲这一事实，表明自己已准备充足，态度谦虚、言辞诚恳、表达流畅，相信能获得好的竞职结果。

可能很多人会很困惑，工作业绩不就说明了一切吗，难道还需要“自吹自擂”吗？其实，自我表扬并不是一种自吹自擂，更不是办公室政治游戏，而是一种提高能见度的方式。

当然，在演讲中展现实力也有一定的技巧，而且前提是一切都言之有物，而非过度作秀。具体来说，你要做到的是：

1. 精心准备每一次重要会议发言

对于职场人士而言，公司的一些重要会议是展现自己的最佳舞台。这

类会议种类繁多。会议上公司高层或专业部门的负责人一般都会在场。一般来说，公司的领导一般都愿意听取公司最底层的员工的声音，所以，作为普通员工的你一旦有机会参加这样的会议千万不要放过每一个发言的机会。你在会上的发言实际上反映了你的思维能力、对工作的认识程度。通过会前充分的调研和资料准备，尤其是数据的整理挖掘，你就可以在会上从一线的角度从容不迫侃侃而谈了。这时，领导一面在听你的汇报，一面就在脑海里盘算你下一步的发展空间了。

2. 多提一些建设性意见

在某公司的市场部，有一位女员工，在她负责的某个市场，是一片多雨的城市，当她被调到这一片区域时，这里刚好碰到了洪涝灾害，市区一片混乱，很多和她一样的市场专员都陷入了忙乱之中，大家都忙着抢救随时遭遇危险的货物，这批货物价值几十万，稍有不慎，就有可能被水淹没，或者被人哄抢。

此时，经理刚好去省城出差了，无法指挥现场，这位女员工当时组织剩下的几位女促销员，站在齐膝深的水中，把货物转移到安全的地方，洪水一退，就立刻清点在经销商处存放的货物，帮助他们克服天灾的影响，最终完成了当月的销售任务。

省公司该季度例会破例让她参加，当时她含着泪发言，希望总公司能给她所在的片区发放一些特殊的防水物资，这给在场的每个人留下了深刻的印象，会后没有多长时间，她的要求就被总公司采纳了，而她也被提拔为另外一个地级市场的经理。

竞职演讲中，说空话，是无法让听众看到你的实力的，也会让听众认为你是纸上谈兵，而多从专业的角度阐述你对工作的意见和建议，才是展现你实力的最好方法。

3. 委婉表达自己的实力

直接表述自己的实力难免有吹嘘之嫌，会让听众产生反感，而从侧面、委婉地表述，能在不着痕迹的情况下进行自我表扬，获得听众的认可。

正如卡耐基曾经说的那样："不要怕推销自己，只要你认为自己有才华，

你就应认为自己有资格担任这个职务。”竞职演讲中，你若希望成功击败其他参与者，就要努力让听众看到你的实力，进而对你青睐有加。

就职演讲怎样说才能鼓舞人心

生活中，在正式成为某一企业的员工或者接手某一职位时，我们都需要进行就职演讲，很明显，我们进行就职演讲的目的是为了打动听众、增强听众对我们的信心，要做到这一点，我们演说的语言就必须要有鼓舞性和说服性，这样，才能让听众信任我们，把工作乃至重要的任务交给我们。

我们先来看下面这篇就职演讲：

英国前首相撒切尔夫人在自己上任后的第一次讲话里说道：“我是继伟人之后担任保守党领袖的。这使我觉得自己很渺小。在我之前的领袖，都是赫赫有名的伟人。如：我们的领袖温斯顿·丘吉尔把英国的名字推上了自由世界历史的顶峰；安东尼·伊登为我们确立了可以建立起极大财富和民主的目标；哈罗德·麦克米伦使很多凌云壮志变成了每个公民伸手可及的现实；亚历克·道格拉斯·霍姆赢得了我们大家的爱戴和敬佩；爱德华·希思成功地为我们赢得了1970年大选的胜利，并于1973年英明地使我们加入了欧洲经济共同体。”

1979 年，撒切尔夫人在大选中获胜，这时，她说道：“不论大家在大选中投了谁的票，我都要向你们——全体英国人民呼吁：现在大选已过，希望我们携手前进，齐心协力，为我们所自豪的国家的强大而奋斗。我们面前有很多事情等着我们去做，让我们一起奋斗吧！”

1987 年，撒切尔夫人第三次连任，她讲了这样一段话：“我们有权利也有义务提醒整个自由世界注意，英国再次信心百倍、力量强大和深受信任。我们信心百倍，是因为人们的态度已经发生了变化；我们的力量强大，是因为我们的经济欣欣向荣，富有竞争力，而且在不断强大；我们深受信任，是因为世人知道我们是一个强大的盟友和忠实的朋友。”

撒切尔是20世纪后期世界上最具魅力的政治人物之一，在这一演讲中，我们看到了撒切尔夫人是如何展现自己的雄心壮志的。她那卓越的口才，更为其树立了很高的威信。我们来一一分析她所讲的三段话：第一段话里，撒切尔夫人列举了现代史上英国历代首相的功绩，以此来表明自己的任重道远；第二段话里，她以富有感情的语言贴近了广大民众，增强了她在英国人民心中的威信；第三段话里，以豪放的语言表现自己的信心和王者之气，进一步使得她在人民中的威信不断提高。

的确，随着经济的发展和社会的进步，就职演讲已经成为就职之初必不可少的一个重要环节。大到国家领导人，小到班组长，新上任时一般都要发表就职演讲。为了在演讲中充分展示就职者的领导素质、管理才能和人格魅力，就要认真写好就职演讲稿。

这里，我们可以将就职演讲划分为以下几个部分：

1．标题

就职演讲的标题有三类。

一类是文种标题，即只标“就职演讲稿”；一类是公文标题，由就任职务和文种构成，如《关于就任 × × 乡乡长的演讲》；还有一类是文章标题，可用单行标题，如《当市长，就要向人民负责》；也可用正副标题，如《官居八品　责尽十分——与乡镇全体干部初次见面时的讲话》。

2．称谓

指对现场听众的称呼。这要根据听众的不同身份而定，力求恰当、得体。如“各位领导，同志们”等。

3．正文

（1）开头。就职演讲的开头，一般都要表达任职者的心情和对听众的谢意。

（2）主体。这是全文的主要内容。应当着重谈就职者的工作目标、打算和措施，以获取听众的信任和支持。

（3）结尾。就职演讲的结尾，一般都要发出号召，展望前景，给听众

以激励和鼓舞。上述就职者在演讲的结尾，热情洋溢地说："我相信，经过我们一起的努力，我们的奋斗目标就可以实现，也一定能够实现。"这样的结尾，充满了强烈的凝聚力和感召力。

另外，就职演讲说，我们还需要考虑到一些现场因素，包括：

1. 时间

就职演讲总是在特定的时间背景下进行的，一般都是在确定就职后的某个时间，在演讲中，对这一时间进行强调和阐发，不仅可以增强现场的气氛，而且能够激发听众的共鸣。

例如，一位新当选的县长在他就职演讲的开头说道："今天，是我最难忘的日子，最荣幸的日子，也是最激动的日子。在此，让我向各位人大代表表示衷心的感谢！向在座的各位领导、同志们和全县 35 万父老乡亲表示崇高的敬意！"这样开篇，恳切自然，给听众以良好的印象和感受。

2. 地点

一般来说，就职者发表演讲的地点，也就是他开始新的工作的地方。因此，撰稿时突出地方特点，有助于演讲者表达真情实感。

3. 听众

在就职演讲中，听众的反应直接关系到演讲的效果。因此，撰写就职演讲稿，必须注重听众的身份特点和思想倾向，通过语言照应，以增强现场交流感。

可见，就职演讲最重要的目的就是要向听众传达出我们对工作的信心和胜任的能力，因此，演讲中突出对听众的的鼓动性尤为重要。

祝酒词如何说才能烘托气氛

酒文化在中国永远是一个既古老又新鲜的话题。中国人喝酒，喝的不仅是酒，还是一种意境和文化。生活中的我们，有时为了迎接一个重要的客

人，有时为了庆祝一大笔生意的成交，或是为了祝贺某个有纪念意义的日子，或者是其他什么重要的聚餐场合，都需要发挥自己的角色职能，祝酒词的任务很可能责无旁贷地落到了自己的身上。要记住，各种场面的祝酒词是不一样的，但不论什么场面，祝酒词的表达都要求我们必须诚恳、热情洋溢、满怀激情，起到真正烘托气氛的目的。以下是某公司年会上，一位经理的讲话：

“亲爱的朋友们，此刻，我们欢聚一堂，都沉浸在欢乐之中，我无法表达我的心情。一年来，诸位为我们的企业做出了重大贡献，企业越办越红火，蒸蒸日上。今天我们共同举杯，就是为了庆祝我们共同努力的成绩，也感谢大家无畏的奉献精神。现在，我提议，诸位，为我们共同的事业和每个人的幸福干杯！”

这段话虽然简短，但却表明了宴请的由头，表达了自己内心的感受，为整个宴请起到了很好的开场作用。

人们常说，“酒品看人品”，一个人在酒桌上的表现如何，直接关系到留给对方的印象的好坏。因此，从心理学的角度看，那些会祝酒的人往往能获得满堂彩，不失礼节又能让人刮目相看。而祝酒词带有很强的随机性和变化性，因此，祝酒也考验了一个人在应酬的时候的变通、见机行事的能力。当然，祝酒也并不是毫无章法、毫无规则的，我们要根据不同的场合、时间、地点以及当时的喝酒氛围来祝酒。这门学问涉及方方面面：

（1）面对突如其来的“邀请”。

酒桌上，有时候，你毫无准备，却被推举出来祝酒，此时，你可能显得很局促，不知从何说起，那么，不妨直接说出你的感受。

祝酒词不用长篇大论，可以表达你的敬意和祝愿等。当然，如果你想表现得更有风度，更有口才，你就会想增加一些回忆、赞美，以及相关的故事或笑话。

（2）一般来说，祝酒词是男女主人公的优先权，而假若无人祝酒，客人便可提议向主人祝酒，如果其中一位主人第一个祝酒，一位客人可以在第二个祝酒。

（3）重要的仪式场合，一般是由司仪祝酒，在没有司仪的情况先组委会主席，会在就餐结束，开始发言前，致必要的祝酒词。在不太正式的场合，可以在葡萄酒和香槟酒上来之后，就提议祝酒。祝酒者并不必要把酒杯里的酒喝干，每次喝一小口足矣。

（4）而假若你完全不会喝酒，甚至连含酒精的饮料都不喝时：

你可以谢绝对方的好意，在祝酒时举起装着苏达水的高脚杯。以前，除非是酒精饮料，否则不祝酒，但是今天各种饮料都可以用来祝酒。即使你不喝酒，也应加入到这项活动中来，不然则显得失礼。

他人祝酒，你不必将酒都喝光，而只是站起来喝一些，并道“谢谢”，同时向对方祝酒。如果愿意的话，女性可以非常自由地敬酒，而且回答敬酒只要笑一笑，或向祝酒者的方向点头示意就足够了。

具体的祝酒词，是轻松和谐的，但我们在祝酒的时候，要避免庸俗，否则，会让对方感觉难堪甚至鄙夷，这样，原本为了活跃气氛的本意就被倒置了。

然而，祝酒词应当和与场合相吻合。幽默感极少会显得不合时宜，但是在婚礼上的祝酒词应该侧重于情感方面，向退休员工表达敬意的祝酒词则应当侧重于怀旧，诸如此类。

有以下一些经典的祝酒词：

男人不喝酒，交不到好朋友；感情深一口闷，感情浅舔一舔；宁可胃上烂个洞，不叫感情裂条缝；感情厚，喝不够；感情薄，喝不着；感情铁，喝出血。一两二两漱漱口，三两四两不算酒，五两六两扶墙走，七两八两还在吼……

大多数酒宴宾客都较多，所以应尽量多谈论一些大部分人能够参与的话题，得到多数人的认同。因为每个人的身份地位、知识面以及兴趣爱好都有不同，谈话的内容太偏也许会赢得某个人的好感，但却遭到更多人的排斥，影响喝酒的效果。其次，在喝酒的时候，要瞄准宾主，把握大局、分清主次，不要单纯地为了喝酒而喝酒，而失去交友的好机会。

在酒桌上，我们最重要的是聪明，学会灵活掌握，熟练运用。不然，只会被别人“排山倒海”的祝酒词攻击。当别人劝酒的时候，我们可以反客为主，说“怎么能让您敬我酒呢，应该是我先敬您一杯才对。”然后起立举杯，说敬全体一杯，这样他们下来就不好意思挨个对你劝酒了，可以少喝很多杯。

可见，在酒桌上学会祝酒是何等的重要，才思敏捷、善于利用祝酒加深感情、又能“保护”自己的人往往能让宾主尽欢，于微醉微醒中达到喝酒的目的！

第 15 章

主持会议，言语抓准重点彰显魅力

在我们的生活中，主持会议是我们尤其是那些领导者常见的工作之一，而人们通常会从一个人的说话看这个人的做事风格，说话干脆、能抓住重点、不拖泥带水的领导者，大多就是自信心很强、办事果敢的人；而那些长篇大论、废话连篇的领导者，则通常都是思维比较迟钝，做事也显得犹豫不决、优柔寡断，这无疑就是平庸无能的人。为此，作为领导者，有必要凝练自己的语言习惯，提升自己的语言能力，尽量在主持会议时做到言简意赅、抓住重点。

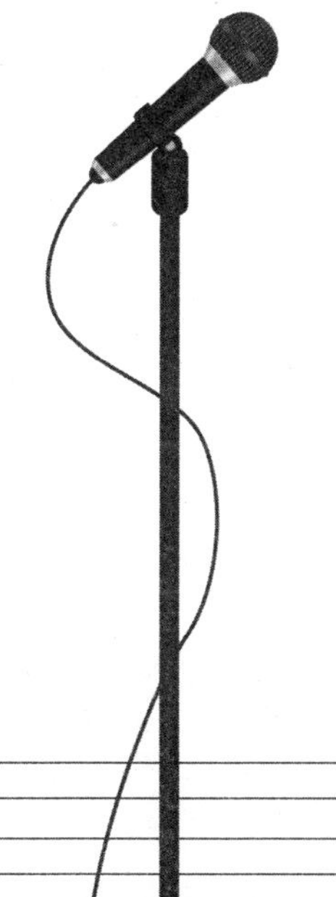

开口就要有水平，主导会议气氛

现代社会，出于工作的需要，我们经常需要参加并主持会议，尤其是对于一些领导者而言，主持会议更是最为常见的工作。在许多会议场合，大部分都是主持人先讲话，对此，拥有好口才的职场人士，几乎是一开口就有水平，调动了整个会场的气氛。因此，开口就要有水平，简单地说，就是需要一段精彩的开场白，开场白不仅仅需要精彩，更需要能够详细、巧妙地把活动或会议的内容介绍出来。精彩的开场白给人的印象是深刻的，能起到先入为主、吸引听众的效果。精彩的开场白往往能像磁铁一样紧紧地吸引住听众，提高整个会场的基调和节拍，增强他们对你讲话内容的兴趣。

好的开头可以一下抓住听众的心，给人以深刻的印象，吸引人们继续听下去。就像看一本精彩的小说，开始就兴味盎然，人们自然急于了解下面的情节。开场白还要尽量避开那种陈旧死板、千篇一律的格式。你要根据讲话内容的实际或讲形势，或道特点，或提要求，要因境制宜、灵活构思、巧妙设计，让与会者在不知不觉中进入你精心设计的“圈套”。

有一次，王主任召集全单位人员开会，当时会场比较嘈杂，听众情绪还未安定。王主任这样开头了：“有个笑话说，张飞和关羽参加一次刘备召开的军机会议，当时大家正交头接耳，刘备无法讲话。张飞说：‘哥，看我的。’于是他用在长坂坡喝退曹军的大嗓门吆喝一声。结果大家并没有安静下来。关羽说：‘小弟，你那手不行，还是看我的。’于是，他便坐在刘备的位子上，捋须凝目，似有所思。这下子大伙儿觉得奇怪，倒安静下来了。其实，这只是个笑话，刚才大家交头接耳，现在为什么静下来了？这个问题留给大家思考，我今天所要讲的主要内容是……”开口就是一个生动的故事，立即引起了听众的注意力，整个会场很快安静了下来。

还有一次，王主任在讲话的时候，发现现场气氛太紧张，为了把气氛

搞得活跃些，王主任这样开口："有个善于演讲的人总结了一条经验，要调动会场情绪，只要注意看两个人：一个是看长得最漂亮的，看着这个人，可以使你讲话更有色彩；第二个是要注视会场上最不安定的那个听众，镇住他，使你讲得更有信心。我想学习这个方法，可咱们这儿长得漂亮的、英俊的有 100 个，可是没有发现不安定的听众，这可叫我难办了。"这段话讲完了，大家的情绪得到了缓解，全场的气氛不再紧张了。

在这里，王主任巧借环境，用风趣幽默的开场白来缓解、调节了现场气氛，使大家的情绪得到缓解，较好地融入到了其讲话的氛围中。当然，不同的讲话所需要的气氛是不同的。比如，领导者在征求意见的时候，需要下属畅所欲言，需要的是生动、热烈的场面；而研究解决问题的讲话需要的是严肃、庄严的气氛；欢迎贵宾的讲话所需要的是热情洋溢的气氛。等等，在不同的讲话场合，需要我们以不同的开场白营造出与讲话主题相应的气氛，这才能使整个讲话得以顺利进行。

开场白需要一开始用高度凝练的语言把基本的目的和主题告诉听众，引起他们想听下文的欲望。当然，开始讲话不能三言两语，草草了事，意不明，言已尽，给下属以茫然之感，使他们不明白讲话的主旨，从而失去对你讲话的兴趣。

那么，在主持会议中，我们该如何以好的开口制造良好的气氛呢?

1. 新颖生动的语言

生动才能吸引人，虽然是主持会议，但也尽量说下属和在场人员听得懂的语言，这样才能使听众对你的讲话产生兴趣。反之，如果你总是老生常谈，就会让听众觉得寡然无味，也不会对你的讲话有任何兴趣。

2. 风趣幽默

幽默风趣是一种"快语艺术"，它突破了惯性思维，遵循的是反常原则。我们在实际讲话中，必须要想得快，说得快，触景即发，涉事成趣，出人意料之外，又在情理之中，使听众易于在欢笑中易于接受。

可见，工作中，主持会议时，一定要有精彩的开场，具有恰当连接、灵活应变的特点，应该打破千篇一律的格式，比如"现在开会，请领导作报告”“这次活动马上开始，第一项进行的是……”如果仅仅只是这样做一件简单的介绍，那么就很难激起听众的兴趣，你应该根据活动的具体情况，或说说会议内容，或讲讲形式，或道道特点，或提提要求或谈谈“历史上的今天”。总之，要因境制宜，灵活设计，导出良好的气氛，最好是除了带给人们乐趣之外，还需要尽情地发挥出诙谐幽默，使与会者能发出来自内心的微笑。

会议上被邀发言，如何说才显落落大方

身处职场，可以说，开会是我们的工作内容之一，我们也常会遇到这样的情况，当我们认真倾听领导在会上侃侃而谈时，突然被领导或者其他同事推举起来即兴发言，此时，该如何发言呢？不得不说，在会上即兴发言是一件极需要勇气和口才的事，你也只有落落大方地阐述你的观点，才能获得与会人员的认同。事实上，不少人遇到过这样的情况：对如何发言毫无准备，而被众人推举出来发言的时候依然不明就里，只能随便说几句，草草收场。我们先来看看小杨的经历：

小杨是个内向的女孩，从上学到工作都很文静，很少和周围的同事接触，甚至连话都不敢说重了。这样，二十几岁的她，在单位也没什么是非，当然，两年了，也没升职。她也为自己目前的工作状态感到满意，但有一次聚会，却让她彻底改变了自己的看法。

每年，公司都会举行一次大型的聚餐活动，今年依旧如此。那天，小杨所在的部门同事们都坐在了一起。聚会进行到一半时，为了活跃气氛，有同事提议表演节目。轮到小杨所在的部门时，大家有点面面相觑。部门主任自己不擅长此道，更别说唱歌表演了。刘姐是个庄重淑女，是不可能失去高贵气质的。老李的水平和部主任差不多。只有小赵有文艺天才，能自弹自唱，但不巧的是他感冒了，嗓子肿得说不出话来。

最后大家把目光聚到小杨的身上。刘姐说：“年轻人哪有不会唱不会跳的？这又不是比赛，意思意思就行了。”还没等她反对，主持人已经报幕了：“下面请计划部的小杨给咱们献上一曲……”事已至此，她只好硬着头皮在大家的目光中走上台去，接过话筒唱了一段京剧……这段京剧旋律流畅轻快，节奏鲜明好听，以至于台下的老师傅们不知不觉地跟着唱了起来，场面达到了高潮，大家的掌声更响了。她的情绪也高了起来，有种真正被人接受被人欣赏的感觉和喜悦。

回到座位上，部主任笑容可掬地说：“没想到小杨还有这么两下子呢，不错不错。以后再有这样的机会，让她和小赵配合一下，兴许还能给咱部里拿个什么奖呢。”她真是有点受宠若惊，要知道部主任可从来没有这样和蔼可亲地对她说过话。

这次聚会后，小杨一下子出名了，以前她还不认识或还不太熟悉其他部门的同事，在班车或是在食堂相遇，友善地和她打招呼，因此她也意外地结识了很多新朋友。更让她惊喜的是，在一次公司例会上，公司总裁居然主动和她说话：“我知道你，戏唱得不错。韵味十足，现在年轻人会唱京剧的不多呀。人也长得好看，小姑娘不错。老董你很有眼光啊。”

部主任开心的大笑起来：“您不是说培养年轻人吗！”

会后部主任和小杨讲：“好好干，只要外面有出头露面的机会我会安排你去的，年轻人前途无量啊。”不久，部主任退休，部主任一职，由小杨担任。当时的小杨才只有 24 岁。

我们发现，一次赶鸭子上架的机会，让小杨被单位同事熟识，被单位领导重视，这再次让我们体会到周总理的那句“外交无小事。”事实上，除了一般性质的聚会，平时的工作会议，也是职场新人表现自己的良好机会。了解了这一点，估计有很多职场人士知道为什么自己“俯首甘为孺子牛”，做足了那 10% 的功课，却不及那些高曝光度的同事，动那 60% 的脑筋，来得讨巧了吧？

当然，要想在会上大放光彩，你除了要敢说外，还要掌握一些发言方法，具体来说，这些礼仪有：

会议发言有正式发言和自由发言两种，前者一般是领导报告，后者一般是讨论发言。

如果你参与的是正式的发言，就应衣冠整齐，走上主席台应步态自然，刚劲有力，体现一种成竹在胸、自信自强的风度与气质。发言时应口齿清晰，讲究逻辑，简明扼要。

如果是书面发言，要时常抬头扫视一下会场，不能低头读稿。旁若无人。发言完毕，应对听众的倾听表示谢意。

自由发言则较随意，但要注意，发言应讲究顺序和秩序，不能争抢发言；发言应简短，观点应明确；与他人有分歧，应以理服人，态度平和，听从主持人的指挥，不能只顾自己。

另外，如果有会议参加者对你提问，应礼貌作答，对不能回答的问题，应机智而礼貌地说明理由，对提问人的批评和意见应认真听取，即使提问者的批评是错误的，也不应失态。

别把会议场合当成自己的“个人秀”，需快速入题

在公共场合发言、开会等，都属于领导干部管理指导工作的一个重要方面。然而，对于不少职场人士来说，也许他们最害怕的就是开会了。不少职场人士坦言，每周大会小会不断，而且会议内容冗长复杂，最让人无法忍受的是，上司领导似乎总是把开会当成自己的“个人秀”，他们会在会上大谈自己的丰功伟绩，以至于几个小时过去了，会议还没提到中心内容，白白浪费了很多时间。为此，作为领导干部，要想提高开会的效率，就要尽量做到快速入题。

为此，领导者需要注意以下几点开会技巧：

1．入题要快

开会时，领导者欲使与会者尽早进入状态，接受自己的言论，就必须重视入题的速度和方式两方面的安排。既要“开门见山，一针见血”，这就是“快”；又要有逻辑上的悬念、起伏和跌宕。

我们来看看下面这位领导在会议上是怎么开场的：

在座的各位同事、各培训机构的领导，大家上午好！

首先要感谢公司董事会能组织这次研讨会，为我们大家创造了一个学习和交流的机会。我也非常高兴能有这个机会，和各位经验丰富的同人、领导交流办学经验和心得。

这是我们公司第一次开这么大规模的研讨会，为了方便大家记住我，我先介绍一下我自己。我叫张迅。张爱玲的张，鲁迅的迅。他们一个是文化界的名人，一个是文艺界的名人。今天，我们组织这个会议是希望……

这一案例中，这位领导在三言两语间就介绍清楚了自己和开会的目的和要达到的预期目的，可谓句句达意，让与会者清楚明白。

当然，这里，强调入题要快，并不是说所有入题都以“开门见山”这样“直”的方式为佳。其实，有时候入题更需要讲求一定的曲折和委婉，尤其要讲求一点逻辑悬念，方才有利于入题的引人入胜。因此，有时候，领导者不妨在言辞上多下点功夫，以悬念抓住与会者心理，引起他们的注意和重视。

2．观点鲜明

开会时，领导者一定要观点鲜明。观点鲜明，显示着领导者对一种理性认识的肯定，显示着领导者对客观事物见解的透辟程度，能给人以可信性和可靠感。会议观点不鲜明，就缺乏说服力，就失去了开会的作用。

3．感情真挚

开会时，领导者开场的时候，言辞一定要有真挚的感情，才能让参加会议的人信服。因此，它要求在表达上注意感情色彩，把说理和抒情结合起来。既有冷静的分析，又有热情的鼓动；既有所怒，又有所喜；既有所憎，又有所爱。当然这种深厚动人的感情不应是“挤”出来的，而要发自肺腑，就像泉水喷涌而出。

4．语言流畅，深刻风趣

领导者若想把在头脑里构思的一切都说出来，让与会者看得见，听得到，就必须借助语言这个交流思想的工具。因此，语言运用得好还是差，对开会效果的影响很大，要提高开会的质量，就要在语言上下一番功夫。

当然，在开会时，作为领导者，你也不必为了减少说话时间而将自己的说话内容完全写在纸上然后背下来，也不是临时抱佛脚看看杂志就可，而应该在自己的脑海里挖掘，然后提炼那些信念，你不必担心材料不足，只要你发掘，就能找到，也不必怀疑你的讲话太个人化，真正这样的说话才是让人快乐的、动人的。

背诵会议内容固然使你可能会记得每一字每一句，但总是缺乏生气，而如果你扔掉稿件，也许你会忘记几点，但肯定更富有人情味。

总之，我们正处在一个迅猛发展的时代，城市人的生活节奏很快，尤其是北、上、广这样的一线城市。因为生活节奏的加快，各行各业也都在加速度追增长，一切都代表着速度和节奏，所以，作为领导者的你，要为员工和下属节省时间，在开会时，一定要快速入题，迅速将听众带入规定情境和思路中去。

开会不是上朝，气氛不必太沉闷

我们都知道，领导干部开会，就是要通过产生积极作用来影响与会者的作用，而做到这一点，并不是靠严肃地说教、死命令就能起到作用的，毕竟开会不是上朝，还是要活跃气氛，最重要的还是以理服人，与会者心服口服，才会愿意继续听下去。

事实上，我们也发现，开会时，作为听者的我们，对那些富有亲和力的领导似乎更青睐。可见，领导风趣、和蔼的谈吐，通俗易懂、深入浅出

地论述上级的路线方针和政策，让人听了，入耳入脑都愿意接受。

古今中外，有许多平易近人的高人智者，就在我们身边，也有许多优秀的领导给我们留下了风趣、富有幽默感的形象，同时，留下了难忘的好口碑。

美国某位总统，在庆祝自己连任时开放白宫，与一百多个小朋友亲切“会谈”。10 岁的约翰问总统，小时候哪一门功课最糟糕，是不是跟自己一样，也挨老师的批评。总统告诉他：“我的品德课就不怎么样，因为我特别爱讲话，常常干扰别人学习，当时，我可是老师经常批评的对象。”他的幽默回答，使现场气氛非常活跃。

当时有一位叫玛丽的女孩，她来自芝加哥的一个贫民区。她对总统说，她每天上学都很害怕，因为她不知道会发生什么事情，害怕路上遇到坏人。这时，总统收起笑容，严肃沉重地说：“我知道现在小朋友过的日子不是特别如意，因为有关毒品、枪支和绑架的问题政府处理得不理想。我希望你好好学习，将来有机会参与到国家的正义事业之中。也只有我们联合起来和坏人做斗争，我们的生活才会更美好。”

总统在说话中，富于幽默感，而且，极具亲和力，也难怪小孩子都喜欢与他交谈。那些幽默而亲和力的话语紧紧抓住了小朋友的心，使小朋友的心里面认为总统与他们是好朋友。即使场外的人们看到了这样的对话场面，也会感觉到总统是一个亲切的人。

在 2000 年 8 月举行的南部非洲发展共同体首脑会议上，曼德拉一连串妙语连珠的幽默话语征服了上千名与会者。他走到讲台前说：“这个讲台是为总统们设立的。我这位退休老人今天上台讲话，抢了总统的镜头。我们的总统姆贝基一定很不高兴。”话音刚落，笑声四起。这时，主持人为他搬来一把椅子，请他坐下演讲。他在谢过主持人后说：“我今年 82 岁，站着讲话不会双手颤抖得无法捧读讲稿，等到我百岁讲话时你再给我把椅子搬来。”会场里又是一阵笑声。曼德拉在笑声后开始正式发言。

讲到一半，他把讲稿的页次弄乱了，不得不来回翻看。他脱口而出：“我把讲稿页次弄乱了，你们要原谅一位老人。不过，我知道在座的一位总统，在一次发言时也把讲稿页次弄乱了，而他自己却不知道，照样往下念。”这时，整个会场哄堂大笑。“其实，讲稿不是我弄乱的，秘书是不应该犯这样一个错误的。”结束讲话前，他说：“感谢你们把用一位博茨瓦纳老人名字命名的勋章授予我这位老人。我现在退休在家，如果哪一天没钱花了，我就把这个勋章拿到大街上去卖。我肯定在座的一个人会出高价收购的，他就是我们的总统姆贝基。”这时，姆贝基情不自禁地笑出声来，连连拍手鼓掌，会场里掌声一片。

曼德拉幽默的语言调动了人们的情绪，在那种场合都是极为严肃的，或许，在场的人们根本没有去过多的关注某个人。但是曼德拉幽默的语言给大家带来欢乐，调动了他们积极倾听的情绪，同时，也捕获了在场观众的心。

的确，平易近人的领导在开会时会敞开心扉与下属沟通，动之以情、晓之以理，寓教于乐，并在欢声笑语中博得下属的信任与赞成。为此，领导者在会上讲话，需要做到：

1. 要有内在的吸引力

领导开会，如果只讲大道理，那么，讲话便是枯燥无味的，而听者一般也会透过讲话分析领导，认识领导。只有生动的讲话才是吸引人的，所以作为领导讲话，应在内在的“神”上下功夫。这就要求我们善于抓住与会者的心理，了解大家所想所盼，尽量做到你讲的正是群众想听的，从而增强内在吸引力。

2. 运用富有情感的语言

感染力强，效果就好。平淡无奇，死水一潭，没人爱听，大家就会指着讲话者说“没水平”。

所以，领导开会，一定不能像上朝，而要注意研究与会者心理，把握讲话现场状况，从容应对局面。要善于运用富有感情的语言进行讲话，或用慷慨激昂的感召，或用富有哲理的评议，或用激励的语言，扣人心弦，励人斗志，激起大家的热情，增强大家的信心，从而获得大家的支持。

开会切忌啰唆，要捡重点的说

在日常工作中，尤其是开会时，许多领导讲话有一个明显的弊病，那就是非常啰唆，他们把一些极为简单的问题复杂化。本来可以三言两语就能说清楚的问题，他非要重复无数遍，结果越说越离谱，自己也搞不懂在说什么。而在当今社会，由于生活节奏快，人们的时间观念很强，因此说话简洁给人带来一种生机勃勃的感觉，所以更易于被人们所接受。领导开会时说话，应字字珠玑，言简意赅，才能体现领导应有的好口才。

事实上，不少大领导说话泛泛而谈，他在上面讲得滔滔不绝、口若悬河，但是下面的听众却面面相觑、不知所云，这就是由于他的话没有说到点子上。领导讲话要做到一针见血、言简意赅，这样才能让听众们明白你到底说的是什么。

1863 年 7 月 1 日，美国南北战争中的一场决定性战役，在华盛顿附近的葛底斯堡打响了。经过三天的激战，北方部队大获全胜。战后，宾夕法尼亚等几个州决定合资在葛底斯堡建立国家烈士公墓，把牺牲的全体战士公葬在此。

公墓在 1863 年 11 月 19 日举行落成典礼，美国总统林肯也被应邀到会做演讲。这对于林肯来说，有很大的难度，因为这次仪式上的主要演讲者是美国前国务卿埃弗雷特，而林肯只是因为总统的身份，才被邀请在埃弗雷特之后讲几句形式上的话。林肯非常明白埃弗雷特的演讲水平，他被公认为是美国最有演说能力的人，尤其擅长在纪念仪式上演讲。而林肯在他之后作讲话，无疑有点“班门弄斧”之嫌，如果讲得不好，更会使自己总统的颜面丧失。

在典礼上，埃弗雷特那长达两个小时的演讲，确实非常精彩。结果轮到林肯总统讲话了，出人意料之外的是，他的演讲只有十句话，而从他上台到下台不过两分钟的时间，但是掌声却整整持续了十分钟。林肯的演讲不仅仅是赢得了当时在场的一万多名听证的热烈欢迎，而且还在全国引起了轰动。当时有报纸评论说：“这篇短小精悍的演说简直就是无价之宝，感情深厚，思想集中，措辞精炼，字字句句都很朴实、优雅，行文毫无瑕疵，完全出乎人们的意料。”就连埃弗雷特本人第二天也写信给林肯：“我用了两个小时总算接触到了你所阐明的那个中心思想，而你只用了十句话就说得明明白白。”林肯这次出色的演讲的手稿被收藏到了图书馆，演讲词被铸成金文，存入了牛津大学，作为英语演讲的最高典范。

林肯在这次演讲中靠什么取胜？那就是简洁的演讲，他那简短有力的演讲比长达两个小时的精彩演讲更深入人心。很多时候，言简意赅的讲话比那些长篇大论更容易被人们所接受，所谓“浓缩的就是精华”，因为简洁，所以它所阐明的思想会更有深度；因为简洁，它所表达的意思更加清晰；因为简洁，它所彰显的内容会更有力度。

作为领导者，要想自己的讲话获得较好的效果，就必须讲究语言的简洁、精练，这样才能使下属在较短的时间里获取更多有用的信息。反之，如果你只是空话连篇，言之无物，那么无疑是浪费时间。在很多时候，有的领导哪怕只讲了一句话，也能获得满堂的掌声，而有的领导讲了整整一个小时，却连个稀稀拉拉的掌声都没有，这就是语言是否简洁的效果。

吴先生是广州某地区有名的房地产大亨。有一年他带着自己的团队从广州飞往某大城市，准备投资当地的房地产，到处寻找合作伙伴。

在经过一段时间的筛选后，吴先生约了一大型房地产的负责人进行谈判。当双方坐在了谈判桌前，那位负责人立即对自己公司做了较为详细的介绍，且表现得精明能干。通晓市场行情，这令吴先生颇为欣赏。听了那位负责人对合资企业的宏伟计划后，吴先生似乎已经看到了合资企业的光辉前景。吴先生正准备签约的时候，那位负责人似乎还言犹未尽，他又颇为自豪地侃侃而谈：“我们房地产公司拥有一千多名职工，去年共创利税五百多万元，实力绝对算是雄厚的……”

听到这里，吴先生显得有点不悦，心想：你公司一千多人才赚了几百万

元，就显得那么自豪和满意。这令吴先生感到非常失望，离自己预定的利润目标差距太大了。如果选择这样的负责人经营公司的话，就很难有较高的经济效益和利益。于是，吴先生当即决定终止合作谈判。

其实，如果那位负责人不说最后那句沾沾自喜的话，这次谈判也许就会以另一种结局告终。那位负责人最后几句不着边际、画蛇添足的话，不仅会让自身的缺点暴露无疑，而且令吴先生失去了合作的信心，最终撤回投资意向，因为多余的几句话就失掉了一次大好的合作机会，实在是得不偿失。

在日常开会中，我们经常可以看到，有的领导总是喋喋不休、滔滔不绝地高谈阔论，但是又因为没有把话说到点子上，所以显得词不达意、语无伦次，让旁边的人听而生厌；而有的领导喜欢夸大其词，侃侃而谈，说什么话都不会仔细考虑，显得很没有分寸。所以，领导说话，话不在说得多，而在于是否说到了点子上。

第 16 章

辩论谈判，刀枪舌剑中不忘掌控大局

现代社会，无论是生活还是工作中，无处不存在谈判。因为谈判是我们获得权力和利益的重要手段。任何参与谈判的人都深知，谈判中经常会出现一些“意外情况”，我们必须要有灵活的头脑和语言应变能力，这样才能始终掌握谈判主动权，才能掌控好情势，成为最后的赢家！

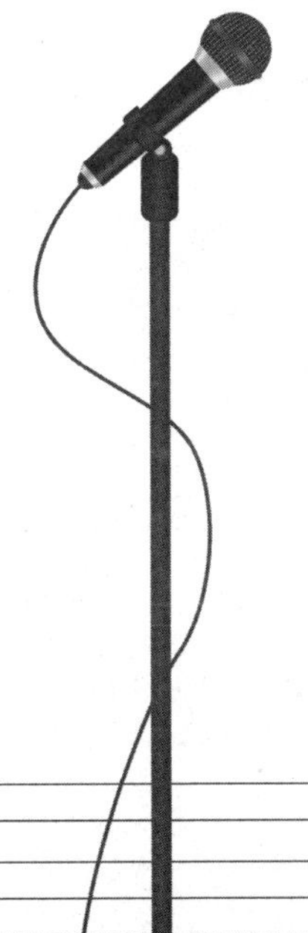

言谈谨慎，切莫先暴露自己的“实底”

现代社会，在很多领域，人们都需要通过谈判来解决问题。但成功谈判并不是一件易事，首先就要求我们在谈判中做到冷静处理、言谈谨慎，因为说错一句话，都可能带来巨大的损失。任何谈判实质上都是打的心理战，谁主动暴露自己，谁就先偃旗息鼓而败退，要想克敌制胜，就必须让对方摸不清虚实，但很多时候，对方会采取一些扰乱你情绪或者试探你“底牌”的方法。此时，你一定要小心谨慎，泰山奔于前而面不改色，在无法了解你的真实意向的情况下，他们往往不会轻举妄动，否则，你就被对方“算计”了。

张先生是一家工厂的老板，最近，他的生意做得不错，在为自己购置了新的房产的同时，他还准备买一台新车，于是，他就必须把自己那部旧的老爷车处理掉。他在心中打定主意，在出售这部旧车的时候，卖价一定不能低于三万元。之后，有一个买主前来看车，在双方谈判交易金额时，便对这部旧车的各种问题，滔滔不绝地讲了很多缺点，但是张老板始终一言不发，任凭买家不停地发言。

结果到了最后，买主终于停止了批评，并且突然说了一句话：“这部旧车我最多只能出价 5 万元，再多的话，我就不要了。”于是，张老板很幸运地多赚了整整 2 万元。

案例中，张老板为什么能幸运地多赚取整整 2 万元？人们常说：“沉默是金”，谈判中，他保持沉默，始终一言不发，那么，无论买家怎么贬低这些机器，也摸不着他的底细。可以说，他的冷静起到了决定性作用。

可见，在重大的谈判当中，我们一定要言谈谨慎。如果缺少了冷静，就会被凝重的气氛和压力击垮，也就不可能赢得谈判。所以我们说，冷静是应对谈判的上策。而为了达到这一目的，我们在谈判前就必须尽量做好准备工作，具有健康稳定的心理，具有对谈判中出乎意料之外的情况冷静

处之的能力。具体说来，谈判中，为了能守住自己的实底，我们需要做到：

1. “我还需要仔细考虑，请给我一点时间。”

谈判过程中，如果对方逼你表态，而你无法做出抉择，你就可以大胆坦言：“我还需要仔细考虑，请给我一点时间。”这样，你不仅可以省去许多麻烦，也是提高冷静应对能力的重要手段。

2. 驾驭自己的情绪，懂得忍耐

很多时候，我们与谈判对手的较量，就是心理的较量，谁先缴械投降，谁就输了。任何时候，人都是有情绪的，但你千万不能因为自己的情绪而暴露自己，让对手有机可乘。

3. 细心观察，了解对方

与人谈判，必须具备一定的观察能力。只有这样，你才能发现对手是否在试探你。否则，如果不注意观察，我们输给了别人却还蒙在鼓里。一般来说，如果你具备敏锐的洞察能力，那么，无论是处理日常工作，还是谈判，多半会轻松简便得多！当然，谈判过程中的观察，无外乎针对对方的眼神、动作以及语言。

4. 说话保持客观公正的态度，尽量隐藏好自己的目的和动机

一般来说，成功谈判，我们必须要探知对手的内心世界，从而攻破对方的心理堡垒，但无论使用什么方法，一定不要让他知道你的企图，为此，在说话时，你要保持公正客观的态度。如果对方发现你说话时带有某些情绪色彩，那么，就很容易被对方识破。因为一般来说，你探知对方的企图越明显，他越会觉得你“图谋不轨”，你要刻意影响他；相反，如果你无意中说一句话，假装不在意地提问，他反而会没有心理阻抗，他也不会认真地琢磨你说的话，因为他觉得你没有操纵他的意图，如果他的想法被你猜中，那么，他将会“中招”，将自己的真实意图脱口而出。

总之，控制自己的情绪，制造神秘感，是我们必须学会的一种谈判能力。所以，在谈判过程中，我们一定要以大局为重，不要急躁、冲动，更不可暴露自己，而让对方看出你的破绽。只要这样，才能保留自己的实力，让对方探不清你的虚实，待机而发，在关键时刻一举取得胜利！

适时沉默，反而能掌握谈判主动权

心理学上，有一现象叫“空白效应”，指的是故意设点悬念、吊一吊胃口，给他人留下想象的空间，更能激发人的好奇心和求知欲，让大脑变得活跃起来。而“满堂灌”、全盘告知后，人们不仅容易产生心理疲劳，大脑的创造性思维还可能受到压制。有句老话“此处无声胜有声”，同样，与人谈判中，如果我们希望掌握谈判的主动权，也不妨做到适时沉默。

有一次，一个不速之客冲进了洛克菲勒的办公室，用拳头狠狠地捶着他的办公桌，大声地咆哮道：“洛克菲勒，我恨你！我有绝对的理由恨你！”接着，这位怒气冲冲的客人对洛克菲勒开始了长达十分钟的恣意谩骂。办公室的职工对这个没有礼貌的人表现出了很大的愤慨，恨不得把他扔出门去。然而洛克菲勒却表现得非常的平静，他放下手中的笔，静静地看着那一位攻击者，态度表现得非常的友善。

那个无礼之徒咆哮谩骂了很长时间，却发现洛克菲勒并没有任何生气的样子，顿时就像泄了气的皮球一样，没有了精神，声音也在不觉间慢慢地低了下去。本来，他做好了和洛克菲勒进行一场激烈的争辩甚至是决斗的准备，但是洛克菲勒并没有去反驳他的话，也没有去指责他的无理，遭不到反击的他感觉自己成了独角戏演员，那种怒气也就没有理由再坚持下去，只好灰溜溜地走了。

这位不速之客在走之前有些不甘心地又在洛克菲勒的桌子上重重地敲了几下，但是却没有得到任何的回应，只好叹了一口气走出门去。洛克菲勒在他走后，好像什么事都没有发生一样，重新拿起笔，开始了他的工作。

面对无礼的攻击者，采取沉默的方式来对待，并不是逆来顺受，而是最严厉的迎头痛击。谈判中，沉默是一个成功者取得胜利的重要因素之一，他表现了一个人沉着与冷静的心理素质。

的确，生活中，人际之间，有很多的事情，仔细分析起来，也是一场场谈判，并不是依靠分辨是非就能妥善解决的。假如你一上来就指责别人的错误，那么就很容易激起对方的逆反心理，最终也将不利于问题的解决。因为，当你向对方指出错误的时候，声音中就带有着强烈的火药味，脸上也会不可避免地带有一些敌视的神情，对方在逆反心理下就会表现得比较急躁和愤怒，很可能会做出一些更出格的选择，最终必将会导致事情出现僵持的局面。

不少谈判专家都认为，谈判其实就是一场心理较量，谁取得了心理上的优势地位，谁就取得了谈判的胜利。而俗话说“大音希声”，一个人发出的声音越大，也就显示出了内心的不自信和恐惧。谈判中，许多人希望通过高分贝的声音来证明自己的观点存在的合理性，希望让谈判对手接纳我们的条件，但事实上，却不过是在掩饰自卑和恐惧而已，大声说话只会有一种欲盖弥彰的负面影响。而采取沉默态度的人，才是智慧和神秘力量的拥有者，才能占据谈判中的有利地位。

可见，沉默并不是一些人眼里的理屈词穷、狼狈不堪，相反的，谈判中，适时沉默却展示了一个人的睿智，有这样一份气定神闲的智慧，即使当他们处于不利地位，也不会歇斯底里地去和别人进行激烈的争辩，也不会通过高声呐喊来证明什么，而是在沉默中观察有利时机，在沉默中寻找反击的契机，从而一举获得谈判的胜利。

总之，在谈判过程中，谁先掌握主动权，谁就拿到了胜利的砝码。作为谈判一方的我们，必须保持高强度的警惕，并且要懂得适时保持沉默，一旦抓住时机，就要调转势头，巧用话语乘胜追击！

谈判前的寒暄，让交流“加温”

生活中，我们都知道，人与人之间交流，是需要一个导入过程的，这个过程我们称为寒暄，同样，与人谈判，也需要谈判前的“谈判”。

所谓谈判前的“谈判”，指的就是正式谈判前的“热身”工作，细化一下，就是谈判双方的见面、寒暄、打招呼、相互问候、谈论一些与谈判无关的轻松话题等环节。这些看似不起眼的小环节，在谈判过程中却是不可或缺的。如打招呼和寒暄，虽然本身并不正面表达某种特定的意思，被人们称为非实质性谈判现象，但却对谈判双方的思想、情绪和行动都有着相当大的影响。

这是因为，一般来说，任何谈判都只有在轻松、和谐、友好的氛围下，才会得出双方都满意的结果。寒暄正是营造这种气氛的契机。我们主动与对方打招呼、寒暄，就等于在向对方宣布：我坦率地打开心扉，我愿意与你建立良好的人际关系。这样做，自然很容易获得对方的好感，消除谈判双方的紧张情绪和敌对戒备心理，使双方都能以轻松的姿态开始谈判。

同时，打招呼和寒暄也是谈判之始观察对方情绪和个性特征，获取有用信息的好方法。一个有经验的谈判者能透过相互寒暄时的那些应酬话，去掌握谈判对象的背景材料：他的性格爱好、处事方式、谈判经验、工作作风等，进而找到双方的共同语言，为相互间的心理沟通做好准备，这些都是对谈判成功有着积极意义的。请看下面这个案例：

松下幸之助在刚创业的时候，第一次到东京找一个批发商谈判。刚一见面，批发商就友善地与他寒暄说：“我们是第一次打交道吧？以前我好像没见过您。”批发商想用寒暄托词，来探测对手究竟是生意场上的老手还是新手。由于缺乏经验，松下恭敬地回答：“我是第一次来东京，什么都不懂，请多多关照。”正是这番极为平常的寒暄却使批发商获得重要的信息：对方原来只是一个新手。

批发商接着问：“你打算以什么价格出卖你的产品？”松下又如实地告知对方：“我的产品每件成本是 20 元，我准备卖 25 元。”至此，批发商了解到松下幸之助在东京人地两生，又暴露出急于要为产品打开销路的愿望，因此趁机杀价。

“你首次来东京做生意，刚开始应该卖得更便宜些，每件 20 元如何？”无奈，没有经验的松下先生在这次交易中吃了亏。

上面的事例说明，通过表面上的寒暄探测到对方的虚实，就会为自己

在谈判中赢得主动。同样，如果在寒暄试探之中暴露了自身的底细，也会导致被动与失利。

那么，我们该如何做好谈判前的“加温”工作呢?

1. 大胆交流

敢于向对方抛出话题。一些初涉谈判桌的人在开始与对手交涉的时候，有时候不知道怎么与对方开场，有时候又有很多的顾虑，很容易和对方冷场。这就需要你走出自我限定的空间，大胆、主动地交流，才能现实自己自信的“外交”姿态。

2. 选择好话题

谈判前寒暄的话题多种多样，比如，天气、体育、新闻等。

3. 避开敏感话题

无论是在商业、政治还是一般性质的谈判中，聪明的人都会注意到一点，那就是绝口不提一些敏感话题，这包括，对手的隐私、宗教信仰、组织冲突等方面。

总之，谈判前高水平的寒暄不仅成为沟通双方语言情感交流的渠道，还能为以后谈判的顺利进行创造良好的气氛和条件。但这种寒暄不同于一般情况下的寒暄，体现了我们的语言水平和谈判能力，只有巧妙、合理的寒暄，才能真正为交流起到“加温”作用。

聪明的谈判者懂得搬出“第三者”

无论何种形式和目的的谈判，要想真正实现成交，还需要我们说服对方接受谈判条件，此时，我们会和对手有许多正面交锋，这时候，不少谈判者会发现，凭借我们自己的力量是非常单薄的，即使口才再好，也很难对种种挑剔、要求，以及一些细节问题应对自如。

所以要想有效地控制整个谈判局势，以我们理想的条件实现成交，你

就要找个帮手来帮自己谈判成功，你没有必要选择口才最好的，而是要选择最适合你，对眼下的情况最有帮助的人。那么如何才能找到一个好帮手呢？我们先来看看下面一则案例：

医疗器材推销员陈先生曾经经历过这样一件传奇的事：

有一天，他和往常一样，带着资料，准备去某小区推销医疗器材，他知道，很可能这又是一次无用功。但他还是硬着头皮，决定出发。

当他来到小区公园里，向一位年迈的奶奶推销血压计时，老太太拒绝了：“天天都有人来推销，真是烦，谁知道你们的产品能不能用。”很明显，这位准顾客不耐烦了，正当陈先生准备撤退时，有人站在他身后说话：“当然能用，我和老伴儿用的都是他卖的产品，这个小伙子可是个好人，不会卖假货的。我跟你说个故事，上次我在丹霞路打车，手上提了好多东西，我跟这个小伙子本来拦到的是一辆出租车，但是他却让给我了，还帮我把东西都搬上车……”听这位老太太说完，陈先生才想起了这档子事，说实话，他早不记得了。不过，老太太的话真的还是起到作用了，不仅这位准客户，周围其他几位老人也都买了他的产品。

这令陈先生很感慨：没想到，帮人之路，也指出了一条销售之路。

我们发现，案例中的这位陈先生的生意之所以能成功，就是因为有其他客户为其说话，当然，这也是陈先生种下的善因，才接出的善果，真可谓是“无心插柳柳成荫”。

同样，谈判中，不得不说，有时候，我们把话说得再漂亮，也未必能让对方信服，而此时，“第三者干预法”能很有效地打消对方的顾虑，让我们节省很多力。当然，我们要寻找的谈判中的帮手，需要满足这样一些条件：

1. 帮手必须能弥补自身的不足

每个人都有自己的不足，比如性格缺陷，谈判中，这些不足很多时候就会阻挡我们谈判进程的进行，此时，销售人员不妨找个好帮手，这样，就能弥补自己的不足。

如果销售员性格比较急躁，容易发火，那么就可以找一个性格稳重、经验丰富的人作帮手；如果对方对产品的技术或研发方面存在异议，而我

们不能很好地解决，就可以找一个能提供技术支持的帮手。

这样一来，在谈判阶段，我们就能与帮手优势互补，对客户应付自如。否则，要么谈判不欢而散，要么对方利益上占尽优势。为了避免这种情况的发生，我们必须找一些能在各方面弥补自身不足的帮手。

2. 有充分决策权的人也是好帮手

很多时候，我们只是代替组织、企业谈判，我们自身并没有决策权，此时，我们就需要这样一个有充分决策权的帮手，可以是上司领导等有决策权的人。一方面，这些人的出现，会体现出对对方的重视和尊重以及谈判成功的诚意；另一方面，在谈判进行得如火如荼的时候，这些有充分决策权的人也能拍案决定，不至于让我们陷入被动，也避免了我们费时费力地向上级请示，有利于提高谈判的效率。

3. 帮手也可以是虚拟的

在允许的情况下，帮手也可以是我们“杜撰”出来的，是我们为了实现成功谈判而搬出的并不存在的人，比如，你可以这样说：“这件事我做不了主，等下，我给我们经理打个电话。”这样，利益争论点很快就被转嫁了。

总之，谈判中，选定一个好帮手，会对你的谈判起到事半功倍的作用。当然接下来仍然需要你的努力。如果在接下来的销售中，你的谈判工作不得要领，也同样难以成功。

清晰列举实例与数据更有说服力

从某种意义上说，我们参与谈判的目的就在于让对方接受自己的观点。但出于利益的对立，大多数时候对方对你都持怀疑态度，对你心存戒备。这恐怕是所有参与谈判的人们的共同心理。以商务谈判为例，要达成交易，就要让对方对你深信不疑，但有时候你使出浑身解数，向客户展示产品的众多优点，可对方似乎却不吃你那一套，但如果换种推销的方式，比如说，向客户展示一些真实案例或摆出数字，那么，便能消除客户怀疑的态度，自然就会加快成交的脚步。可以说，这种策略同样适用于任何谈判活动，只要我们加以巧妙运用。卡耐基的一次经历，可以说是用数字说话的一个典范。他是这样说服一家旅馆经理打消增加租金的念头的。

卡耐基每季度都要花费1000美元在纽约的某家大旅馆租用大礼堂20个晚上，用以讲授社交训练课程。

有一季度，卡耐基刚开始授课时，忽然接到通知，要他付比原来多3倍的租金。而这个消息到来以前，入场券已经发出去了，其他准备开课的事宜都已办妥。怎样才能交涉成功呢？经过仔细考虑，两天以后，卡耐基去找经理。

卡耐基对经理说："我接到你的通知时，有点震惊。不过这不怪你。假如我处在你的地位，或许也会写出同样的通知。你是这家旅馆的经理，你的责任是让旅馆尽可能多地赢利。你不这么做的话，你的经理职位很难保住。假如你坚持要增加租金，那么让我们来合计一下，这样对你有利还是不利。"

"先讲有利的一面。"卡耐基说，"大礼堂不出租给讲课的而是出租给办舞会、晚会的，那你可以获大利了。因为举行这类活动的时间不长，每天一次，每次可以付200美元，20晚就是4 000美元，哦！租给我，显然你吃大亏了。

"现在，来考虑一下'不利'的一面。首先，你增加我的租金，也是降低了收入。因为实际上等于你把我撵跑了。由于我付不起你所要的租金，我势必再找别的地方举办训练班。

"还有一件对你不利的事实。这个训练班将吸引成千的有文化、受过教育的中上层管理人员到你的旅馆来听课，对你来说，这难道不是起了不花钱的广告作用了吗？事实上，假如你花5 000美元在报纸上登广告，你也不可能邀请这么多人亲自到你的旅馆来参观，可我的训练班给你邀请来了。这难道不合算吗？"讲完后，卡耐基告辞了，"请仔细考虑后再答复我。"

当然，最后经理让步了。

卡耐基之所以获得成功，只是因为他站在经理的角度想问题，把增加租金与保持租金的好处用数字一个个清楚地表达出来而已。为什么数字能提高语言的可信度？从心理学的角度分析，那些空洞的语言往往表达的是主观的想法，会让听者觉得查无实据；而具体的数字则可以提供难以质疑的具体证据。

那么，在谈判过程中，我们该如何运用这一策略呢？

1．用具体的、真实的事例来说明问题

真实的事例是一种具有说服力的论据。比起那些空洞的承诺、抽象的产品质量报告，具体真实的事例显得更加形象生动。如果你告诉对方："我们是奥运合作伙伴，这是我们的合作标识。"那么对方不仅欣然接受，也会深信不疑。再如："某某 500 强企业一直在用我们的产品，到现在为止，已经和我们公司建立了 5 年零 8 个月的良好合作关系。"在说明的同时，用一些图片或是资料进行辅助证明，就能发挥出最好的效果。

2．摆出数字

谈判时，你一定要显示出自己在该领域的专业素质。才可让对方信服。以商务谈判为例，你需尽量权威、精确的介绍产品的各个方面，越是精确、越是权威的数字，越能让对方感受到你的专业，也就越能获得对方的信任。因为在客户看来，口说无凭的介绍是起不到任何作用的，也不能够刺激他们的购买欲望。现在人们对产品的要求越来越高，但是当你用数据来展现给客户的时候，就很有说服力了。

虽然用数据和事实来说服对方和很多谈判技巧一样，具有很好的作用，增强语言的可信度，但是如果使用不当，同样会造成极为不利的后果。因此，我们在用数字、事实证实的时候，可以从以下方面入手：

①用影响力较大的人物或事件说明。

比如："好莱坞明星 ×× 从 ×× 年开始就一直使用我们公司的护发产品，到现在为止，她已经和我们公司建立了 5 年零 6 个月的良好合作关系。"

②拿出权威机构的证实结果。

比如，你可以说：本产品经过 ×× 协会的严格认证，在经过了连续 9 个月的调查之后，×× 协会认为我们公司的产品完全符合国家标准……

另外，你给对方所举的案例一定要真实，否则就是搬起石头砸自己的脚，造成信任危机。

第 17 章

当众发言，三言两语也能讲出领导威信

生活中，我们在公共场合发言，所希望达到的目的都是听众能认可我们，要有号召力，所以我们说话一定要有威信，说话没威信，等于白讲，要达到这一点，我们所说的话就一定要“言之有物、言之成理”，要清晰明确、句句达意，在三言两语之间就能展现出我们的风采，这样，听众会自然而然地走向你、拥护你。

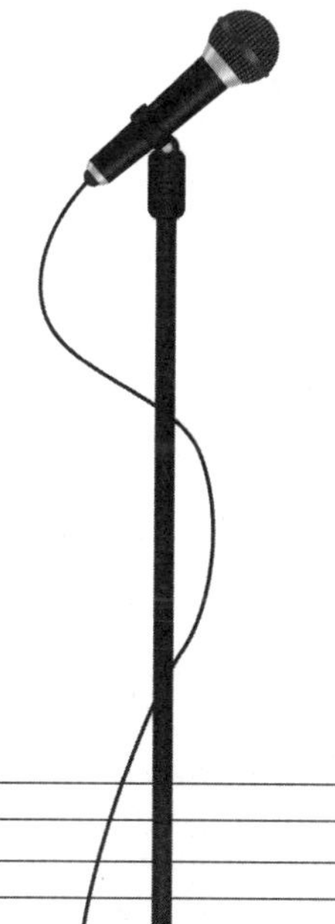

心理素质过硬，当众说话语言才到位

口才在当今社会的重要性已经毋庸置疑，我们发现，那些事业成功的人，通常都具备出色的口才，尤其是当众说话的能力，这些人往往能成为行业的精英和企业的领导者。相信不少出色的演讲者都有过这样的经验：在初次演讲时，会因为紧张而造成口误，甚至说话语无伦次。这些人之所以能成功，也并不是因为他们在多次的演说中都能消除紧张，而是因为他们善于把紧张的程度控制在最小的范围之内。试想，如果一个演说者连基本的心理调节都不能做到，又谈何说服听众呢？

所以，在演说中出现一些负面心理也是在所难免的，但如果你能在演说中做好心理调节，和在关键时刻，具备足够的勇气和信心，同样能以言辞动人。那么，演说中，我们应该怎样舒缓神经、消减紧张情绪呢？

1. 积极自我暗示，进而淡化心理压力

你不妨以林肯、丘吉尔这些成功的演讲者为榜样，他们的第一次演讲都是因紧张而以失败告终的，并在心里作自我暗示：紧张心理的产生是必然的，也是不能避免的，我不该害怕，我只要做到认真演讲，就一定能取得很好的成绩！抱着这样的心理，你的紧张心理会慢慢缓解下来。

2. 事先应做好充分准备

准备充分，自然能自信上场。为此，你不妨做到以下几个方面：

①做足资料收集工作，吃透你要讲话的主题。

②将口语和态势语的设计更精细一些，表达起来更有把握一些。

③多进行几次试讲，让周围的朋友或者熟人多提意见和建议，及时修改。以便掌控演讲的事件、找出演讲中的不足等。

另外，如果你是初次演说，还可以早点到会场，熟悉会场环境、音响效果、噪音指数、光线强度等，了解观众的大体情况，如观众的人数、文化程度、年龄、

性别等，甚至可到听众中间去找人聊聊。做到这些，你会发现，其实，演说不过就是一场一人对多人的谈话而已，这样，在正式演说时，就能消除陌生感。

3. “漠视”听众，不要患得患失

法拉第不仅是英国著名的物理学家和化学家，也是著名的演说家。他在演讲方面取得的成功，曾使无数青年演讲者钦佩不已。当人们问及法拉第演讲成功的秘诀时，法拉第说：“他们（指听众）一无所知。”

从此，这句格言就作为法拉第的演讲秘诀而流传于世，对不少演说家的成长产生过不小的影响。这里，法拉第并没有贬低和愚弄听众的意思。他说的这句话只是启示演说者，必须建立成功的信心。

不少演讲者对听众做了过高的估计，害怕听众能听出自己的小失误，其实，你大可不必有这样的想法。因为，你要知道，你对演说内容的熟悉，超过了在场的任何一个听众甚至专家，“他们一无所知”就意味着你根本没有必要去担心听众知道你在演说的某个地方出了问题。你完全可以放心大胆地去讲，即使讲错了，只要你能随机应变，不动声色地及时调整，听众是听不出来的，何况，即使高明的专家听了出来。也只会暗暗钦佩你的灵活机智，对你会有更高的评价。

所以，你不妨转移一下自己的目光，把注意力集中在演讲的要点上；而不是听众的名气、地位等，但又要考虑听众的需要，减少心理压力，并同时以听众的接受愿望和接受程度为出发点，这才是真正的“目中无人，心中有人”的做法，也只有这样，才能在自信、自我放松的同时，吸引听众，赢得掌声。

消除恐惧，当众发言是最好的锻炼机会

任何人都明白，一个人要想做好当众演说或者讲话，就要做到毫不畏惧，其实，当众说话并不难，难的是我们克服不了内心的恐惧，那么，我们该

如何克服当众说话的恐惧呢？为此，不少演说大师都给出意见：当众发言是最好的锻炼机会。

的确，当众说话是一个不能确定的因素，于是不免产生焦虑和恐惧。尤其是对于那些很少登台的人来说，当众说话更是难上加难，它好比一项技术活，需要反复练习，只有不断地练习，才能把不确定的因素变得单纯而轻松。你也会发现，只有你体验了演讲成功之后，才会感到当众说话不再是一种痛苦，而是一种快乐了。

接下来我们要说的是一个关于杰出的演讲家、著名的心理学家艾伯特·爱德华·威格恩的故事。

爱德华曾回忆自己的经历，他称自己中学时最害怕的就是演讲，只要一想到自己将有一个五分钟的讲演，他就感到害怕，甚至离演讲还有好几天的时候，他就开始生病，因为他一想到那可怕的事情，他的血就会冲到脑门，脸部发烫，此时，他就会冲到学校后面，然后把脸贴到冰冷的砖墙上，以让自己冷静下来。

直到大学时，爱德华也没有克服这一问题，有一次，他刚背一篇演讲词的开头：‘亚当斯与爱德华已经不再是……’脑袋就一片空白，然后他勉强挤出开场白亚当斯与杰斐逊已经过世……’然后，他完全说不出话来了，只有深深地鞠了一躬，然后在众人的掌声中回到自己的座位上，他感到心情十分沉重，此时，学校校长站起来说：‘唔，爱德华，我想大家听到这一消息一定很震惊，不过我们也会尽量地节哀的。’接着是哄堂大笑。在听到校长的评价后，爱德华真想找个洞钻进去，或者干脆一死了之，随后，他真的生了好几天的病。

在爱德华后来的回忆中，他说：“我想，那时候，我最不敢奢望的，便是当个大众演讲家。”

但是，就在他毕业后的第二年，也就是1896年，在丹佛，掀起了一场关于“自由银币铸造”问题的政治运动。爱德华认为，“自由银币人士”布莱安及其徒众的建议是错误的，证据缺乏、承诺不足，他十分愤怒。于是，他将自己的手表变卖了，以此作为盘缠，然后回到了家乡印第安纳州，然后，

他毛遂自荐，就健全的币制发表演讲。当时，在听众席上，有很多是以前的老同学，就在刚开始的时候，他也想到了曾经自己的糗事，在大学那次失败演讲的经历又出现在他的脑海中，在那一刻，他感觉自己马上要被恐惧包围了。他就快说不出话来了，恐惧快要让他窒息了。不过，他突然意识到，听众和他自己都只会勉强撑过绪论部分，当他成功地度过这个阶段后，他增添了一些的勇气，然后，他认为自己继续往下说了大约十五分钟，但其实，他说了一个半小时，这实在让他很吃惊。

艾伯特·爱德华·威格恩说："我终于体会到威廉·詹姆斯说的'成功的习惯'是什么意思了。"

爱德华的故事告诉人们，要克服当众说话那种天翻地覆的恐惧感，最稳妥的方法是以获取成功的经验做后援。你要明白，当众说话，产生一定程度的恐惧是自然的，但你要懂得借助适度的恐惧来使自己表现得更好。即便你本来就是个不善言辞的人，你在台上已经语无伦次，你也不必绝望，只要你多下功夫，就会发现这种恐惧很快会减少到适当的程度，这时它就是一种助力，而不是一种阻力了。

所以，生活中的人们，在培养演讲能力这一方面，你也要相信自己。那么从今天开始，你一定要积极地设想，自己的这番努力一定会成功的，要坚信自己在众人面前说话的努力会有收获，要从现在起，做到全力以赴。

言之有物，才能展现威信

当众发言，我们都希望自己的言辞有威信，只有这样，听众才愿意信任我们。要达到这一目的，我们说的话就要言之有物。然而，在现实工作中，不知道从什么时候起，我们发现，不少人尤其是一些领导干部们开始热衷于四平八稳、滴水不漏的空话套话，在媒体面前、在会议室、在工作中，员工们所听到的永远是千文一面的发言、表情呆滞的公文，很难听到生动、形象，能给人留下深刻印象的话。当然，所造成的情况是下级不服从，工作效率一落千丈。

当然，仅仅是学会说话还不够，重要是要敢于说真话。当众说话，若是缺少了真实这个前提，那么，再生动的话仍摆脱不了空话套话的痕迹。一些人在说话的时候，就是不会说实话，只会把教条式的一些话搬出来，显得空洞无味。其实，我们可以在说话的时候，用生活中很浅显的道理来表达自己的想法，实实在在，就会让人清楚地明白你所想要表达的意思。我没有必要把一些华丽而无实际意义的语言用到自己的说话中，毕竟说话并不是写优美的文章，你的说话重要的是要让听众明白你的意思，所以尽量多说实在话，少说一些冠冕堂皇的话。

明朝初年刑部主事茹太素上言奏事，“陈时务累万言”，皇帝朱元璋听着这篇万字长文，到了六千多字时居然还没有切入正题，龙颜大怒，说茹“虚词失实、巧文乱真，朕甚厌之。自今有以繁文出入朝廷者，罪之！”

于是便命人将茹太素拉上殿来，痛打了一顿板子。打完板子之后，皇帝夜里又命人继续念这篇奏章，直到一万六千多字时，才知道这篇奏章到底要上奏一些什么事情，而且这上奏的五件事中，茹太素的意见有四条可行。于是朱元璋把这些可行的事情交代下去，并对茹及其他臣子说，“许陈实事，不许繁文”，此奏章中只有五百来字是言之有物，以后写公文都应该吸取这个教训，并由此发布新的要求，“革新文风”，违者要治罪。

茹太素上言奏事，为何还被痛打了一顿板子？就是因为他的奏章表意目的不明确，到了一万六千多字，才知道这篇奏章到底要上奏一些什么事情。这样的表达无疑就是显得很啰唆。可见，当众说话时，如果你首先就对你所达到的目的不是很明确，只是在那里东拉西扯，就会让你的表意不明确，他人对你的讲话也是听不出个所以然来。

那么，当众发言中我们该如何说才能言之有物呢？

1. 话里要有“内容”

我们说话的时候，要善于在自己的讲话内容中渗透知识性、科学性、实质性的内容，说话既深刻又要有力度，这样才能够给下属提供尽可能多的、

有价值的信息，让听者感到“听有所获”，而不是觉得是“白听了”。

2. 与时俱进

发言要洋溢着时代气息，有时代感，不断吸取发展着的、创造性的思想营养和语言营养成分，语言充满生机和活力，而不能尽是老掉牙的话语，尤其是行业内的领导，就应该有卓越的见识，眼光要长远，能够走在时代的最前面，高瞻远瞩地把握全局。

3. 目的明确

我们在说话的时候，就应该明确自己的目的。坚持话由旨遣的原则，明确说话的目的，是说话取得成功的首先条件。只有明确了目的，才知道应准备什么话题和资料，采取哪种语体风格，运用哪些技巧，从而能够有的放矢，临场应变。如果目的不明，不顾场合地信口开河、东拉西扯，下属就会不知所云，无所适从。

4. 说“明白话”

说话首先就是靠人的听觉接受的，要想让听者能听得清楚、听得明白，我们就尽量要少用那些晦涩难懂的书面语，多使用一些通俗易懂的明白话。语言要做到通顺流畅、语气自然、节奏明快，自己说出来朗朗上口，他人听起来也就赏心悦目。

总之，当众发言，所说的话并不是形式主义，如果说套话、假话，肯定会失去威信，也会造成发言者与听者之间缺乏信任。所以，当众发言，尤其是领导说话要“言之有理、言之有物”，这样，才能与听者建立牢固的信任关系。

制造悬念，让听者更为入迷

如果你曾在公共场合进行即兴发言，你可能有这样的感触：一上台就开始正正经经地说话，会给人生硬突兀的感觉，让听众难以接受。而如果

能在开场时卖卖关子，则能迅速吸引听者的注意力。这就是过程中的悬念。悬念是指听众的一种心理活动，这种心理的产生基础是听众对某种事物的认识有个大略的了解，但现在向他传达的则是已经变化了的事物，他们对此产生了关心的情绪，甚而把想探个究竟的想法急切地表达出来。

可以说，悬念是打开领导者成功演讲之门的金钥匙，这种心理活动的过程，如果能被领导者在演讲时恰当利用，就会使听众产生一种听完后所得的愉悦感，真切理解演讲者的意图。

下面我们引述的是鲍威尔·希利先生在费城的宾州运动俱乐部展开讲演的方法：

“就在 82 年前，大概也是这个时节，在伦敦的大街小巷，大家争相讨论一本小书，这本刚出版的小书是一段故事，它一出现，就注定了永垂不朽，不少人称它为‘世界上最伟大的小书’。在它刚刚问世时，相熟的几个朋友在史传德街或波莫尔街遇上时，都会随口问一句，‘你读过它了吗？’回答千篇一律：‘是的，上帝保佑，我读过了。’因为谁也不会错过它。”

“在它出版的第一天，它的销量就是 1000 本。两星期之内，它的销量就达到了 15000 本。从那以后，它被无数次的加印，然后背翻译成了各国文字，在其他很多国家发行。就在几年前，J.P. 摩根以我们难以想象的价格购买到了这本书的原稿，现在，它正和很多其他无价之宝一样躺在 J.R. 摩根庄严瑰丽的艺术馆中。那么，你可曾知道这本畅销于全世界的小书叫什么呢？”

听到这里，你是否也产生了极大的兴趣？是不是也想知道这本书的书名呢？是不是急切地想知道更多呢？你是不是觉得这段简短的开场白已经抓住了听众的注意力了？那么，这是为什么呢？因为听众的兴趣被激发了。

制造悬念的开场白已经特别能够吸引听众的注意。所以，每一个预备当众演说的人，都应该学习立刻抓住听众兴趣的技巧。演说者在演讲开场时使用的悬念的方法有：

1. 借用物品展示法

为了激发起听众的强烈兴趣，可以在讲话之前，先拿出一件物品，肯

定会让在座的听众挺直身子。他们会猜想：他要表演魔术吗？这就引起了听众的好奇心。展示的物品可以是一幅画，一张照片或任何一件其他实物，只要有助于讲话者阐述思想，能引起话题。

例如，有一位先生，刚开始的时候，他就用自己的拇指和食指握住一枚硬币，然后高高举起，举到高过肩膀的位置，然后，在场的每一位听众都看着他，此时，他开始说："有没有人在人行道上捡到像这样的一枚硬币？它上面说，只要是捡到这种硬币的人，都是幸运的，因为你能在房地产开发上得到很多优惠政策，当然，前提是你要把这枚捡到的硬币交给主办的公司即可……"接下来，艾利斯先生始谴责这种行为，指出其是错误和不道德的。

2. 即景生情法

讲话时，我们不妨以眼前人、事、物、景为话题并加以引申，把听众的注意力不知不觉地引入演讲之中。当然，这个话题最好能生动有趣。这样即兴发挥，能给人耳目一新的感觉。

当然，即景生题不是故意绕圈子，不能离题万里、漫无边际地东拉西扯。否则会冲淡主题，也使听众感到倦怠和不耐烦。演讲者必须心中有数，还应注意点染的内容必须与主题互相辉映，浑然一体、恰到好处地过渡。

3. 对比设疑法

讲话开场时，你可以用强烈的反差、对比来引出自己的题目，以期在人心目中留下深刻的印记。这主要指以对比、对照和映衬之类的修辞手法，来引领和导入自己的话题。

当然，在使用设置悬念法开场时，不能故弄玄虚，这一方法既不能频频使用，也不能悬而不解。在适当的时候应解开悬念，使听众的好奇心得到满足，而且也使前后内容互相照应，结构浑然一体。

可见，人们都有好奇的天性，一旦有了疑虑，非得探明究竟不可。在发言的开场白中制造悬念，能激发听众的强烈兴趣和好奇心，在适当的时候解开悬念，使听众的好奇心得到满足，也使演讲前后照应，浑然一体。

学会整体把握当众发言的时间

你是否有这样的经历：公司组织听一场演讲会，刚开始，你还觉得演讲者说的话比较有趣，你饶有兴致地听着，半个小时过去了，他依然在重复自己的观点，你的注意力开始分散了；又过了一个小时，你开始不耐烦了，而你发现，周围的同事好像也开始打瞌睡，有的人甚至已经开始离场，而演讲者还在喋喋不休地说着……很明显，这场演讲是失败的。而它失败的一个重要原因就是啰唆重复、没把控好时间。

事实上，无论是演讲还是当众发言，我们都要控制好讲话时间，这是一项重要的内容。但是，在向听众阐述观点的时候，我们又不可能一直不停地看表，于是，不少新手会发出疑问，到底该怎样掌控讲话时间呢？答案就是事先排练，是根据排练的时间来安排自己的控场时间。具体来说，我们可以这样做：

1. 归纳总结你要讲的要点

要点不明确，就会导致你在讲话的时候不着边际，听众找不到发言内容，自然就会不耐烦，时间也就浪费了。

事实上，除此之外，总结发言要点，也有助于我们应付意外情况。比如，在发言开始了一段时间后，你却突然被通知，发言时间由 45 分钟被缩短至 20 分钟，此时如何是好？如果你已经明了发言的要点，那么，你便能将大致观点传达给观众，以达到自己的说话目的。

2. 掌握发言部分所占的时间比例

一般情况下，任何一场发言多可以划分为开场白、主要内容和结尾的，一般情况下，主要内容应该占全部发言的大部分，大约为 75%。那么，现在来回想一下，你是否在开场白部分花去了太久的时间？

在发言中，合理分配各个部分的时间能让我们更灵活地调整发言的内

容。比如，原本你已经在某个要点上花了五分钟的时间，但到那时听众热情高涨，你不得不为此延迟了三分钟，那么，在接下来你要说的第二点或者后面的内容上，你就不得不省三分钟时间了。

另外，你还应该把细节问题考虑进去，比如，每个细小的部分所能应该占用的时间，甚至在演讲稿中进行记录，你可以在开场白的笔记右下方标记“2 分钟”，在第一个要点后记好“5 分钟”，在第二个要点后记“8 分钟”等。

3. 删除一些不必要的细节

无论你要谈论的主题多么复杂，你都绝不能拖拖拉拉，找不到重点，而应该化繁就简，把它压缩成一段在时间上短得多的发言。因为听众的时间都是宝贵的，谁也不想听你啰唆。

4. 控制你的说话语速

这一问题在那些新手身上出现的过多，他们在讲话时语速过快，这样很多重要的地方就得不到澄清了。排练越接近实际情况，对时间估计的误差越小。

5. 适当看表

有些人对时间的估计非常精确，不需要外在的提示。如果你不太善于估计时间（我们大部分人都没有这种能力），要坦然地把自己的手表摘下来放在自己看得到的地方，或者请听众席上的同事到时候向你发出信号，但是要避免过于依赖钟表。

你可以把开始和结束的时间记下来。手表指针的运动会给你一种压力，让你不太自然。比如，如果你觉得自己讲得太慢，在最后一分钟可能会把速度加快一倍，或者相反的情况，把自己的语速放慢，用使人昏昏欲睡的口吻把句子拖得很长。如果能够为每个部分的讲话定时会对讲话时间的控制帮助很大。

事实上，那些有经验的人始终明白发言的每个部分各占多长时间。即使讲话时间在总体上控制得非常好，他或她仍然希望再把时间分割得更加细致一些。明白时间的长短有助于随时进行调整，这是当众讲话过程中经常出现的情况。

总之，当众发言中，无论你的讲话有多长，要记住听众的注意力维持的时间跨度是有限的，因此，我们最好都要学会如何控制发言时间，并在有限的时间将自己的想法和观点以最深刻的语言传达给听众，以达到我们的发言目的。

第 18 章

应对媒体，谨言慎行表现亲和力

当今社会，随着信息技术的发展，媒体的作用正日趋凸显，以网络为载体的新一代媒体更是不断发展和壮大。一些人面对媒体，要么三缄其口、支支吾吾，要么态度强硬、出言不逊，这都是不善与媒体沟通的表现。事实上，任何一个人，尤其是作为维护企事业单位、组织形象的新闻发言人或者公关人员，维护其镜前形象是一门学问。并且，还需要训练和掌握与媒体沟通的技巧，所以，我们每个人都要适应时代发展要求，努力提高与媒体打交道的能力。

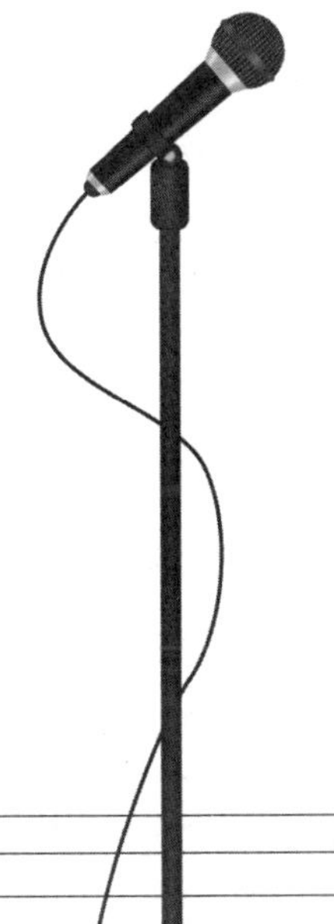

对媒体心怀尊重，切莫出言不逊

现代社会，我们经常提到“媒体”一词，所谓媒体，指的是传播信息的媒介，是社会的良知或喉舌，没有一个健康的媒体，就没有一个健康的社会。而随着信息技术的飞跃发展，媒体的作用日趋凸显，媒体也已经形成了一种公共力量，作用越来越强大。对于很多领导干部和企事业单位的新闻发言人来说，重视媒体的作用、运用好传媒的力量，已经成为其工作中的重要内容。

我们都知道，在发生了一些新闻性较强的事件后，通常媒体都会前来采访，而对于此类事件的相关人士，就不得不面对记者的一些敏感问题，面对这些问题，我们应冷静应对、巧妙回答，而绝对不能在回答中掺杂个人的情绪，更别说在媒体面前出言不逊或者失态等，即便媒体提出的问题可能触及到你的底线，激怒了你，此时你更应该调整好自己的情绪，尽量做到心平气和、从容不迫、理性回答，从而使问题迎刃而解。所以，新闻发言人一定要掌握控制情绪与调节的方法，只有这样，在遇到敏感性的问题时，才能够做到毫不畏惧，审慎回答，最终解决难题。

我们先来看下面一个管理故事：

曾经有家航空公司遇到了一次危机。一次，一架由伦敦经纽约、华盛顿的英航班因为机械故障，在纽约被迫降落后禁飞。乘客对此极为不满，当时飞机上有几名记者，他们站起来对航空公司提出了抱怨，并拿出摄像机拍摄，其他乘客也怨声载道。该公司立即调度班机，将包括这些记者在内的 63 名旅客送到了目的地。当旅客下机时，英航职员向他们呈递了一份言辞恳切的致歉信，并为他们办理退款手续。尽管英航因此损失了一大笔钱，但起了力挽狂澜的功效，大大弱化了乘客的不满情绪。英航的这一举措被人们广为流传，声誉不仅未损害，反而大大提高了。此后，英航的乘客一直源源不断。

通过出色的公关手段，航空公司在危机面前得以化被动为主动。这得益于英航面对危机时在媒体面前良好的沟通态度，让媒体和公众看到了他们的责任心，体现了快速反应能力和积极处理问题的能力。

诺曼·文生·皮尔博士在论及专业喜剧时这样说，“人类的个性需要爱，也需要尊敬，在人的内心，都有一种内在的价值感，他们渴望被尊重和重视，一旦伤害这种感情，你就永远失去了那个人。因此，当你爱一个人时，就要尊敬他，你也就能成就他，而且，他也会同样地爱你、尊敬你。”被尊重是人的基本需求，同样，我们面对媒体，也要心怀尊敬，切莫出言不逊。另外，媒体最大的职能就是报道事实，如果你对媒体不敬，也会被报道出来，很明显，这不但不利于问题的解决，还会损害我们在公众面前的形象。

诺曼·文生·皮尔博士曾经谈到自己的一次经历：

“一次我和一位艺人一起上一个节目，当时我们并不熟悉，只是知道他，在那次会面之后，我从其他的杂志上了解到他有困难，我想大概没有人比我更知道这其中的原因。

“我很安静地坐在他旁边，就快该我讲话了。‘你好像不紧张嘛！’他问我。

“‘啊，不是的，当然会有一点紧张，当我站在听众面前的时候，自然会有点紧张，因为我尊敬他们，正是这样的责任感让我产生了紧张感，那么，难道你不紧张吗？’

“‘怎么会？为什么要紧张？那些观众就像上了瘾的鸦片鬼，他们一定会照单全收的。’他当时这样回答我。

“‘怎么能这么说，对于我们来说，他们是最至高无上的评委，我们要对他们怀着敬畏之心。’我说。”

在得到了此人近况不好的消息时，皮尔博士就了解到，原因大概就是因为他将自己置于与观众敌对的为止，而不是用谦虚之心赢得人心。

可见，媒体面前，我们一定要调整好自己的心态，注意自己的说话态度，力求做到说话有底气，讲话才有分寸、有分量，媒体和公众才能信服，才能推动实际工作，解决遇到的难题。

在媒体面前一开口说话就要保持友好的态度

相信我们每个人都知道，骄傲是人类人性中一个最基本且容易被引燃的天性，所以，如果是聪明的人是不会和人们的骄傲去对抗的，而是为自己所用。同样，对于那些需要应付媒体的人来说也是如此，在媒体面前说话，最重要的就是保持友好的态度。

的确，在信息社会，几乎每一个机构都要解答如何应对媒体的难题。尤其是政府部门和需要营造社会形象的成功企业更是这样。媒体是舆论的喉舌，利用得好，就是发展之利器，否则，就是搬石头砸自己的脚，因此，在努力做好自己工作的同时，如何保持和媒体的关系，是很重要的。

琳达是某大型外企的公关部经理，可以说，她能当上这一职务，全凭她自己的实力，她是个才思敏捷、口才极佳的人，在大学时代就曾几次拿下演讲比赛和辩论比赛的冠军。

一天，她突然接到公司销售部打来的紧急电话，原来，销售部的一批货出现了质量问题，而电话打来的时候，当地的很多媒体已经把公司围了个水泄不通了，琳达心想，现在的媒体速度可真是够快的。

琳达知道，此时最重要的就是赶在公众进行猜测之前先应付好媒体，所以，她在听完销售部负责人打来的电话之后，就说了句："我知道了。"随后，她就挂了电话。

然后，她带着两个下属乘电梯来到了楼下，而此时的公司保安正全力拦着要冲进来的记者。琳达赶到那里的时候，对保安说："辛苦你们了，让记者朋友都进来吧。"虽然保安不明就理，但还是听从了琳达的吩咐，顿时，这些记者朝公司大厅涌来。

随后，琳达让工作人员为在场的记者发了矿泉水和座椅，然后她站在大厅原先设定的新闻发布会讲台上，对大家说："感谢记者朋友百忙之中

光临本公司，这表明媒体朋友和大众一直关心我们公司，对于今天我们公司出现的产品质量问题，我代表全公司向消费者道歉，确实我们公司的疏忽……”

一番在情在理的讲话说完后，记者居然没有谁站出来发问，他们只是在纸上沙沙地记着。第二天，当地晨报就报道了这件事，并刊登在头版头条上，大意是赞美琳达所在的公司是新时代的良心企业，敢于承认自己的错误等。

琳达在这件事的处理方法上让公司高层对她再次刮目相看，很快，琳达又获得了公司高层给予的加薪奖励。

我们看到，故事中的公关经理琳达是个很善于处理紧急事件、与媒体打交道的人，在公司遇到了产品质量问题这一信誉危机时，她立即站出来，用友好诚恳的态度打动了前来采访的记者的心，从而赢得了他们的青睐，帮助公司化解危机。

可见，突发事件发生后，在媒体问责前，如果确实对事件的发生负有责任，那么就要主动承认错误。不过，一些重大突发事件的发生，都是有深层次的原因的。如果你所在的企事业单位、团体或者组织等确实应负有责任而不接受采访和歪曲事实，只会让媒体和公众看到你心虚，只会更加责备你。当然，作为企事业单位的公关部门，最主要的就是与记者、新闻媒体等维系好关系，做到经常沟通和交流，并要懂得制造新闻和热点，还要定期举办新闻发布会，更要懂得通过媒体来帮助企业做产品的宣传，为企业打广告等。

不得不说，在工作中，不少工作岗位需要经常与媒体打交道，当然，应对不同的媒体，方式应该有所不同。因为，总的来说，媒体的宗旨是实事求是，尤其在遇到突发事件、再被媒体采访时，首先要摆正自己的心态，更要有良好的态度，不要试图去掩盖什么，因为很多事情是欲盖弥彰的，你越想捂住，就越会被媒体挖掘出来，并且表示极大的遗憾，同时也要对事件怎么处理作出具体的论述。当然，搞好跟媒体的关系，不仅仅是需要跟媒体接触的时候才想起他们，平时也应该跟有些主流媒体有所接触，这样才能在关键时刻，让媒体的天平倾向你，而不是雪上加霜！

媒体前说话需谨慎，只说自己该说的话

古人云："一言之辩，重于九鼎之宝；三寸之舌，强于百万之师。"个人的成功，约有15%取决于知识和技能，85%取决于口才，而一个人的口才如何，在公众和媒体之前展露无遗。任何一家公司、企业的新闻发言人或者公关部门的负责人，都要具备一定的沟通、交际能力，头脑清晰，应对媒体时，明白说什么、说到哪、怎么说。所以，我们要说，在媒体面前说话要做到谨慎、滴水不漏，只说自己该说的话。

事实上，我们看到的，一些人因为没有经过应对新闻媒体的专业培训，缺乏面对新闻媒体的起码经验，要么紧张不已，不知所措，要么讳莫如深，惜墨如金，要么就是夸夸其谈，说错了话，造成了无法挽回的损失。所以，这要求我们三缄其口。这就要求我们在平时利用一切机会加强学习，积累知识，提高自信心，掌握应对技巧，做到谨慎发言。

我们先来看看下面两则案例：

一次，某公司高层内部一位董事被曝光贪污公司财产，媒体闻风纷纷赶来进行报道采访，公司也迅速组织了新闻发布会，希望将这件事平息下去。

发布会上，一位记者站起来问公司的一位高层领导："你怎么看待很多公司新近提出的高层财产公示计划？"

结果这位领导的回答让人哭笑不得："你们的财产为什么不公示？"

很明显，这位领导的回答是有失分寸的，面对无冕之王——记者的提问，他不但没有表明公司出现的高层贪污情况是纯属个例，是监督部门的失职，也没有就高层财产公示计划提出中肯的想法和建议，所以，很明显，他的回答是让公司失望，让媒体大跌眼镜的。

不得不说，现代社会，随着信息技术的发展，网络和媒体监督力度的加强，无论哪一行业，办公的透明度都会越来越高，这也很大限度满足了

公众对信息的需求。比较而言，这是非常大的进步。为此，不少担任企事业单位形象塑造工程工作的人必须站到前台，直接面对媒体记者，他们与媒体关系处理的好坏，直接影响着他们在公众中的形象。因此，我们都要适应新形势的变化，学会与媒体记者打交道。

事实上，任何企事业单位或者组织在挑选公关人士或新闻发言人时，都会明确提出以下要求：良好的形象、出色的口才，具备较强的语言沟通和交流能力，知道如何应对媒体，在应对一些媒体敏感问题的时候能做到冷静应对、侃侃而谈、落落大方，让其所在组织与媒体之间的接触和交流取得良好的效果。

此外，新闻发言人还应知悉一些新闻媒体的工作规律和相关情况，懂得如何与媒体合作，如何通过媒体，宣传本单位工作取得的正面成绩，消除不利于本单位的负面影响，为单位树立正确的舆论导向，为社会公众解惑答疑。

所以，当我们面对媒体时要找准自己的位置，说自己该说的话。具体来说，我们要掌握以下几点发言原则：

1. 有问必答，不可遮遮掩掩

要知道，媒体工作者都是敏锐的，如果在媒体面前含糊其词，很容易被认为有问题。因此，要秉持在媒体面前说话“有一说一，有二说二，实事求是”的原则。

2. 说该说的话

在媒体面前说话不是朋友之间聊天，可以高谈阔论。事实上，言多必失，在媒体面前说错话或者暴露什么，都会成为媒体报道的内容，对自己造成负面影响。

3. 面对不好回答的问题，巧妙转移话题

遇到一些敏感话题而不便回答的话，如果不回答，会产生猜疑；而直接回答，很多情况下明显是不合适的，此时，不妨巧妙转移话题，把记者的注意力转移到其他的地方。比如，我们经常看到一些娱乐记者询问明星的私人感情问题，此时，他们通常会告诉记者们应更多地专注他们的演艺事业等。

总之，现代社会，面对媒体，“少说话”“不说话”已经跟不上社会发展的态势了。因此，我们确实应该摆正心态，转变观念，学一些应对或者说是与媒体记者打交道的方法和技巧。

电话采访时，声音也能传达你的良好形象

随着科学技术的发展和人们生活水平的提高，电话的普及率越来越高，电话已经深入百姓的日常生活之中。同样，电话采访也成为媒体记者们的主要采访方式之一，作为负责企事业单位的新闻发言人或者公关负责人，经常可能接到来自媒体的电话。此时，我们不要以为是电话采访、对方看不到我们的表情、手势等，就能敷衍了事。事实上，媒体是敏锐的，是善于从我们细微的表现中来进行揣测的，也会在报道中表达他们的观点，所以，电话采访也不可小觑，要尽量做到有礼有节、巧妙回答，让媒体在电话中也能看到我们的良好形象。

王箫是一家公司的秘书。这天，××都市报的记者刘女士打电话给公司的吴经理，想与之洽谈之前对其进行采访的事。

王箫：××公司，您好！请问您找谁？

刘女士：请问吴经理在吗？

王箫：请问您是哪里？

刘女士：我是××都市报的刘梅。

王箫：麻烦您稍等，我帮您转接，看他在不在。

刘女士：谢谢您！

王箫：刘女士，很抱歉，吴经理出去还没回来呢！请问您有什么事需要我转告他。

刘女士：麻烦您帮我转告他，录像带的脚本我已经Mail到他的邮箱中，请他回来看看有没有需要修改的地方。

王箫：好的，我会转告吴经理您已经把脚本 Send 过来了。

刘女士：谢谢您！

王箫：不用客气！

刘女士：再见！

案例中，面对记者的来电，秘书王箫能做到谈吐大方、彬彬有礼，让对方留下好印象。很明显，对于身处职场的女孩来说，必须要懂得接电话的礼仪，其中就包括帮他人接电话这一点。

那么，面对电话采访，我们该怎样沟通才不失礼仪呢：

1．确认对方是媒体身份

当媒体打来电话，一般会自己主动介绍。如果没有介绍或者你没有听清楚，就应该主动问："请问你是哪位？我能为您做什么？您找哪位？"但是，人们习惯的做法是，拿起电话听筒盘问一句："喂！哪位？"这在对方听来，陌生而疏远，缺少人情味。接到对方打来的电话，您拿起听筒应首先自我介绍："你好！我是某某某。"在对方表明了要对你进行电话采访时，更要端正态度，表明自己乐意被采访的意愿。

2．以礼相待，简明扼要，适可而止

①以礼相待：当你接到来自媒体的电话时，要做到以礼相待，这是对态度的基本要求。

②简明扼要：这是对通话内容的要求。通话时，你不可吞吞吐吐，含糊不清，东拉西扯。

③适可而止：当被问及到某些问题，而你要传达的信息已经说完，就应该找机会终止通话。

按照电话礼节，应该由打电话的对方终止通话。因此，在表达完后，你就要礼貌地挂断电话，不可反复铺陈，再三絮叨。否则，会让人觉得你做事拖拖拉拉，缺少素养。

销售员要记住，预约客户的时候，有以下几种话是不能说的：

1．有攻击意味的激烈言辞

一些人在接到媒体电话时，因为本身带有情绪或者对方问及到了敏感话题，所以导致了语言犀利，于是，媒体或者记者就被他们当成了语言攻击的对象，其实，我们一旦说出此类语言时，就意味着我们在媒体面前留下了糟糕的印象，我们所做的形象宣传工作就宣告失败。

2. 个人隐私性问题

一些人认为，要想和媒体搞好关系，不妨深入交流，于是，就开口大谈一些隐私问题，其实，在媒体面前说太多私人问题是不妥的，因为这不但容易暴露自己的缺点，更会将这些内容公之于众。

3. 粗鄙的语言

在被电话采访中，我们一定要表现自己良好的素质，切不可出口成脏、污言秽语，毕竟，语言代表的是一个人的素养和形象问题。

总之，在被媒体电话采访时，一定要注意表达，尽量展现自己的良好素质，给媒体留下良好印象。

参考文献

［1］王剑. 脱稿讲话　即兴发言［M］. 北京：北京时代华文书局，2015.

［2］张福杰. 脱稿讲话：领导干部接地气讲话艺术［M］. 合肥：安徽人民出版社，2013.

［3］易书波. 脱稿讲话训练速成［M］. 北京：北京大学出版社，2014.

［4］樊荣强. 20 天练成脱稿讲话［M］. 北京：北京时代华文书局，2014.

［5］张易，王军. 脱稿讲话［M］. 北京：中华工商联合出版社，2013.